水谷英夫

感情労働と法

信山社

はしがき

　感情（管理）労働は耳なれない言葉かも知れません。しかし私達の日常生活においては，感情にもとづく言説はあふれており，例えば，2011年3月11日東日本を襲った大地震・津波被害と，それにひき続く福島第一原発放射能汚染被害は，今なお私達に未曾有の被害と苦痛を与え続けていますが，この間私達は，「絆」「東北は一つ」「再生へ心ひとつに」「職場は一つ」などの情緒的・感情的スローガンのもとに，復興・復旧を目指していることは周知の通りであり，このような人々の心理や情緒・感情に訴える言説が，人々の連帯感や同情心を喚起する目的でなされることはよく知られているところです（ナチズムとの対比でこの点を鋭く指摘するものとして，エーリッヒ・フロム『自由からの逃走』）。

　このような感情的言説が私たちの日常生活の中で果たす役割については，これまでも数多くの研究・検討がなされてきていましたが（例えばフロイトなど），現実の人々の仕事や職場における労働において，いかなる役割や影響を与えているかについては，従来十分な関心が払われてきませんでした。この背景としては，現代の先進国社会に共通の特徴として，非人格的組織（行政官庁や企業，学校など，公的・私的組織を問わない）を通して，個人の社会への「組み込み」が急速に行なわれ，その中で個人の役割は極端に合理化・効率化され，組織内の個人にとって，他者との接触において第一義的に必要とされるのは，相手の役割が何であるか知ることであり，感情をあれこれ忖度することではなく，この結果職場においては，個々人の感情生活との関わりは不要とされ，人間または労働の脱感情化が進展してきていたことを指摘できましょう（例えば「われわれの社会においては，感情は元気を失っている」と，前掲『自由からの逃走』270頁は指摘しています。その反面として感情の「私生活化」の進展！）。

　しかしながら20世紀後半からみられる，産業構造の変化に伴う

サービス化の進展やIT革命，女性の社会進出などを背景として，労働におけるコミュニケーションの領域が拡大するにつれて，人間が職場において労働し活動する際に，身体や精神の働きの中でも感情，即ち感情労働の果たす役割が注目されるようになってきているのです。本書はこのようなテーマについての法的分析・検討を行なうものであり，第1章では感情労働の実態と問題点を扱い，第2章ではその典型であるいわゆるケア労働を中心に感情労働の具体的な実態を検討し，それを踏まえて第3章では感情労働の法的分析と検討を加えることにします。

　今後私達の社会や職場においては，好むと好まざるに関わらず，ますます感情労働の役割が重視されるようになっていくものと思われ，その適切な分析と検討が，良好な職場環境を築き，労働者の人間性を尊重するうえで不可欠の課題となっていくことであり，このような課題の実現に本書がいささかでも寄与できることを願うものです。ちなみに本書は大震災前に執筆したものですが，筆者自身被災し，しばらくの間，電気，ガス，水道全てが途絶える生活を余儀なくされ，執筆が中断していたものの，その間も信山社の稲葉さん，今井守さんが激励してくださり，事務所スタッフの星野綾子さん，元スタッフの阿部静香さんの助力もあり本書を出すことができました。皆さんに感謝する次第です。

　本書を，今は亡き畏友小畑祐悌氏にささげたいと思います。同氏は私と同じ年に弁護士となり，長年出身地である福島県相馬市（原発被害近隣地）で活躍していましたが，2009年8月激務から不帰の人となりました。人望厚き畏友が存命であれば，原発被害回復のために奮闘していたであろうことを思うにつけ，慙愧に堪えません。

　2012年8月

　　　　　　　　　　　　　　　　　　　　　　　水 谷 英 夫

目　次

はしがき

第1章　「感情労働」とは何か？ …………………… *1*
1　感情労働とは？ ……………………………………… *4*
　(1)　「公的空間」における感情と仕事（*4*）
　　コラム1　「真実の瞬間」（*7*）
　(2)　感情労働の分析（*12*）
2　感情労働の実態と問題点 ……………………………… *19*
　(1)　感情労働の実態（*19*）
　　コラム2　トリアージ（triage, 優先順位付け）（*32*）
　(2)　感情労働の問題点（*34*）
　　コラム3　人々は何故騙されるのか？
　　　　　　　――マインドコントロール～霊感(視)商法（*35*）
　　コラム4　聖職者による児童虐待，性犯罪等の
　　　　　　　スキャンダル（*37*）
　　コラム5　使い方守らず「弁償しろ！」（*46*）
3　感情労働の本質 ………………………………………… *50*

第2章　感情労働の諸相 ～いくつかのケース～ ………… *63*
1　感情労働の諸相 ………………………………………… *66*
2　介　　護 ………………………………………………… *68*
　(1)　介護 caring とは（*68*）
　(2)　介護の専門性（*70*）
　(3)　介護労働の特質（*78*）
　(4)　介護の専門性の「ゆがみ」・介護労働の変質（？）（*84*）
　(5)　労働条件・環境の「劣化」（*92*）
　(6)　ディーセント・ワークとしての介護労働（*101*）

3 保　　育 …………………………………………………… 106
- (1) 保育とは (106)
- (2) 公的保育制度のしくみ (108)
- (3) 保育労働者の職場環境 (113)
- (4) 保育労働者の労働条件 (115)

4 看　　護 …………………………………………………… 122
- (1) 看護とは nursing (122)
- (2) 看護職員 (122)
- (3) 看護労働の専門性 (124)
- (4) 看護と感情労働 (126)
- (5) 感情労働の病理 (133)

5 ま と め ……………………………………………………… 138
- (1) ケアと感情労働 (138)
- (2) 感情労働の特質（＝三面関係）(141)

第3章　感情労働の法的分析 …………………………………… 147

1 感情労働の法的分析 ……………………………………… 149

2 感情労働の特質 …………………………………………… 153
- (1) サービス／感情労働の一般的特質 (153)
- (2) サービス／感情労働の不確定性／無定量性 (157)
- (3) サービスにおける「接客」活動と感情管理 (160)
- (4) サービス／感情労働と労働契約 (165)

3 感情労働と労働時間 ……………………………………… 166
- (1) 労働時間の現状 (166)
- (2) 労働時間の「弾力化」(170)
- (3) ジェンダー／ワーク・ライフ・バランス (194)
- (4) 感情労働と職場マネジメント (205)

4 感情労働と賃金 …………………………………………… 212
- (1) 労働契約と賃金 (212)
- (2) 賃金制度 (215)

(3)　「成果主義賃金」制度 (223)
5　感情労働と職場環境 …………………………………… 235
　(1)　感情労働と職場環境 (235)
　(2)　職場環境の実態 (237)
　(3)　職場環境の変化と感情労働 (240)
　(4)　感情労働と労災 (243)
　(5)　職場環境と法的責任 (245)
6　感情労働とメンタルヘルス対策 …………………………… 260
　(1)　メンタルヘルス不全の現況 (260)
　(2)　メンタルヘルス対策 (262)

終　章　良好な職場環境を目指して …………… 267
　(1)　感情労働と職場環境 (268)
　(2)　「ディーセント・ワーク」―職場を安心・安全な環境に (270)
　(3)　コミュニケーションの豊かな職場環境を！ (272)

参考文献 …………………………………………………… 275
事項索引 …………………………………………………… 284

第1章

「感情労働」とは何か?

第1章 「感情労働」とは何か？

　感情労働，すなわち，身体や頭脳，知識のみならず感情移入としての労働内容が着目されるようになってきたのは，1970年代以降，産業構造の変化に伴って労働のサービス化が一挙に進展し，その中で労働における感情の要素が重視されるようになってきたことが背景となっている。このような労働内容について，最初に社会学的な側面からのアプローチがなされ，近年ではそれに加えて心理学，さらには産業社会学的な側面からのアプローチが加えられるようになってきている。

　感情労働の拡大と進展は何よりも，労働におけるコミュニケーションの領域の拡大を意味している。とりわけ近年いわゆるホワイトカラーが職場の中心を占めるようになってきており，このようなホワイトカラー労働者の職務内容は，対人労働，すなわちコミュニケーションがその中核を占めている。当事者双方の感情管理を如何にするかがきわめて大きな要素を占め，従業員は顧客との間で自らの感情を管理したうえで，顧客の感情に配慮したサービス提供を行うことになり，従業員にとっては顧客と従業員自らの感情の双方共に管理の対象とされることになり，職場におけるマネジメントが重要になってくるのである。

　このように感情労働は，顧客に向けられたサービス提供者自身の感情に関わる問題であり，他者に向けた感情のコントロールが使用者による指揮命令の対象とされることから，労務遂行者である労働者にストレスを与え，うつ病等の精神疾患の誘引となってきていることが指摘できるが，従来，かかる認識は不足していたといえよう。今日メンタルヘルス対策が叫ばれるようになってきており，長時間労働やサービス残業の改善というそれ自体は当然のことが強調されることが多いが，サービスとりわけ感情管理労働においては，このような労働の量的側面のみではなく，労働の質的側面，労働場面そのものの検討が不可

欠となっているのである。

　更に感情管理労働は，自己もしくは他者の感情管理を中核とする労働であることから，その労務提供の内容は，無限定，無定量性を帯び，量的評価ではなくむしろ質的評価になじむものであり，したがって労務提供の対価である賃金，報酬決定が労務提供そのものの社会的評価，ひいては労務提供者に付着した社会的地位や評価と結び付きやすいということを意味している。例えば介護や保育は典型的な感情労働といえるが，従来主としてシャドーワークとして，家庭においてもっぱら女性によって無償で担われてきたこともあり，労働／仕事に対する報酬・賃金は今日でも低廉にとどまっているが，他方では，宗教者など従来「聖職者」と呼ばれてきた職種や大学教員，公務員などの労務提供行為も，感情管理労働の占める割合がきわめて高い職種である。これらは，その職や「身分」に付随したものとして，従来高い社会的な評価や対価を受けてきており，それ故，今日これらを利用・濫用していわゆるセクハラやパワハラ等のさまざまな問題も発生してきているのである。

　このような感情管理労働が問題とされるようになった要因として，第1に労働におけるコミュニケーションの領域の拡大，第2にコミュニケーションを中核とする労働が人間に与えるストレスの拡大，第3にこれらの問題が今日職場といういわば閉ざされた「政治空間」において拡大していることを指摘できよう。第1の要因は社会学的考察を必要とし，感情労働のいわば「究極要因」をなすものであり，第2の要因は，心理学的考察を必要とし，感情労働の「中間要因」をなすものであり，第3の要因は，政治学的考察を必要とし，感情労働の「至近要因」をなすものといえる。

第1章 「感情労働」とは何か？

感情労働とは？

(1) 「公的空間」における感情と仕事

感情労働とは

　　　　　　公的空間における感情と仕事という言葉は一般には耳慣れない言葉であろう。我々は社会生活において、喜怒哀楽等の自らの感情をコントロールして、表に出すことなく物事を冷静に処理したり、相手の気持ちに配慮した対応をすることが求められ、またそれを当然のこととして受け入れることが多い。そのことは学校や職場など、いわゆる「公的領域」「公共圏」などといわれる、他人や社会と相互に関わり合いを持つ時間や空間領域においては、とりわけ顕著な現象である。これに対して、家族や恋人関係、あるいは親しい友人との食事や懇親の場などの「私的領域」「親密圏」などといわれる領域においては、お互いの感情を発露することは、より深い信頼関係を築くものとして期待され、かつそのことが当然のこととされているといえよう。このように「公的領域」の中でも、人間生活にとってきわめて重要な位置を占める「労働／仕事」の分野では、前述のような「感情」と「労働／仕事」を結び付けるものとして「公的空間における感情と仕事」という言葉が近年クローズアップされるようになってきたのである。

　ところで労働／仕事は、人間が道具や機械などの労働手段を用いて、資源や原材料などの労働対象に対して、自らの身体、精神を用い、物理学的な意味では一定のエネルギーを支出することで、有用な価値を生み出す行為（＝人間労働）のことである。このような労働／仕事の種類には、自らが人間労働をコントロールする自営業があるが、周知のとおり資本制社会は、このような労働の中でも、他人（＝使用者）の指揮命令の下に、自らの人間労働を提供（＝従属

労働)する労働者を生み出してきており、今日の資本制社会の経済システムの中心を占める労働となっており、これらを扱う法体系である労働法が各国において成立してきているのである[(1)]。

このように労働／仕事は、物理的な意味では一定のエネルギーを支出する人間労働であるが、そこで支出される労働の内容に着目すると、一個の人間の頭脳、身体、感情等の人間労働の総体（＝労働力）が提供されており、その意味ではあらゆる労働には、感情を管理する労力が含まれており、具体的な職種に応じて、それらの比率配分が異なっているにすぎないともいえよう。資本制社会成立当初は、鉱山や繊維、製鉄等に従事する工場労働が主たる産業を占め、そこでは主として身体と結び付いた労働である身体（肉体）労働が支配的であり、その担い手であるいわゆるブルーカラーが中心であった。この場合、機械や自然に対しての感情管理が労働の中心を占め、例えば鉱山や建設現場で作業する労働者にとっては、高所や地中での作業において感じられる恐怖心といった種類の感情を管理する能力が問われることになろう。

やがて資本制社会の進展に伴う、企業組織の拡大や科学技術の発展、さらには市民社会の進展は、膨大な数の管理職業務や研究開発、品質管理等を担う職種などの頭脳／知識と経験を伴った業務を生み出し、また近年のIT／技術革新の進展は多数の専門業務を生み出すと共に、女性労働者の職場進出をも促し、さらには産業構造のサービス化に伴い、医療、ケア、教育、デイサービス等顧客サービスの増加や、市民社会における行政組織の拡大により、頭脳／知識と結び付いた労働の担い手である、いわゆるホワイトカラーが職場の中

---

(1) 労働法の生成過程については、例えば外尾健一『労働法入門（第7版）』有斐閣（2009年）、水町勇一郎『労働法（第4版）』有斐閣（2012年）、西谷敏『労働法』日本評論社（2008年）、菅野和夫『労働法（第9版）』弘文堂（2010年）、アンドレ・ゴルツ（1988年）真下俊樹訳『労働のメタモルフォーズ―働くことの意味を求めて』緑風出版（1997年）、日本労働法学会編『21世紀労働法の展望（講座21世紀の労働法第1巻）』有斐閣（2000年）など参照。

第1章 「感情労働」とは何か？

心を占めるようになってきた。

感情労働の拡大

このようなホワイトカラー労働者の職務内容は、前述したとおりさまざまな種類にわたっているが、ここでは、前述したブルーカラーにおける感情管理とは異なり、対人労働、すなわちコミュニケーションがその中核を占めることになる。したがって当事者双方の感情管理を如何にするかがきわめて大きな要素となっており、例えばデパートやスーパーなどで顧客の応対をする場合、従業員は顧客との間で自らの感情を管理したうえで、顧客の感情に配慮したサービス提供を行うことになり、従業員にとっては顧客と従業員自らの感情の双方共に管理の対象とされることになろう。すなわちこれらの労働者は、商品の販売を目的として、顧客の表情や態度、発言内容に応じて顧客に満足感を与えて、商品の購入をすすめるのであり、感情の可視的表現としてのいわば「演技労働」をしているといえよう。しかもこのような「演技労働」は、労働者の感情管理を強く求めるものであることから、たえずストレスにさらされることになる。例えば顧客からのクレームが発生した場合、クレームが正当な場合は謝罪等誠実な対応が求められると共に、それがたとえ顧客の一方的な誤解にもとづくものであったとしても、まずは冷静に顧客のいい分を聞き、顧客に対して忍耐強く説明することが求められ、またこのような職場では、商品のエンドユーザーである顧客のみならず、取引や業務提携先などとの関係でも、自らの感情をコントロールしつつ、相手に対して、的確な対応をしたりサービス提供をすることが要請されているといえよう。とりわけ近年企業間競争の激化の中で、企業のビジネス戦略としていわゆる「真実の瞬間」と呼ばれる用語に代表されるように顧客満足度が重視されるようになっているのである（コラム1）。

〔コラム1〕　　　　　　　　「真実の瞬間」

　主として接客などのサービス業の現場で企業(従業員)が利用者(顧客)と接するわずかな時間のことであり，顧客にとっての企業の印象，評価(顧客満足度)は，立派な本社ビルなどの店舗設備や高性能の機材などではなく，現場スタッフの接客態度等のサービスの質によって決まることを意味する。
　例えば，顧客が店舗やサービスカウンターに行ったとき，店員や担当者が無愛想だったり，サービスレベルが低かったり，あるいはひどく待たされたり，面倒・不便・不潔などで不愉快な思いをすれば，その企業に対して良い印象は抱かないことになり，こうした悪印象は広告やPRなどの手段で拭い去ることは難しく，顧客と直接に接触する数秒〜数十秒こそが，その顧客をリピーターやファンにできるかどうかを決定する重大な機会となる。企業と顧客の接点は，受付や電話応対からアフターサービスまでビジネスプロセスのあらゆるフェイズに存在し，企業全体でみれば毎日，何百〜何万回以上の接触が行われているが，この顧客接点の全てで顧客に失望を与えないためには，直接の現場担当者が目の前の"真実の瞬間"を大切にすることはもちろん，現場スタッフが臨機応変に顧客本位の意思決定と行動が行えるよう，職場環境や規定，組織，風土を整備することが求められることになる。
　この考え方はもともと，スウェーデンの経営コンサルタントであるリチャード・ノーマン(Richard Normann)が1978年に唱えたもので，1980年代にスカンジナビア航空(SAS)が同コンセプトを取り入れて経営再建に取り組み，大きな成果を挙げ，その成功物語は，当時SASグループ社長兼CEOだったヤン・カールソン(Jan Carlzon)が自伝的著書「Riv Pyramiderna」に著し，広く世界の知るところとなった。カールソンは同書で「当時年間1000万人の旅客が，それぞれほぼ5人のスカンジナビア航空の従業員に接し，その1回の応接時間の平均が15秒であった。したがって，1回15秒で1年間に5000万回，旅客の脳裏にスカンジナビア航空の印象が刻みつけられたことになる。その5000万回の"真実の瞬間"が，結局スカンジナビア航空の成功を左右するのである。その瞬間こそ私たちが顧客に，スカンジナビア航空が最良の選択だったと納得させなければならないときなのだ」と述べている(同書5頁)。この15秒を最大限に生かすため，カールソンは現場スタッフを適正に訓練し，意思決定に必要な情報が得ら

第1章 「感情労働」とは何か？

れるような環境を整備したうえで，顧客一人ひとりのさまざまな要望・問い合わせに対して迅速かつ適切な対策を講じる責任と権限を委譲した。規則や規定にもとづいた画一的サービスや上司の判断を仰ぐようでは，せっかくの"真実の瞬間"を無駄にしてしまうと考えたのである。

「真実の瞬間」という表現はスペイン語の"La hora de la verdad"に由来するもので，闘牛において闘牛士がウシを仕留める（あるいは逆襲されて闘牛士が命を落とす）一瞬をいい，それを直訳した英語表現"Moments of truth"も本来は「とどめの一撃」「正念場」という意味だが，カールソンの著書の英語版タイトルが「Moments of Truth」だったこともあって，英語圏のビジネスシーンでは顧客接点の重要さを表す言葉としても一般的である（ヤン・カールソン（1987年）堤猶二訳『真実の瞬間―SAS（スカンジナビア航空）のサービス戦略はなぜ成功したか』ダイヤモンド社（1990年）より）。

感情労働の問題

このような労働／仕事における感情の役割の重視が，仕事に従事する労働者に対してさまざまなストレスをもたらすことになってきている。例えば近年，店の顧客が商品や店員の些細なミスに関して理不尽な要求をくり返したりするクレーマーや，医療従事者や医療機関に対して自己中心的で理不尽な要求・暴言・暴力を振るう患者等の増加に伴って，これらの職務に従事する労働者がうつ病に罹患したり自殺に追い込まれたりすることが問題となってきている。

またこのような労務の提供は，使用者から労務者に対する指揮命令にもとづいて行われることになるが，このような労務の提供や環境も労働者の身体や感情に対するコントロールを要請するものであり，これらの当該労働者に対してさまざまなストレスを与えるものとなっている。その結果，従来は職場における人身や労働環境へのストレス被害は主に身体的暴力が問題とされていたが，今日いじめ，いやがらせ，セクハラ等を含む心理的暴力が，国や労働環境，職場，グループを超えて広がっており，とりわけ，いじめ，虐待，威嚇，

村八分，罵り，セクハラ等の心理的暴力は，その継続性により，被害者のみならず職場環境に深刻な被害を及ぼしていることが明らかとなってきている。このように今日の労働／仕事は，職場の内外においてその労働内容や提供過程，さらにはその環境が問題とされるようになってきており，その中でも，労働者に与えるストレスとの関わりで，労務と感情との関わりが注目されるようになってきたのである。

感情労働の定義　そこで，ここでは労働／仕事について，主として感情との結び付きに着目して，「自己もしくは他者の感情を扱い，かつ感情制御（＝管理）を核心的もしくは重要な要素とする労働」のことを，「公的空間における感情と仕事」と呼ぶことにしよう。一般に定義や概念というものは，時代や社会と共に変容し，所詮は不十分さを免れるものではなく，いわばある社会現象の内容を画定するための便宜としてなされるものであるが，我々は，この定義の中に，今日社会の各場面で問題とされるようになってきている「感情労働」の核心が表現されているとみることができよう。そこで本書は，感情労働に関してこのような定義・概念を前提として述べることにしよう。なお，本書においては爾後適宜，「感情労働」もしくは「感情管理労働」と呼ぶことがあるが，上述の意味はいずれも同義で用いることになる。

このように感情労働とは，身体や知識のみならず感情移入を必要とする人間労働のことを意味しているが，前述した通り人間労働は，個人の頭脳／身体／感情の総体である労働力を提供するものであり，したがってここで述べる感情労働は，提供される労働のうち，主たる要素として感情的な側面に着目した呼称である。また感情労働は近年注目されるようになってきた概念であるが，それ自体は人間の歴史と共に存したものであり，例えば人類最古の職業の1つといわれている売買春に従事する人々も，そのような側面を有しているとされており，また教師，医師，弁護士，神父等の行う労働／仕事も

第1章 「感情労働」とは何か？

同様な性格を有するものであろう[2]。

　元来，資本制社会における企業や市民社会における行政組織は，本来生産，販売，サービス提供に際して合理性システムに沿って活動することが求められているが，現実の企業や行政組織の活動においては，合理性（rationality）と感情性（emotionality）双方が，組織の運営，仕事のシステム，対人関係それぞれのレベルでの指向性において重要な役割を果たしてきていることが指摘されている。しかしながら，資本制社会における企業においては利潤追求が第一であり，また行政組織における能率指向の要請に伴って，合理性が過度に強調され，感情性との相補性が無視もしくは軽視され，その結果として，合理的存在ではない「感情」は，企業や行政組織における労務提供やシステムの在り方として考慮の対象から除外される傾向にあったといえよう[3]。

　ところが前述したとおり，産業社会構造の変化等によりサービス業等に従事する人々の範囲が増加し，さらには顧客に対して個別的に対応する必要性が増すと共に，このような企業組織と顧客間のコミュニケーションを中核とする労働は，顧客の感情に対して個別の対応が必要とされるようになってきており，また職場におけるストレスや不適切な対応などに伴ういわゆるメンタルヘルスの必要性は，職場における対人関係，すなわち企業組織と顧客間のコミュニケーションや感情に関連があるとされるようになってきたのである。その結果，感情やコミュニケーション労働についての研究の歴史は，後述するとおり20世紀後半から心理学，社会学の分野で始まり，21世紀に入り，前述したメンタルヘルスや顧客対応の必要性に応じる形で，産業心理学，経営学等の分野で急速に関心が高まってき

---

[2] アレクサ・アルバート（2001年）安原和見訳『公認売春宿』講談社（2002年）49頁以下，青山薫『セックスワーカーとは誰か』大月書店（2007年）52頁以下参照。

[3] Blake E. Ashforth and Ronald H. Humphrey, "Emotional Labor in Service Roles: The Influence of Identity," Academy of Management Review, Vol.18, No.1, 1993, pp.88-115.

ているのである。

感情と仕事

ところで「感情労働」は，1970年代にアメリカの社会学者である A.R. ホックシールドが提唱した労働の在り方であり，仕事の中でも感情に着目し，感情と労働の関連を論じるようになってから注目されるようになってきたものである[4]。ホックシールドが指摘した感情労働は，現在では看護師や介護士といった医療福祉職や，コールセンターなどの電話対応従事者，営業従事者，教師，カウンセラーなど，人と関わりを持つ職種に従事する人々の労働内容に関わるものであり，これらの人々は，顧客と自分の感情を常にコントロールすることが職務内容に含まれているといえよう。またどのような仕事に従事していても，前述したとおり顧客と自らの感情をコントロールして労務の提供をすることは，適切な労働の提供として不可欠であり，例えばアメリカの教育やビジネス社会などでは，顧客と自らの感情コントロールがビジネスチャンスの獲得や成功の大きな要素になっており，このような感情コントロールに対処するビジネスが隆盛しており，わが国でも能力開発の一環として，このようなビジネスが1990年代以降盛んになってきていることはよく知られた事実である（例えば，D. ゴールマン著『EQ―こころの知能指数』がベストセラーになったりしている[5]）。

他方，このような感情労働は，仕事における感情コントロールをすることが要請されることから，自らの本来の感情との乖離や矛盾などから，労働／仕事の従事者に多大なストレスを及ぼすことになり，ストレスを適切にコントロールすることが新たな課題として登場することになる。かくしてこのような事態に対して，当該労働者の自助努力のみならず，使用者もこのような労働におけるストレス

---

(4) A.R. ホックシールド（1983年），石川准・室伏亜希訳『管理される心―感情が商品になるとき』世界思想社（2000年）参照。
(5) ダニエル・ゴールマン（1995年）土屋京子訳『EQ―こころの知能指数』講談社プラスアルファ文庫（1996年）参照。

に対して適切に対処すべく職場環境を整備することが要請されることになり、また国等の公的機関はこのような問題に正面から取り組むことが求められるようになってきており、例えば今日ワーク・ライフ・バランスのかけ声のもとに進められている施策もこのような文脈のもとに把握すべきものであろう。

(2) 感情労働の分析

> 社会学的
> アプローチ

ホックシールドは、「この種の労働は、精神と感情との協調を要請し、かつしばしば我々が、自らの人格にとって深くかつ必須のものとして尊重している自己という資源を吸引することになる」と述べ、とりわけそれは自己の感情が周囲の状況に一致しない場合に、感情のコントロールが必要とされることになり、そのようなものとして、2つのタイプの感情労働を抽出している[6]。

第1のタイプは表層演技（surface acting）と呼ばれるものであり、この場合適切な感情表現を演技していることを、当人が意識し、もっともらしく見えるような演技努力が要求されるものであり、ここでは、置かれた状況から喚起される本来の感情は、相手に隠すことが要求されるものの、自らは演技していることを自覚しており、例えば舞台などの俳優がその典型とされる。第2のタイプは深層演技（deep acting）と呼ばれるものであり、この場合適切な感情表現をするために、類似の状況を参照（感情記憶）する等して必要な感情を誘発し、それにもとづいて感情表現をすることが要求され、したがって当人は演技している自覚は低く、演技する努力が必要ないものであり、例えばフライトアテンダントなどの顧客サービスがその典型とされる。

しかもこれらの適切な感情表現が実現できるように、一般に社会は感情管理としてのひな型を用意するものであり、前者については舞台や小道具、監督を通して俳優などの本人が感情管理をすること

---

(6) 前掲注(4)36頁以下参照。

になり，当初から演技としてなされることから，感情労働に要するスキルや価値がむしろ高められることになる。他方後者は，もっぱら使用者が当該労働者に対する指揮命令（日常的な指示やマニュアルなど）を通して感情管理をすることになり，この場合，どのような感情管理をするかは使用者によってなされることから，当該労働者の感情労働に要するスキルや価値が低下することになるとされる。

例えば後者の典型であるフライトアテンダントの場合，あたかも心から乗客を歓迎しているかのように対応することが（客室乗務員）に業務として求められることになるが，感情というきわめて私的なものをサービスという「商品」に変えて乗客に接するため，客室乗務員は心理的葛藤を抱えやすいことになる。客室乗務員の対応に乗客が満足を表してくれている限り，客室乗務員は葛藤を抱えることなく業務を遂行することができるが，些細なミスに注文をつけたり，椅子の座り心地が悪いなどと苦情をいったりしてくる乗客に対しても穏やかに接しなければならないとき，客室乗務員は強い葛藤を抱えることになる。

特に経験の浅い客室乗務員は，これらの苦情が客室乗務員という役割に向けられるのではなく，本当の自分自身に向けられていると認識するため，深く悩んでしまう傾向が強い。そこでこのような客室乗務員に対しては，客室乗務員の役割を演じている自己と，「本当の自己」とを切り離したほうがよいというアドバイスが与えられることになる。すなわち，客室乗務員の役割を演じている自己を譲渡可能な「もの」として認識し，それに対して，いわゆる「本当の自己」を譲渡不可能な「もの」として認識し，前者のみを商品化の対象とするという対応策がとられるというわけである（もちろん，感情労働者としての役割と「本当の自己」を実感することが難しく感じる人々も存在する）。

もっともここでホックシールドがもっぱら客室乗務員を分析の対象としたのは，ジェンダーの議論との密着性を指摘する必要があったからであろう。とりわけ，客室乗務員は，いわゆるエリート職で

第1章 「感情労働」とは何か？

はなく，もっぱら女性職で男性の従業者が少数であり，同一職務に就いている男性と女性の経験を比較しやすい仕事であり，従来からの男性性＝理性，女性性＝感情性といういわばステレオタイプ化されたジェンダー観のもとで，女性のみが複雑な感情管理を要請され，そのスキルを正当に評価されてこなかったことに対する批判的観点を読みとることも可能であろう。

このように主に顧客に対する対面サービスを提供する状況で，サービスの提供者が社会的に期待される感情を表明するというタイプの労働に関して，「本当の自己」とそれ以外の自己とを分離し，後者を客観視するという認識の仕方は，「自己の客体化」として注目されるものといえよう。これは資本主義の下で労働市場が成立していく中で，商品化の対象となる活動は必ずしも人々の本質とは関わらないという観念の広がりを背景としたものといえよう。すなわち，そもそも自己と一体であった活動を分離可能なものとして認識することで，人々は労働力を市場で売却できるようになったのであり，「本当の自己」と商品化の対象にする自己とを主観的に切り離すことによって，人々は自己の一部を商品化できるようになると考えられるのである。

このようなホックシールドが提唱した感情労働概念は，その後スタインベルグらの研究によって発展させられ，今日では一般に社会学においては，労働における感情の果たす役割の特性として，(1)組織内外の他者との対面あるいは口頭での直接的な接触を要し，(2)相手に特定の感情状態を引き起こすばかりでなく自分自身の感情管理を必要とするものの，(3)表現は演技でも本心でも構わず，(4)サービスを必要とする顧客を対象とするのみならず，同僚や上司，部下との関係性の中で発揮され，生産性に作用する目には見えないが期待された仕事の要素であり，(5)（相手に対して）反応的であるばかりではなく，採用や訓練，指導やスクリプト（マニュアル）の蓄積を通じて，経営者は従業員の感情労働を管理し，生産性や利益に影響

を及ぼすことができるものであること，などが挙げられている[7]。

> **心理学的アプローチ**

他方では感情労働について，主として心理学の分野で発展してきた感情知性（emotional intelligence）の概念にもとづいて，感情労働を人的管理（management）の観点で把握しようとする考え方が今日台頭してきている。心理学の分野では従来，感情は，理性や認知と対立する要素とみられてきたが，近年感情が理性や認知と協調的に結び付き，とりわけ人的関係の構築に有用なものであるとの認識が広がるようになり，学校や職場などでの人的管理に応用されるようになってきた。このような感情と知性（知能）との結び付きについて，従来の研究成果にもとづいて，ゴールマンは感情的知性という概念を提示したのである。

具体的には，(1)自己覚知——自身の能力を等身大で評価し，自己の置かれた状況を的確に把握し，自己の自分の感情をその状況に応じたより良い意思決定に生かすこと，(2)自己管理——目前のタスクを実行するために自身の感情を，妨げではなく手助けとなるように管理すること，(3)モチベーション——自己を目標に向かって動機づけたり，何か新しいことを始めたり，改善のために努力したり，逆境や挫折を経験してもそれに耐えたりするのに，自分の本心を用いることができるようにすること，(4)共感——他者の感情に気づき，他者の視点で物事を捉え，多様な人々と関係を築き調和を図ること，(5)社会的スキル——他者との関係の中で，感情をうまく管理しその場の社会的状況やネットワークを的確に判断し，他者との相互関係をスムーズに行えるようにすること，を指摘している[8]。

このようにゴールマンは，感情労働について，ホックシールドらが理解する労働内容としての職務特性に加えて，個々の労働者の性

---

(7) Steinberg, R. & Figart, D. (eds.), "Emotional Labor in the Service Economy", Annals of the American Academy of Political and Social Science, 1999, pp.14.
(8) 前掲注(5) 267 頁以下。

格特性にもとづいて感情労働を把握しようとするところに特徴があるといえよう。職場においては，感情的知性が，組織改変など環境変化によってもたらされる要求や圧力にどう対応するかという，ストレスやコーピング（対処法）に関わっていることや，あるいはリーダーシップにおいても，テクニカルなスキルのみならず，感情知性にもとづいて同僚や上司，部下に対応するスキルの重要性が主張されており，このような考えは欧米を中心に，人事管理の実際の現場で，採用，配置，昇進，訓練やストレスマネジメントの際に感情知性の応用が図られるようになってきた。近年わが国でも職場における人的管理において，このような感情労働における感情のコントロールが注目されるようになってきているのは，このような動向の反映といえよう（例えば「アンガーコントロール」など）。

　以上のようにホックシールドらの社会学的アプローチは，感情労働の客観的側面である職務特性に主として注目したものであり，またゴールマンらの心理学的アプローチは，感情労働の主観的側面である人的特徴に主として注目したものということができよう。

感情労働の特徴

　前述したとおり労働は，一個の人間の頭脳，身体，感情，知性等の人間労働の総体が提供されるものであり，従来は知的側面や身体的側面が重視される傾向にあったが，サービス労働の広がりと深化に伴い，今日では，従来軽視されてきていた感情的側面が重視されざるを得なくなってきており，それが今日「感情管理労働」が注目されるようになってきた背景となっている。このような感情労働は，以下に述べるとおりさまざまな特徴を有している。

　まず第1に，感情管理労働は後述するとおり，労働におけるコミュニケーションの領域の拡大を意味しており，このような労働が，その担い手である人間に対してさまざまな影響を与えていることを指摘できよう。すなわち感情労働は，顧客に向けられた提供者自身の感情に関わる問題であり，他者に向けた感情のコントロールが使用

者による指揮命令の対象とされることから，労務遂行者である労働者にストレスを与え，いわゆる「バーンアウトシンドローム」やうつ病等の精神疾患の誘引となってきていることが指摘でき，従来，このような認識は不足していたといえよう。今日メンタルヘルス対策が叫ばれるようになってきており，長時間労働やサービス残業の改善というそれ自体は当然のことが強調されることが多いが，サービスとりわけ感情管理労働においては，このような労働の量的側面のみではなく，労働の質的側面，労働場面そのものの検討が不可欠である。低成長時代に入っている中で，近年世界各国では，いわゆる燃え尽き症候群といわれる「バーンアウトシンドローム」に典型的にみられるように，一見普通に仕事をしていた労働者（こそ）が，ある日突然「燃え尽きたように」意欲を失ったり，うつ病に罹患して働けなくなり，休職，離職，転職に至る事案が数多くみられるが，これは仕事の目標を失ったサラリーマンが，サービスのやりとりの中で消費される情緒的エネルギーの枯渇した状態ともいえよう[9]。

　第2に感情管理労働においては，その成果・効果は，労働の量と直接関わりを持たず，しかも数量化しにくい特質を有しており，他方では労働の対価が支払われるのはサービス提供そのものであり，その成果がサービス提供者によって保証され得ない性質を有しているということである。このような感情労働は，自己もしくは他者の感情管理を中核とする労働であることから，その労務提供の内容は，無限定，無定量性を帯び，量的評価ではなくむしろ質的評価になじむものであり，したがって労務提供の対価である賃金，報酬決定や職業訓練においては，このような感情という労働の質を，どのように評価しスキルアップを図るかが問題とされることになり，さらには，労働時間管理に際しては，感情管理・コントロールが労働者に与える影響を考慮することが必要となってこよう。

　第3にこのように感情労働が，量的評価ではなく質的評価になじ

---

(9) 田尾雅夫・久保真人『バーンアウトの理論と実際―心理学的アプローチ』誠信書房（1996年）15頁以下。

むものであるということは，賃金・報酬・決定が，一方では労務提供そのものの社会的評価，ひいては労務提供者に付着した社会的地位や評価と結び付きやすいということを意味し，他方では，労務提供時における感情そのものとは結び付きにくいということを意味しているといえよう。例えば介護や保育は典型的な介護労働といえるが，従来主としてシャドーワークとして，家庭においてもっぱら女性によって無償で担われてきたこともあり，労働／仕事に対する報酬・賃金は低廉にとどまっており，他方では，宗教者など従来「聖職者」と呼ばれてきた職種や大学教員，公務員などの労務提供行為も，感情管理労働の占める割合がきわめて高い職種であるが，これらは，その職や「身分」に付着したものとして，従来高い社会的評価や対価を受けてきたといえよう（それ故，今日後述するとおり，これらを利用濫用してさまざまな問題も発生してきている）。

　第4に感情管理労働のマネジメントは，いわゆるファースト・フードに典型的にみられるマニュアル化が容易な職種（例えば店員がにっこり笑って「いらっしゃいませ，こんにちは」と言う）と，看護，介護，教育職などにみられるようにマニュアル化が困難な職種があり，これらの適切なマネジメントを誤ると，労働者に対してストレスを及ぼすだけではなく，例えば丁寧さが顧客に対して慇懃無礼なものと受けとめられたり，率直さが粗野なものと受けとめられたりすることになり，かえって顧客に対して不快な感情を与え，サービス提供が効果を発揮しないばかりか，反対にトラブルを発生させることにもつながるといえよう。特に対人サービス労働の職務においては，いわば労働者のサービス提供と顧客の購入活動が同時性を帯びると共に，顧客が労働者の労働時間を共有するという特徴を有しており，そこでは，労働者の労務提供は必然的に一回性となり，したがって労働者が顧客の感情管理を怠ったことによるトラブルは，サービス提供においては致命的となり，労働者は労務提供において絶えずストレスにさらされることになろう。さらにこのような感情管理労働が適切に行使されないばかりか，反対にこのような感情管

理に関わる職種によっては，これらを濫用悪用して顧客に被害をもたらすこともあろう。そこで以下にこれらについて述べていくことにしよう。

2 感情労働の実態と問題点

(1) 感情労働の実態

感情労働
考察の視点

　感情管理労働は前述したとおり，感情と労働の結び付きに関して，自己もしくは他者の感情の抑制もしくは管理を重要な要素とする，対人サービスを中核とする労働のことであり，我々の社会の中で，このような労働を業務態様に着目してみると，まず第1に対人サービスとして高度な専門性や職業倫理が要求される職業があり，従来から聖職者，医師，弁護士などの専門職が挙げられ，次に接客，医療，看護，介護，教育などに従事する職種の者が挙げられ，さらに今日では，企業や組織内での一般的な事務遂行において求められるようになってきているといえよう。

　またこれらの労働内容に着目してみると，第1の職務は一般に企業組織に対する独立性の高い職種で占められ，順に従属性の高い職種になってくることになるが，本書の関心はいうまでもなく，使用者の指揮監督の下でのサービス労働に従事することの意味を追究することであるものの，今日のように企業や組織中心の社会においては，程度の差こそあれ，何らかの形で人々は企業や組織との結び付きの中で職業生活に従事していることから，感情管理労働に関して，独立性の高いサービス提供行為も含めて論じていくことにしよう。

　この点についてホックシールドは，感情が重視される労働の特質として，(1)相手との対面もしくは接触（face to face）を要し，(2)相手方に対して特定の感情状態（喜怒哀楽等）の喚起を促し，(3)使用

第1章 「感情労働」とは何か？

者は，教育や指導を通して，感情活動に従事する者の感情労働に対して影響力を行使する（control）という3つの要素を挙げ，その中でも(3)を重視したが，これはホックシールドの問題関心が，人間が世界を理解するための機能である感情が企業の営利目的に従属させられるときに生ずる事態を考察しようとしたことにあり，したがってホックシールドの問題関心からは少なくとも以下の2点を確認することができよう。

第1は，労働者が職場環境によって強いストレスを感じることがあるとしても，ホックシールドはそれ自体を問題としていないということである。例えば数百メートルの鉄塔の上を歩く鉄鋼労働者，落下傘部隊の隊員，カーレーサー，爆発物を運ぶトラック運転手などは恐怖感を抑えて職務遂行をしなければならないが，これらの労働者はサービス労働従事者ではないことから，(1)が欠落しているとされ，また，例えば接客労働者が顧客によって感情を傷つけられ，不快な思いや悩みを抱くことになっても，それによって「相手の中に適切な精神状態」をつくりだしていない場合には，(2)が欠落しているとされ，ホックシールドの問題関心から除外されることになる。このようにホックシールドにとっては，感情管理労働は，本質的に顧客の中に一定の精神的反応を誘導するために演技する感情的努力を意味しており，したがって感情管理労働は，企業から顧客に一定の反応を引き起こすことを命ぜられる労働主体の問題というわけである。

第2は，感情労働の遂行主体は，雇主の指揮命令に従ってあくまでも接客サービスに従事する労働者であり，この場合労働者は，雇主が設定する「感情規則」に従って感情労働を遂行して顧客に感情変化をもたらし，雇主から感情労働過程やその結果を監視されることになる。したがって医師や弁護士などの自営業者は，感情労働を監視する直接的監督者がおらず，感情労働を非公式な職業規範と顧客の期待とにつき合わせてみずから監視している点で，(3)の要素が欠けているものとされ，これまた除外されることになろう。

しかしながら、ホックシールドの問題関心は感情管理労働の分析に関しては狭すぎるといえよう。なぜならば、感情が企業の営利活動に従属する場合の事態を考察する場合、感情管理労働一般の考察を前提としてはじめて、労働者が営利活動に従属することによって、労働内容にどのような「歪み」が生ずるのかが明らかになってくると思われるからである。したがって本書ではまず、感情管理労働一般の考察を行ったうえで、企業の営利活動に従属することによる労働内容の歪みを分析することにしよう。

「聖職者」の場合

　そこでまず第1に、高度な専門性や職業倫理が要求される職業に従事する人々についてみてみよう。このような人々は、その職業が高度の専門性や倫理性が求められることから、自他共に強い感情管理が求められ、その結果として現実に職務遂行に従事する人々の具体的人格との乖離を招来する傾向があり、後述するとおり、聖職者や弁護士などのスキャンダルや医療過誤、弁護士の自殺の遠因となっていると考えられるのである。

　具体的には、いわゆる「聖職」とされる宗教活動に従事している人々についてみると、いうまでもなく「聖職」は古来から宗教上の用語として用いられてきたものであり、例えばキリスト教の司祭、神父やイスラム教のウラマー、仏教の僧正など、神や仏等の超越的存在と信者との間を媒介する者として、宗教上重要な地位に就いている者のことを意味し、高い倫理的規範を保持するものとされてきたものである。とりわけ近年宗教に関連して、神仏に対する人々の関心が高まってきており、例えばNHKの意識調査（NHK放送文化研究所「放送研究と調査」2009年4月・5月号）では、一昔前なら見向きもされなかった「お守りやおふだの力を信ずる」人の比率が3割超、若年層では4割を超え、また、墓参りに至っては7割近い人々が行っており、これらの宗教行事を主催する宗教関係者との関わりも増加することになる（**図表1-1**）。

第1章 「感情労働」とは何か？

　これらの人々は，一般には「○○師」等と尊称をもって呼ばれ，信奉する宗教に対して信仰心が厚いというにとどまらず，各宗派内で定められた規範に則り，その宗教を深く信仰することを誓約したうえで，その宗派の基本的な知識や戒律などを，多くの場合厳しい修行を経て体得し，かつ生活の大半を当該宗派の教義や信仰のために費やし，信者に対する説話や教義流布等を行うものとされている。したがって一般にこのような人々が，それだけ高い職業倫理を身につけているとされるのは当然のこととされ，これらの人々は重要な宗教的行事を主催するだけでなく，信者などからの人生一般に関する悩みなどにも応える役割が期待され，例えば，それぞれの宗派における神や絶対者に対する罪の告白であるいわゆる懺悔の場合，仏教においては僧侶が自らの罪を告白懺悔し，キリスト教においては信者から神父や司祭に対して罪の告解がなされるのであり，このような行為にみられるように，聖職者は宗派内だけではなく，地域社会においても高潔な人々として尊崇の対象とされ，全生活にわたって「立派な人」「人格者」として振る舞うことが当然とされている。

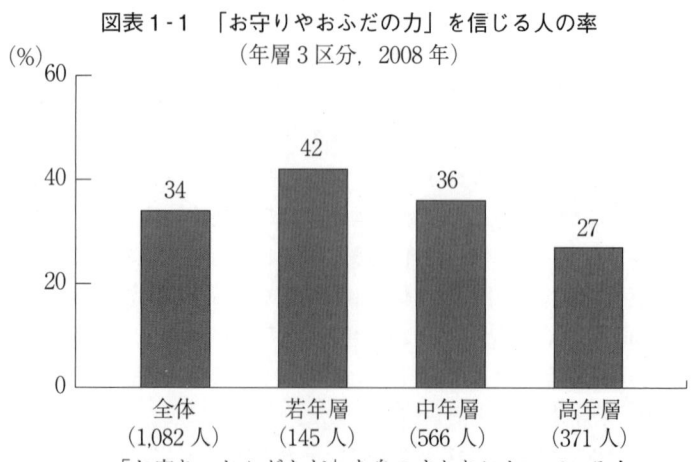

図表1-1　「お守りやおふだの力」を信じる人の率
（年層3区分，2008年）

「お守り・おふだなど」を身のまわりにおいている人

出所：NHK第8回「日本人の意識・2008」調査

それ故に、これらの人々は社会生活においてはその地位に伴うプレッシャーの中で生活することを余儀なくされる面があるといえよう。

しかも宗教においては、信仰という特殊な信念が中心となっていることから、これらの宗教活動に従事する牧師や僧侶と信者との間には、特別な信頼関係が形成されており、このような関係の中で、聖職者たちは神や仏と信者の媒体を期待されてより一層自らの感情を抑制することが要求されることになり、強いストレスの中で職務遂行をすることを余儀なくされているといえよう。他方では、信者に対しては「媒体」としての信頼を確保すべく感情操作を行うことが日常化しており（その極端なたとえが統一教会などのカルト教団のいわゆるマインドコントロールといえよう）、後述するとおり、信者や教団団体者への性的虐待など、さまざまなスキャンダルを生む遠因ともなっているといえよう。

「高度」専門職の場合

これらの他にも宗教とは関連しないものの、その活動が公益性の高い尊敬に値する職業に就いている場合に、これらの職を比喩的に「聖職」と呼ぶ場合があり、いわば擬似聖職者ということができよう。これらの人々には、医師、弁護士など高度な専門知識を有している者や、教師など教育関係に従事している人々を含めることができ、「○○先生」などとの尊称をもって呼ばれるのが通常であり、とりわけ公益性の高い職業であることから、その職業にふさわしい高い倫理的規範と共に清廉高潔とされる行為が期待されているものといえよう。このような人々は専門的知識を持っているだけではなく、高い職業倫理観にもとづいて、一般には清廉高潔というイメージに伴い、「人格者」で「立派な人」とされ、喜怒哀楽をむやみに表に出すことなく、自らの感情をコントロールする人格者とのイメージを持たれており、これらの人々の社会的地位や人々の期待を反映しているといえよう。

医師の場合、このような擬似「聖職」イメージからは、彼らに求

第1章 「感情労働」とは何か？

められる医師倫理は，例えば周知の「ヒポクラテスの誓い」にある「自分の能力と判断に従って，患者に利すると思う治療法を選択し，害と知る治療法を選択してはならない」，「生涯を純粋と神聖を貫き，医術を行う」などという誓約にみられるように，患者の生命・健康保持を中心とした，専門家としての高い倫理規範を保持することが求められてきた。その結果として医師は，専門的知識，技術に加えて患者からの信頼に応えるべく，聖職者同様の感情管理を日常的に求められているといえよう。

しかしながら他方では，医療行為はとりわけ外科に典型的なように，身体に対する外的侵襲行為を不可欠なものとしており，それ自体は極めて残酷な側面を持っている。例えばこの点について職業社会学者エヴァレット・ヒューズ（E.C.Hughes）は，※

※「病院では悪人ではなく善良な人がナイフを持ち，人を切り裂いている。そこでは善人が人に針を刺し，肛門や膣に指を入れ，尿道に管を入れ，赤ん坊に針を刺す。また，善人が泣き叫ぶ熱傷者の死んだ皮膚をはがし，初対面の人に服を脱ぐように命令する。健康な人が病人から金を取り，人を切り刻んで報酬を得る。一般人にとって身の毛もよだつ残酷物語も，個々では専門家の商売なのだ。」[10]

ヒューズはこのように述べたうえで，医師の仕事を，詰まった下水道管の修繕やゴミの収集などを請け負うアパートの管理人の「汚れ仕事」と対比しつつ，医師がほかの「汚れ仕事」と違うのは，高度な専門職として社会に認められるための，巧みな社会システムが存在することだと述べる。例えば，いつも身につけている白衣，カルテに書かれた専門家にしかわからない外国語や専門用語，本人以外は判読しにくい手書きの文字（今日電子カルテによって駆逐されはじめているが），競争率の高い医学部の入学試験と厳しい研修，オフィスに飾られている難しい国家試験に合格したことを証明する医師免

---

[10] E.C. Hughes, "The Sociological Eye: Selected Papers", Social Science Classics Series Transaction Publishers, 1984。

許証——こうしたものが医師という職業を神格化する装置となっているというわけである（同様に，看護師の「白衣の天使」のイメージも，独特のユニフォームも，ほかの「汚れ仕事」と区別するために必要な装置ということになろう）。

　その結果，今日では，後述するような，いわゆる「ドクターハラスメント」と称される現象が世界的な現象となっているといわれている。例えば手術室のような厳粛であるべき医療の場合で，医療者が不謹慎な振る舞いをしたり，冗談をいったり，馬鹿なことをあえてやったり，あるいは看護師が自分の手足のように思いどおりに働かない場合，執刀医が看護師をあしざまに罵倒したり，せっかく減菌してきちんと並べた手術道具をひっくり返したりするというのも，従来は医療従事者たちの間では，そうすることによって，深刻な物事と自分の間に距離をとって，生命に関わる臨床の緊張や不安を防衛するものとされてきていた。

　しかも，このような行為は手術室という密室での環境がそれを助長してきていたともいえよう。手術する際には，患者はその人らしさを示す衣服を剝ぎ取られ，手術着に着替えさせられたうえで，手術される部位だけ残して，全身を布で覆われ，こうして，目に見えるのは患者というより「患部」であり，患者が麻酔をされて意識がない場合，それは意識も人格もない「モノ」となってしまう。逆に「モノ」とみることによって，患者の生命を預かっているという緊張感や人を切り刻んでいるという恐怖を感じずに済むということになろう。このように手術室の中ではあたかも患者がいないような錯覚に陥りやすいことに加えて，前述したとおり手術室は密室で，第三者の目がないという独特の「政治空間」であり，それがために，抑制がきかなくなる結果，さまざまな医療過誤事件の遠因となっている可能性を指摘できよう。

　他方では，それに加えて近年，医療技術の進展やインフォームドコンセントなど患者の要求が強まるにつれ，患者への献身が要求されることとなり，例えば，死に瀕している患者やその親族から，た

とえどのような罵詈雑言を浴びせられようとも，医師たる者は患者を理解して，その攻撃を受容し，決して自分が腹を立てたりはしないという理不尽な事態がしばしば招来されることになり，後述する「モンスター・ペイシェント」などがその例とされることになろう。

教師の場合

また教師についても，人々は教師は子供たちの模範となるべき高潔な人格の持ち主であることを期待しており，例えば，教師が病気になって入院すれば，ただの患者ではなく，真面目で模範的な患者であることが期待され，仮にそうでなければ，たちまち「教師のくせに」規則を守らないとか，まじめでない，だらしないなどと批判されてしまうことになる。治療の場合にまで「教師であること」が持ち込まれ，厳しい目にさらされるという理不尽さは，社会の中で教師が日常的にさらされている視線といえよう。その一方で，今日式典での日の丸掲揚や君が代斉唱の強制，「愛国心」を盛り込んだ教育基本法の改正など，教員の思想信条に対する締め付けも厳しくなっており，多様化する教育ニーズと政府の思惑の狭間で，教師は強いストレスの中での生活を余儀なくされるようになってきているのである（蟻川恒正「プロト・デイシプリンとしての読むこと憲法Ⅱ」法学セミナー 2011 年 3 月号 59 頁）。

さらにとりわけ近年のように核家族化が進んで両親共働きが当然とされ，少子化が進展している時代においては，子供たちは家庭で兄弟も少なく友達と遊ぶ時間や場所も限られ，豊かな人間関係を育む機会が少なくなってきており，こうした背景をもとに，子供たちがその鬱積したエネルギーを学校に持ち込むようになっており，また，かつては家庭内で行われていた躾までもが学校に求められ，こうして学校では子供たちが授業に集中できず，おしゃべりや寝たり，あるいは絶えず立ち上がって歩き回るなどといういわゆる「学級崩壊」などが起こり，これらの現象に対しては，教師に指導力不足等の社会的非難が浴びせられるなどしているが，これらは教師とその

職務に対する期待感の反映ともいえよう。このような期待感が過剰となった場合には、後述するとおり、いわゆる「モンスター・ペアレント」などとなって現れ、また過酷な受験競争の中で、教師としての職務遂行が相当な重労働となり、ストレスを抱えてうつ病の精神疾患に罹患する教師が増加してきているのである。

また子供たちの性的成熟はますます早まってきており、社会的刺激もまた増しており、このような中で、教師のストレスの高まりとも相俟って女子トイレで盗撮したり、生徒に対するわいせつ事件を起こしたりといった破廉恥な教師のニュースを耳にすることが珍しくなくなってきている。

そもそも学校教育は、教師と学生、生徒の相互作用によって作られるものであり、学生や生徒の反応がよければ、教師も授業にも熱心になり、他方で学生、生徒の反応があまり少ないと、教えようという気力が萎えてしまう面を持っているといえよう。この手応えのない、あったとしても無関心な目差しを向ける子どもたちを前に、無力感を感じない教師はいないであろう。かくしてうつ状態の教師が増えていくのは、子どもたちのこうした受け身的傾向とも関連している面があるといえよう。

このようないわば「聖職」とされる職業、職務においては、その職務遂行者自身は、高潔であり、「おだやか」「思いやり」「あたたかい」人格を持つ、いわば「立派な人」であるとのイメージが流布し、そのようなイメージを持つ職務規範が求められ、それ自体が職務遂行者に対する強いプレッシャーとなっているのである。

公務員の場合

同様のことは公務員にもあてはまるのであり、現代民主主義国家における公務員は、市民の利益、公共の利益に奉仕するいわば「公僕(civil servant, public servant)」とされ、日本国憲法でも、公務員は国民全体への奉仕者であって、一部への奉仕者ではないとされてい

る（第15条第2項[11]）。戦後の日本では，公務員はいわば「身分」であり，法令で定められた方法により特定の職にあてられた者が公務員の身分を取得するとするアメリカ型の公務員制度とされているが，戦前の日本や，フランス，ドイツなどでは，法令にもとづいて官吏の身分に任命された者が特定の職に補せられるという違いがあるが，公務員は市民の利益に奉仕する「公僕」として，憲法を尊重し擁護する義務を負うことになる（憲法第99条）。また一般職公務員は具体的な義務として，職務遂行上の義務（職務遂行・職務専念義務。国家公務員法第101条，地方公務員法第35条），法令と上司の命令に従う義務（＝服務義務。国家公務員法第98条第1項，地方公務員法第32条），秘密を守る義務（＝守秘義務。国家公務員法第100条第1項，第109条第12号，地方公務員法第34条第1項，第60条第2号），品位と信用を保つ義務（国家公務員法第99条，地方公務員法第33条）などを負う他に，ストライキの禁止など労働基本権の制限（国家公務員法第102条，地方公務員法第37条。もっとも同規制はつとに憲法28条や国際人権規約B規約，ILO第98号（1949年の団結権及び団体交渉権）条約違反との批判を受けてきた），中立保持義務としての政治的行為の禁止（国家公務員法第102条，人事院規則14-7，地方公務員法第36条。この点についても憲法上の言論の自由・思想信条の自由を阻害するなどとの批判を受けてきた）などきわめて厳しい制限を受けている[12]。

　さらに公務員は，「公僕」として良心的で人格高潔でなければならないなどという，社会一般からの「非現実的」な期待により，強いストレスの中で職務遂行を余儀なくされているといえよう。それがためにここ数年，公務員のメンタルヘルスの問題が表面化してきており，2002年以降，一般職国家公務員の自殺者は癌に次ぐ死因を占めるようになってきたことから，2005年，自殺防止のためのマニュアル（「職員の自殺防止のために」自殺防止専門家会議）を作成

---

[11]　公共性については，論者によって様々な分類がなされている（斉藤純一『公共性』（岩波書店）参照）。
[12]　外尾・前掲書注(1)23頁以下参照。

して，自殺防止対策を強化するようになっている（2005年6月3日付毎日新聞）。他方日本では，公務員はまだまだ安定した職業とみなされている反面で，全国の警察で発覚した裏金づくりや汚職，自治体職員への過剰な福利厚生など，「公僕」と呼ばれる公務員にはあるまじき不祥事の数々が報道され，公務員というだけで，税金泥棒と罵られるような事態が起きており，公務員がすべて対人サービス業務とは限らないものの，人々に奉仕するという理念と現実との狭間で，葛藤している公務員は少なくないと思われる[13]。

「ケア」労働の場合

次に，職務における専門技術のみならず，顧客に対する感情的配慮が要求される職種である対人サービスを業とする人々がおり，具体的には看護師，ホームヘルパー，カウンセラーなどの医療・保健・介護職，デパート，スーパーなどの店員などの販売職やフライトアテンダント，電話接受者などの職種に従事する人々は，職務遂行中いつでも「笑顔で明るく，よい人」であることを求められているといえよう。

[13] ちなみにかねて問題とされていた公務員制度改革については，2011年6月国会に提出された国家公務員制度改革関連法案が，2012年6月衆議院本会議で審議入りしている。改革関連法案は，国家公務員の労働関係に関する法律案及び国家公務員法等の一部を改正する法律案，公務員庁設置法案等で構成され，内容は，①国家公務員に団体協約締結権を回復する，②それに伴って労働基本権制約の代償措置である人事院勧告制度を廃止するだけでなく，人事行政の公正の確保を図ることを責務とする機関である人事院を廃止し，新たに，使用者機関として「公務員庁」を，人事行政の公正の確保のための機関として「人事公正委員会」を内閣府に設置する，③国家公務員制度に関する事務その他人事行政に関する事務は使用者機関である「公務員庁」が所掌する，④幹部公務員の人事について内閣が一元管理する等となっている。

職員がやすんじて職務に専念できる基準づくりが公務員制度であることからすれば，公務員の労働基本権の全面回復，前述したとおりの過度の政治的行為の制限撤廃，問題が多い人事評価制度の改善，制度的に整備されていない非常勤職員（しかも今日のいわゆるワーキングプアの一因となっている）の身分保障と均等待遇，パワハラやセクハラの防止策の制度化等こそが，今日行なうべき改革と思われる。

第1章 「感情労働」とは何か？

　まずいわゆる「ケア care」労働に従事する人々がいる。「ケア」は周知のとおり，今日広義には，看護，介護，保育などの対人サービスのみならず，ペットなどの動物に対する世話や配慮，気配り，メンテナンスなど，いわば乳幼児の世話からペットや衣服の管理まで意味するものとされているが，狭義には，看護，介護，保育などの対人サービスを意味しており，これらの「ケア」に従事する者としては，具体的には看護業務に従事する看護師，介護業務に従事する介護福祉士やホームヘルパー，保育業務に従事する保育士，幼稚園教諭やベビーシッターなどを挙げることができよう。

　例えば看護師は医師の補助者として患者への接遇が求められることになるが，かつては特に女性の専門職であったことから，このような職務に従事する女性看護師は，神の使いであり真善美の象徴である天使になぞらえて，比喩的に「白衣の天使」などと呼ばれてきたが，このような比喩は，看護師が患者の看病に献身的に貢献する，善意に満ちた「良い人」のイメージを反映するものであったといえよう。

　今日では看護師に対してこのような通俗的な比喩を用いることが少なくなってきたものの，それにかわって「テンダー・ラビング・ケア」なる比喩で呼ばれるようになってきている。元来テンダー・ラビング・ケア Tender Loving Care（略称TLC）なる用語は，イギリスやアメリカなどの，ホスピスや緩和ケア病棟などで用いられるようになってきた用語であり，「優しい愛のケア」というほどの意味であり，具体的には患者に付き添って，優しく話しかけたり，手や腕を軽く握ったり，手足をマッサージしたりする等の行為を中心的内容とするケアのことであり，一種の「愛の労働」を意味している。

　このようないわば丁寧に，心を込めて，注意深い配慮を表す「愛の労働」は，今日では看護職に限らず，介護や保母等のケアワーク全体に広がってきており，さらにはハンバーガーチェーンのマクドナルドの接客マニュアルにまで取り入れられるようになってきており，TLCは業務全般のビジネスモデルの1つに組み込まれるという観を呈している。かくしてTLCといわれる，性愛を含まない愛

の労働は，無限定的な献身を当該労務提供者に要求しがちとなり，また例えば「介護とは利用者によりそい，共感することである！」などというキャッチフレーズに代表されるように，顧客である介護や看護を必要とする人々に対する共感を求めるものであることから，このようなケア労働に従事する人々にとっては，後述するとおりきわめて大きなストレス要因となってきているといえよう。

　さらに最も制度化された接客業の1つといわれている客室乗務員（フライトアテンダント）についてみると，航空会社の任務は，乗客を飛行機で安全に目的地に届けることであるが，それに加えて客室乗務員は，フライトの間中，乗客が安心してくつろげるように接遇することが求められるのである。したがって，客室乗務員は，飛行中微笑みを絶やさず，しかも単なる愛想笑いや作り笑いではなく，心から笑顔にみえるようにすべく，いわばスマイル・トレーニングが行われることになる。しかも客室乗務員は，たとえ乗客からの高圧的でぶしつけな態度に接しても，「お客様は神様です」という大命題のもとに，その乗客を理解し共感すると共に，他方では毅然として対処し，どんな危険な状況に陥っても慌てず乗客を落ち着かせて安全を確保するよう，自らの感情状態を整え，会社が指示する感情規則に従った徹底的な感情管理をする訓練が日常的に行われているのである。ホックシールドは，このような客室乗務員——航空会社の広告ポスターに登場する美男美女達——のにこやかな微笑みが商品価値を持っていることの中に，もっとも制度化された感情労働をみているといえよう。

　このような対人サービスに従事する人々に求められる微笑みや愛情表現とされる感情労働は，サービス内容に組み込まれ，今日顧客に対するサービスの核心部分を占めるに至っており，その反面，後述のとおり感情労働に従事する労働者に，さまざまなストレスを与えているのである。

第1章 「感情労働」とは何か？

一般サービス業の場合

さらにいえば，このような労働一般に占める感情管理部分の増大はサービス業のみならず，製造業等の中にも急速に浸透しつつあることが注目されよう。特に今日，ビジネスの主戦場が製品ではなくアフターサービスに移ってきている分野では，この側面が顕著であるといえよう。例えば複写機，プリンター，自動車，商用車，製造装置，分析装置，医療機器，コンピューター，エレベーター，エスカレーターなどの業種では，競争企業がひしめき合い，製品の販売ではさほどの利益が出なくとも，アフターパーツ（保守部品，修理部品，消耗品，関連する用品などが含まれる）やサービスサポートが利益を上げる構造になってきている（今日，機械本体を無料で提供し，アフターサービス分野で稼ぐというビジネスモデルが増加しつつある）。

このような分野では，今日24時間365日サービス体制や「トリアージ（優先順位付け）」などと呼ばれるビジネスモデルが主流になりつつあり，アフターサービスの内容（迅速性，正確性など）が商品価値とみなされ，顧客サービスを中核とする感情労働の果たす役割がきわめて大きな比重を占めるようになってきている。例えば工場では生産，輸送は，常に休みなく動き続けており，またコンピューターによるさまざまな取引や，医療や介護，レジャーなどの消費活動も，24時間365日休みがないような状況になってきており，顧客の生活やビジネス活動に支障がないようにするためには，企業は24時間365日でサポートできる体制が必要となっている（コラム2）。

〔コラム2〕　トリアージ（triage，優先順位付け）

時間的・資源的制約があって仕事や課題のすべてを実施・完了できないとき，一定の基準に従って着手の優先／非優先を判断することを意味し，通常，災害医療などで使われる言葉で，傷病者（患者）を重症度と緊急性によって選び分ける作業をいう。大規模災害現場や戦場などでは一度に多数の傷病者が発生し，医療機能が絶対的に不足するという制約下で，最大数の傷病者を救命するためには，命に別状のな

い軽症者や，治療を行っても救命の可能性が低い重症者よりも，助かる見込みがありかつ緊急の対応を要する者の治療・処置を優先しなければならず，そこで生存可能性を医学的見地から基準化して，これにもとづいて傷病者を選別・分類することをトリアージという。

triage というフランス語は，もともとはコーヒー豆やブドウ，羊毛などを基準に従って選別することをいい，ナポレオン戦争時代に「傷病兵の選別」の意味に使われるようになった。転じて，製造業等の現場においても，肥大化した顧客要求の絞り込みやソフトウェアなどの発見した不具合のうち，どれを即時対応するかといった意志決定について，プロジェクトマネージャは限られた人的資源で納期を順守するために，作業に優先／非優先の順位をつけるために用いられるようになってきた用語なのである。このようにトリアージというビジネスモデルでは基本的には企業における仕事のうち，必要性が高くかつ納期内に作業を終了できる見込みのあるものを選ぶことになり，他方では，その結果としてそれに従事する労働者のストレスを一層強くすることにもつながるといえよう。

企業にとっては24時間365日のサービスが当然になってきたとしても，小さいトラブルも大きいトラブルも同じように対応していては，コスト高になり，また何らの統制もなく対応していては，サービスマンや設備などの限りある資源が，本当に必要としている顧客に割り当てられなくなる可能性が出てくる。そこで登場してきたのが「トリアージ」という優先順位付けであり，顧客の状況を確認して，緊急対応が必要かどうかを判断し，優先的に対応すべき顧客とそうでない顧客を分けてそれぞれ対応していくというモデルが登場することになる。例えば製造業のサービスサポート現場では，顧客から状況をヒアリングする場合，訪問すべきかそれとも電話対応だけで処置できるかの判断が必要となり，電話だけで故障状況をきちんと聞きだし，機器ごとの故障原因の特定と修理方法を確実に処理できるエキスパートが必要になり，また顧客の要望に的確に応答するという意味では，前述した「真実の瞬間」の比重がより重みを増すことになる。このような細やかなサポート体制やトリアージなど

のビジネスモデルの広がりの中で,労働者は長時間過重労働と共に感情労働を必要とされ,ますますストレスの強い生活を余儀なくされているといえよう。

このような労働一般に占める感情管理部分の増大の中で,前述した感情知性,いわば「気働き」やコミュニケーション能力が要求されるようになってきていることを指摘できよう。前述のゴールマンは『EQ』の中で,組織のトップの偏狭さや気難しさが,組織のチームワークや率直なコミュニケーションを阻害する事実を飛行機の墜落事故を例に挙げて指摘しているように,組織を円滑に運営していくうえで,感情に振り回されることなく,自らの感情をコントロールする能力が求められており,それによって少なくともマニュアルに沿った労働を行うことが可能となるばかりか,それに加えてマニュアルにない対人スキルを身につけることが可能となるとして,感情知性の必要性を指摘しているのである[14]。このような観点からは,後述するとおり,いわば「マクドナルド化」といわれる労働のマニュアル化は,組織におけるコミュニケーション能力を低下させるばかりか,労働のストレスを招来し,ひいては経営能率を低下させる可能性をはらむものといえよう。

更には今日職場に大量に導入されているパートタイムや派遣等の非正規雇用や,トヨタに代表される「カンバン方式」なども,マクドナルド化に代表される労働のマニュアル化を進展させ,これによって職場や労働に同様の影響を与えてきているといえよう。

(2) 感情労働の問題点

感情労働は前述したとおり,感情と労働の結び付きに関して,自己もしくは他者の感情の抑制もしくは管理を重要な要素とする労働のことであり,主として対人サービスに従事する人々が遂行する労働の重要な要素をなすものである。これらの人々は一般的に「善良

---

[14] 前掲注(5) 96 頁以下参照。

な人」「人格者」「よい人」などのイメージを持つものとされ、かつそれに則った労務提供を求められ、かつ期待されているが、今日このような対人サービスに際して、相手との間で、感情労働を利用濫用したり、感情管理を逸脱した違法不当な行為（例えばセクハラやパワハラなど）や、感情労働そのものに対する不当な攻撃（例えばモンスター・カスタマーなど）等さまざまなトラブルが発生するようになってきている。またそれにとどまらず組織内においても長時間労働やいじめ、パワハラ等の違法不当な行為によって労務提供者自身がさまざまなストレスにさらされている。

「聖職者」の非行

そこでまず宗教上の「聖職者」といわれる宗教関係者についてみると、これらに対する人々の信頼や社会一般に与えるイメージを反映したトラブルの発生を指摘することができる。特に社会一般に起こるトラブルや犯罪の例として、近年ではオウム真理教の犯罪が想起されるが、わが国では1970年代から、いわゆる「霊感商法」や「霊視商法」などといわれる消費者被害としての悪徳商法の発生を指摘できよう（コラム3）。

「霊感商法」は宗教団体の信者などが、霊感があるかのように振る舞って先祖の因縁や霊の祟りなどの話を用いて、法外な値段で商品を売ったりするものであり、また「霊視商法」は祈禱料、除霊料などの名目で高額なお金を払わせる悪徳商法であるが、これらは今日心理学上、いわゆるマインドコントロールにもとづき、人々が誰でも持つ権威への帰依や恐怖心などの心理に働きかけることに起因するものといわれている。これらは聖職者としての権威に対する信者の帰依心や社会一般の信頼を悪用した例といえよう。

〔コラム3〕 **人々は何故騙されるのか？**
——マインドコントロール〜霊感（視）商法

霊感商法は霊能力者を装った宗教関係の信者達が、先祖のたたりなどの因縁話を持ち出して、「この商品を買えば祖先のたたりは消滅す

第1章 「感情労働」とは何か？

る。」「このままだともっと悪いことが起きる」などと効能をいったり，相手の不安を煽り，法外な値段で，壺や多宝塔，高麗人参茶（エキス），印鑑などの商品を売りつける悪徳商法の一種であり，かねてから「開運商法」などと呼ばれていたが，1980年代に世界基督教統一神霊協会（統一教会）の信者らによるこの種の商法が社会的に問題となったころから，「霊感商法」という言葉が広く使われるようになり，国会でも度々取り上げられるようになったものである。1990年代に入り，福岡地裁で信者らの不法行為に対して統一教会自体の使用者責任が認定された（1993年）以降も，霊感商法による被害は発生しており，対策弁護団に寄せられた被害だけでも累計約3万件，1,060億円に達している（霊感商法被害者救済担当弁護士連絡会調べ。近年も札幌地裁は統一協会に対して，慰謝料として約2億7800万円の支払いを命じる判決を下している。札幌地判平24.3.29，2012年3月30日付朝日新聞）。

また霊視商法は，新聞のチラシなどで人を集めて霊視鑑定をした後，「水子の霊が憑いている」「このままでは不幸になる」などと不安を煽って，法外な祈祷料を支払わせたりするものであり，1980年代から明覚寺（本覚寺）グループによる霊視商法が大きな社会問題となり，2002年1月和歌山地裁は，組織ぐるみの違法性が認められるとして，犯罪を理由としてオウム真理教に次ぐ2番目の宗教法人の解散命令を発している。このような宗教組織の行為は法律的には，霊感商法等をする側が霊感等を持っていないことを認識し，不安の煽り方が社会通念を逸脱したものであれば詐欺や恐喝罪になるものであり，特定商品取引法違反で2009年11月10日，東京地裁は統一教会の信者に対し，「高度な組織性が認められ，犯情は極めて悪質」として執行猶予付の懲役刑を宣告している。

ところでこのような宗教団体による違法行為に何故多くの人々が騙されるのであろうか？この点について，人々の誰もが持つ心理に働きかけるいわゆるマインドコントロールの手法を指摘することができ，1970年代にアメリカでカルト教団による集団自殺（人民寺院事件など）などを契機に，心理学者らが入信のプロセスを調査する過程で，本人の自由意思でなく，外部（＝教団）からの働きかけにより入信している事例が報告されるようになったことから解明が進んできたものである。すなわちマインドコントロールは，強制によらずに，あたかも自らの意思で一定の行為を選択したかのように，予め決められた結論へと誘導する技術もしくはその行為のことを意味するものであり

> (S. ハッサン著浅見定雄訳『マインドコントロールの恐怖』恒友出版
> 1993年)。霊感商法はその典型とされているが,その特徴は,人々が
> 一般に抱く心理である絶対的存在や権威に対する帰依心や恐怖心を巧
> みに利用することが指摘されており,ここにも「聖職」者イメージが
> 悪用されている例をみてとることができよう。

 ところで,聖職者は今日でも男性中心の社会であるが(例えばカトリック教会の司祭は男性に限られ,原則として終身独身が求められている),このような宗教組織中で,聖職者らの児童に対する性的虐待や信者に対するセクハラ等の非違行為が近年次々と暴露されてきている。例えばキリスト教会の牧師の女性職員に対するセクハラ行為や,信者の女児に対するわいせつ行為等の虐待や性犯罪の例など(コラム4)は,聖職者に対する信者をはじめとする人々の信頼に乗じた非違行為であり,厳しく指弾されるべきものである。

〔コラム4〕 聖職者による児童虐待,性犯罪等のスキャンダル

 この問題は,2002年にアメリカのメディアが大々的に取り上げたことをきっかけに一大スキャンダルに発展したものであり,この種の事件が起こっていたのは,孤児院や学校,神学校など司祭や修道者,施設関係者と子供たちが共同生活を送る施設であり,司祭たちが絶対的権力者として子供たちを統制する,いわば「閉ざされた政治空間」においてであった。ボストン教区のカトリック教区司祭が,30年にわたり延べ130人もの児童に対する性的虐待を行い,それに対して訴訟を起こされたのに対して,カトリック教会は司祭を他の教会へ異動させただけで効果的な処分を行わず,それが事態を一層悪化させてきたとの報道が,2002年1月なされた(同司祭は2002年に禁錮9〜10年の実刑判決を受けた)。このスキャンダルが発覚した後,関連して250人もの司祭たちが解任されるという事態となったにもかかわらず,これらの司祭たちは聖職を剥奪されなかったため,カトリック教会に対して厳しい非難が浴びせられた。
 さらに,2003年1月,過去60年間で米国カトリック教会の1,200人を超える聖職者たちが,4,000人以上の子供に性的虐待を加えていたことが報じられ,また2004年2月には,過去52年間で,神父4,450

第 1 章 「感情労働」とは何か？

人が児童虐待をし，その件数は約 11,000 件に上り，この期間の神父 11 万人の 4％ に達すると報じられた。事件の余波はアメリカ以外にも波及し，アイルランド，メキシコ，オーストリアといった国々でも訴訟が起こされ，アメリカやアイルランドでは教区司教が引責辞任に追い込まれるという事態となった。これらに対しては，カトリック教会の地区上層部がスキャンダルの発覚を恐れ，事件を起こした人物を異動させるだけで問題を隠蔽してきたとして厳しく批判されたが，2006 年に入って，教皇ベネディクト 16 世はこのような罪を犯すことは宗教的・社会的に許されないうえに，隠すことも大きな罪になるとして，厳正に処断すると宣言するに至っている。

わが国でも日本聖公会所属の奈良県の元牧師が 1983 年から 1988 年までの 5 年間に，当時小学生であった女児が中学生になるまでの間に，英語の家庭教師をしていたことに乗じて，教会内で服を脱がして「誰にもいってはいけないよ」などといってわいせつ行為をくり返した。女性は 25 歳になり性的虐待の報道を契機に，「自分は牧師の性欲のはけ口にされていた」と気づき，不眠や幻覚から 1999 年 PTSD と診断され，牧師を相手に提訴したが，一審の奈良地裁は 2004 年 9 月「被害時期や状況に曖昧な点が多い」として請求を棄却したものの，大阪高裁は 2005 年 3 月「被害供述は具体的かつ詳細で迫真性がある」として牧師に慰謝料 500 万円の支払を命じ，同年 7 月上告棄却で確定した。日本聖公会は最高裁判決確定後も元牧師の事実無根の主張を支援していたが，他の女性が同牧師から同様の被害に遭っていたことを告発したことをきっかけとして，同牧師の信徒活動を禁止し，同牧師は同年 9 月自己退職している（2005 年 12 月 10 日付共同通信）。

医師のトラブル・「受難」

次に「擬似聖職者」の中でも医師は，前述したとおり専門家としての技術のみならず，高い倫理規範の保持が求められているものの，近年医師等の医療従事者の患者に対する不快な言動がトラブルになる例が増加しており，そのようなものとして，いわゆる「ドクターハラスメント」を指摘できる。例えば医師が女性患者に対して「子宮はもう必要ない臓器だし，年もとってきたから，筋腫もあばれなくなります」などという発言により，患者を無力化させたり孤立さ

せ，ときには心的外傷後ストレス傷害（PTSD）につながることもあると指摘されている（土屋繁裕『ドクターハラスメント―許せない！患者を傷つける医師のひと言』扶桑社, 2002）。

さらには医師の患者に対するセクハラが問題となることもあり，このように医師の職務遂行過程での患者とのトラブルは，インフォームドコンセントなど患者の権利意識の高まりにつれて増加しており，これが極端な形態をとるようになってきたのが，以下に述べる「モンスター・ペイシェント」のケースといえよう。

「患者ハラスメント」あるいは「モンスター・ペイシェント」は，医療従事者や医療機関に対して自己中心的で理不尽な要求・暴言，暴力を振るう患者やその保護者らを意味する和製英語であり，例えば，臨終の立合いに遅れた医師に「上下座して謝れ」と迫って土下座させたり，治療がうまくいかなかったことに不満を持って看護師に理由を告げずに平手打ちをしたり，病院の備品を破壊したり，女性看護師にセクハラをくり返したりする行為が指摘できよう。中でも女性医療従事者とりわけ女性看護師に対する患者のいやがらせが増加している。看護師は仕事の性格上，例えば清拭，着替え，入浴介助，体位交換等自分の身体を患者に密着させて行うことが多く，これらの職務遂行過程で，患者から性的言動をされることが多いといえよう。また薬剤の処方や病室の配転などをめぐって患者が不当な要求を持ち出し，それを拒絶した医師や看護師に暴力を振るうという事例も増加している。

例えば㈳全日本病院協会が2007年12月から2008年1月にかけて会員病院1,106病院に行った，いわゆる「院内暴力」に対するアンケート調査（図表1-2）によると，過去1年間に，5割以上の病院が院内暴力を経験しており，特に患者本人からの暴言などの精神的暴力が多く，またセクハラも多く，これらの被害の大半が病院のみで対処しており，第三者への相談はきわめて少なく（警察への届出52％，弁護士への相談2.1％），しかもこれらの被害対応体制は4割にとどまっている実態が明らかとなっている（報告制度38.9％, マニュ

第 1 章 「感情労働」とは何か？

図表 1-2　1 年間の「院内暴力」

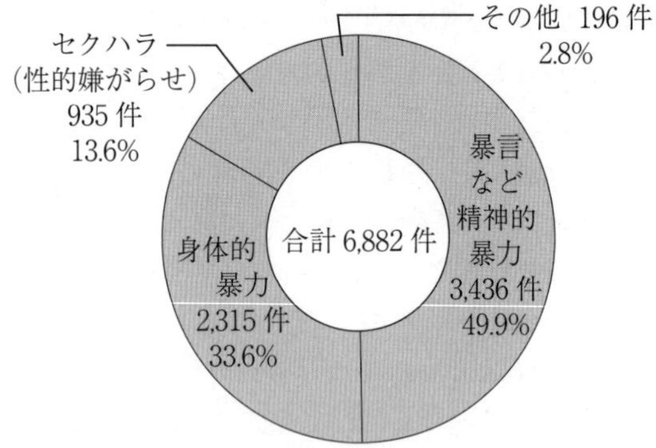

- その他　196 件　2.8%
- セクハラ（性的嫌がらせ）　935 件　13.6%
- 暴言など精神的暴力　3,436 件　49.9%
- 身体的暴力　2,315 件　33.6%
- 合計 6,882 件

アル・ガイドライン 16.2%，研修訓練 12.7%）。同じように日本医師会が 2009 年 2 月に実施したアンケートによると，所属勤務医会員 3,879 人の約半数が過去半年以内に患者やその家族から不当なクレームやトラブルを受けたと回答しており，そのうち約 9 割が，院内で発生する患者，利用者による暴言・暴力の防止対策を求めている。このように人々の生命身体の安全を担う，医療現場従事者自身が，今日きわめてリスキーな職場環境に置かれてきていることは重大な問題といわざるを得ない。

教師のトラブル・「受難」　次に教職に従事している人々についてみると，同じように児童や生徒に対するセクハラ・パワハラが深刻な問題となっており，これらはむしろ「虐待」と呼ぶべきものである。その中でも「性的虐待」等の「スクール・セクハラ」が大きな社会問題となっており，加害教師が処分されるというケースが多発するようになってきている。

例えば 2008 年 8 月，県立高校の陸上部の合宿中に顧問の教師が教え子の女子生徒にわいせつ行為を行い強制わいせつで逮捕されたケースや（2008 年 8 月 25 日付読売新聞），2009 年 9 月，広島県内の小学校内で教え子の女子児童にわいせつ行為をくり返したとして，

2 感情労働の実態と問題点

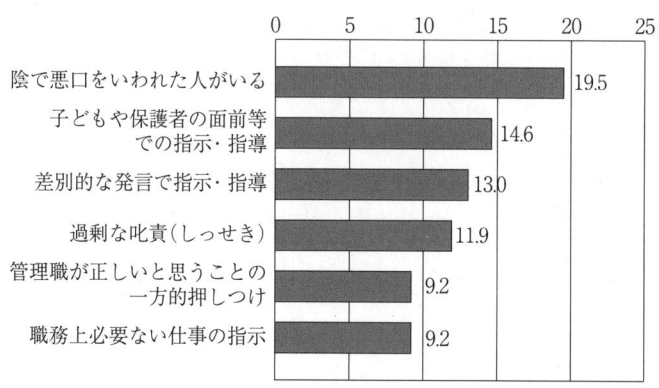

図表1-3　現在あるハラスメント行為は？

項目	%
陰で悪口をいわれた人がいる	19.5
子どもや保護者の面前等での指示・指導	14.6
差別的な発言で指示・指導	13.0
過剰な叱責（しっせき）	11.9
管理職が正しいと思うことの一方的押しつけ	9.2
職務上必要ない仕事の指示	9.2

出所：全教青年部の調査（単位は％）

広島地裁で強姦罪により有期最高刑の懲役30年の判決を受けた元教師のケース（同教諭は，これ以外にも2001年〜2006年にかけて27人の女子児童に強姦等をくり返し，しかもこれらの犯行をビデオに収録して口止めをし，ために女児の中にはPTSDになって自分の手首を切ったりした者もいる。2009年9月15日付毎日新聞）などがある。さらに中学校や高等学校では，教師が受験を控えた生徒に対して，成績と関係のないことで内申点を決めたりする等の「いじめ」や「いやがらせ」も行われていると言われている。

また教職員の間のいじめ「パワハラ」も深刻なものがある。例えば全日本教職員組合青年部が2007年11月から2008年3月にかけて青年教職員（35歳以下，約2千人）に実施したアンケートによると，37％がハラスメントを受けた経験があると回答しており（図表1-3），具体例としては「教員失格だ。やめてしまえ」「お前はここにいること自体おかしい」「毎朝児童のことをするよりも，何よりも校長に挨拶をしなきゃいけない」「新米は『はい』といっていればいいんだよ，でしゃばるんじゃない」「子ども（妊娠）はめでたいことだけど，教員にとっては迷惑。今年は妊娠しないでほしい」「若いうちは滅私奉公だ」などというものが指摘されている。

第1章 「感情労働」とは何か？

　その一例として，千葉市立の市立中学の教師（当時50歳）が2006年9月に自殺したのは校長のパワハラが原因として，遺族が地方公務員災害補償基金に公務災害の認定を求めた件で，同基金は，2008年9月30日パワハラによる公務災害と認めた。それによると，2006年8月下旬に，教師は夏休み中の生徒の水難事故の対応に奔走，専念しようと，同30日，教頭昇進試験の辞退を校長に告げると，校長から「お前は昔から仕事がいい加減だった」などと約1時間怒鳴られ，それまでも継続的にパワハラを受けていたこともあり，これを機に深刻なうつ病に陥り7日後に自殺した（ちなみに，市教委は翌年2月，この校長を一般教諭に降格させる分限処分にし，校長は同年度末に退職した）。

アカハラ　また大学内でも，教授が本来感情管理を怠って学生等にさまざまな不快な言動をするばかりか，教授の立場や権利を悪用して学生に性的関係を迫り，それを断った場合単位を認定しなかったり，就職を不利にさせたりする等のいわゆる「キャンパス・セクハラ」や「アカデミック・ハラスメント（アカハラ）」が多発している状態にある。アカハラとしては学生（特に研究室に配属されている4年生や大学院生など）に対するものとして，授業を受けさせない，専攻の変更を迫る，学位論文を受理しない，学生のプライバシーを暴露する，就職活動において不利な扱いをする，私的な用事に使うなどが指摘され，教員間におけるものとしては，昇進における差別，研究の妨害，退職勧告などが指摘されている。

　具体的な例としては，休暇中の職員に「業務命令だ」といって休日出勤を命じ戒告処分を受けた大分大学教授のケースや（2008年2月8日付産経新聞），研究室の大学院生に研究課題を強要したとして停職3カ月の懲戒処分を受けた愛媛大学教授のケース（2007年8月29日付朝日新聞），教授が助手（現在は助教）に日常的にいやがらせをくり返したとして11万円の支払が命じられた奈良県立医大事件（大阪高判平14.1.29判タ1098号234頁，上告棄却確定）などがある。

また神戸大学医学部保健学科で 2006 年 4 月から看護学を研究していた 30 代の女性助教が同年 6 月，女性教授に対し「現場への配慮が足りない」と同僚研究協力者の苦情を訴えたところ，その後研究メンバーから外された。上司の男性教授らに相談しても相手にされず，他の教員や学生の前で，「お前は実績がない」「やめろ」などと怒鳴られたために助教は体調を崩し，同年 9 月から出勤できなくなったところ，2007 年 1 月に入り女性教授から，「適応障害という病名なら神戸大学では適応しないということだから，他の職場を探すのも一方法」などと書かれた手紙も届いた。助教は「職場復帰できないのはアカハラや大学の対応の遅れが原因」として労働審判を申し立てたところ，同審判委員は女性教授の手紙について「退職を強要しており違法」と認定し，大学側に解決金 30 万円の慰謝料請求の支払を命じた（なお，神戸大学は 2007 年 10 月，教授 2 人を厳重注意処分にした。2008 年 3 月 30 日付河北新報）。

モンスター・ペアレント　他方では，教師に対する理不尽な攻撃も近年増加しており，特に小中学校の教師に対して自己中心的で理不尽な要求をくり返す保護者を意味する「モンスター・ペアレント」が社会問題となっている。「モンスター・ペアレント」とは 1990 年代以降，学校に対して自己中心的で理不尽な要求をくり返す保護者を意味する和製英語であり，アメリカでは，学校の上空を周回するヘリコプターのように常に自分の子どもを監視し，何かあればすぐに学校に乗り込んでくることを意味する「ヘリコプター・ペアレント」と呼ばれている。これらの具体例として，「自分の子どもが注意されたことに逆上して職員室に乗り込み，延々とクレームをつける」「早朝であろうが深夜であろうが教職員の自宅に電話をかけ，何時間もクレームをつける」「子ども同士の喧嘩に介入し，相手の子どもを非難する長大な文書を学校に持ち込んで処罰を要求する」「自分の子どもがリレー競技の選手に選ばれないのは不自然だとクレームをつける」等の例が指

摘されている。

しかも近年このようなモンスター・ペアレントの攻撃で、教員が精神疾患や自殺に追い込まれた例が発生しているのであり、近年このようなケースに対応するものとして、教職員が個人として教職員賠償責任保険に入るケースが増加しており、2007年には、東京都の公立学校教職員の約3分の1が加入しているとされる（2007年7月12日付毎日新聞）。

本来このような「クレーム」は、強要、脅迫罪等刑事処分として対処すべきものであり、従業員の安全確保は事業主の責任でもあり、これらを怠った事業主の責任も問われることになる。

諸外国の場合

さらに顧客に対する感情的配慮が要求される職種である対人サービスを業とする人々についてみると、前述したとおり医療・保健・介護職、デパート、スーパーなどの店員などの販売職やフライトアテンダント、電話接受者などの職種に従事する人々は、職務遂行中いつでも「笑顔で明るく、よい人」であることを求められており、今日このような対人サービスに際して、相手からの不当な攻撃（例えばモンスター・カスタマーなど）のみならず、組織内においても長時間労働やいじめ、パワハラ等の違法不当な行為によって労務提供者自身がさまざまなストレスにさらされている。

例えばILOの報告書によれば、職場におけるこのような違法不当行為は、今や世界中で深刻な問題となっており、国によっては「流行病的レベル（epidemic levels）」に達していると指摘されている。従来、職場における人身や労働環境への被害は主に身体的暴力が問題とされており、いじめ、いやがらせ、セクハラ等を含む心理的暴力は、近年に至るまで軽視もしくは無視されてきたといってよい。しかし職場における暴力は、身体的あるいは心理的暴力に関わらず、今日、国境、労働環境、職場グループを超えて広がっており、とりわけ、いじめ、虐待、威嚇、村八分、罵り、セクハラ等の心理的暴

力は，その継続性により，被害者のみならず職場環境に深刻な被害を及ぼしていることが明らかとなってきている。

しかも近年の特徴は，報告書によると学校，ソーシャル・サービス，図書館，保健医療といった，かつては暴力やいじめとは無縁と考えられた職場でも，途上国，先進国を問わず，いじめ・暴力の被害が増えてきていることであり，また，途上国で最も被害を受けやすい集団には，女性，移民労働者，子どもが含まれていると指摘している。また毎週20人もの労働者が勤務中に殺害されているアメリカでも，職場の暴力全体でみた場合，身体に対する暴力のうち銃やナイフを使ったものは2%にすぎず，押したり突いたりする身体暴力が19%であり，他方，言葉による脅しや侮辱的発言，いやがらせ等の心理的暴力やセクハラ等の行為が41%に達しているのである。イギリスでは，暴力を監視する安全衛生庁（Health and Safety Executive）の調査によると，2002年には職場内で84万9000件の暴力事件が発生し，その内43万1000件が暴行や傷害等の身体的暴力で占められていたが，他方，言葉による脅しやいじめ，いやがらせ，セクハラ等が増加して41万8000件に達している。とりわけこの傾向は，職場外の第三者と接触する機会の多い保健衛生部門に勤務している労働者の中で顕著になっており，例えば国民保健サービス（National Health Service, NHS）では，15%超の職員が勤務中に身体的暴力を受け，3分の1を超える職員が，ハラスメント，脅し，いじめの被害を受けていることが報告されている。

またEUは，全域の労働者を対象に1996年と2000年に大規模な調査を行っているが，2000年の調査では，EU15加盟国において，自分の職場に所属する人たちから身体的暴力を受けた労働者が6%（1996年時点では4%），セクハラを受けた労働者が8%（1996年時点での調査なし），いじめ，威嚇，いやがらせを受けた労働者が10%（同8%）と，1996年に比してそれぞれ増加している。このような被害は，とりわけ医療やソーシャルワーク，ホテル，レストラン等の保健衛生サービス等で多く，職種としては営業や顧客サービス等に従事す

第 1 章 「感情労働」とは何か？

る労働者の被害が集中しているのである。

モンスター・カスタマー　他方，店の顧客が商品や店員の些細なミスに関して理不尽な要求をくり返したりするクレーマーや，いわゆるモンスター・カスタマーが特に問題となりつつある。これらは，後述するとおり，いずれも自分よりも力関係において弱い立場にある者に対して加えられる心理的・肉体的攻撃であり，次の例はその典型といえるものである（コラム5）。

〔コラム5〕　　　使い方守らず「弁償しろ！」

　私は大手百貨店に34年間在籍し，そのうち8年間は「お客様相談室」を担当しました。その間に処理したクレーム数は約1,300件。真っ当なものもありますが，ここに紹介する理不尽極まりないものもかなりありました。悪質なクレーマーは今もどこかの店を狙っています。
　「おまえは帰れ！」いきなり大声で怒鳴られました。代替品を持参してないというのだ。怒鳴られた係長も私も唖然。そんな約束はしていないのだ。さらに大声で，「すぐに会社に戻り持って来い」「それを待つ間，自分の時間が無駄になるので，ここに1万円置け」と言うのだ。"授業料"だそうである。
　この男，70歳に近く，無職で小さな平屋に奥さんと2人で住んでいて，過去の事業の栄光を再三口にする。
　トラブルは「言った，言わない」に端を発した苦情だが，中身は，「卓上水コンロ」の受け皿に水を入れずに使ったため，伝わった熱でテーブルの塗料が少し変色。男は販売員が「使い方を説明しなかった」からだと絡んでいる。確かに販売員も間違うことはある。しかし，担当した販売員は売り場の責任者で，何よりもそのときのやりとりをしっかり覚えていた。
　最初の訪問では，脅かしのつもりか，「最初からの経緯，あなたの対応，そして誠意のない態度をすべて書いた手紙を社長に送る。あなたは職を失う」とくり返す。
　2度目の訪問も接点が見いだせず物別れに終わり，「あなたは誠意が足らないし，私の困った点も理解が足らないので，担当を代わって

ほしい」と要求してきた。これもクレーマーが自分の思い通りに進まないとよく使う手だ。人を代えれば、要求が通りやすいと踏んでいる。

男の家には3カ月で合計6回訪問したが、歩み寄りはなく対応を打ち切った。トラブルから1年後、男から社長あてに手紙が届いたが、詳細はすべて報告しており、会社も対応することはなかった（2007年3月19日 Gendai.net 掲載）。

◆関根眞一　1969年から2003年8月まで大手百貨店に在職。自らの体験を元にした「苦情学」（恒文社 2008年）を出版。現在、苦情・クレーム対応アドバイザー。

パワハラ・うつ病の増加

感情管理において問題とされる対人サービスを中核とする労働は、企業や組織内での一般的な事務遂行において求められるが、これらの労務提供をしている従業員の間では、上司から部下、正規社員から派遣やパートなどの非正規などへの、職務権限を利用・濫用してのいわゆるいじめやパワハラ等がもたらされている。諸外国の例は、前述したとおりであるが、わが国においても、近年、このようないじめ、パワハラの実態が明らかにされつつあり、例えば日本労働弁護団が毎年実施している全国一斉労働相談では、職場のいじめ・パワハラが2004年に8%だったものが、2005年には17.7%と2倍以上に増え、2006年に入っても常設の相談で同じく17.7%で「解雇」の21.2%に次いで2番目に多くなっていた。さらに2006年12月に実施した全国一斉の電話相談では、「職場いじめ、いやがらせ」が27.8%となり、「賃金不払い」22.4%を抜いてトップを占めるという事態になり、2010年に入っても相変わらず1割以上を占めている。また2001（平成13）年10月から実施されている個別労働紛争解決制度では全国の都道府県労働局に寄せられた相談件数は、初年度に25万件であったものが2008（平成20）年以降は約110万件超で推移し、民事上の個別労働紛争も約24万件といずれも過去最高に達しているが、2010（平成22）年度の内訳をみると、「解雇」が約21%で最も多く、「労働条件の引き下げ」「いじめ・いやがらせ」が

第1章 「感情労働」とは何か？

13％と続いている。

　職場いじめの相談の内容をみてみると，ほとんどの場合，退職勧奨・強要の手段として，あるいはその過程で，いじめ・いやがらせを伴ったくり返し執拗な退職勧奨がなされているのが1つの大きな特徴となっている。このようにして，日常の勤務に耐えられないほどの職場いじめが続くと，精神的ストレスと「いつ自分はクビになるのか……」という雇用不安から，不眠，頭痛，吐き気，下痢・腹痛などの神経症状が出て体調不良を訴えるようになり，重篤な症状になると，「うつ病」を発症して，病気欠勤となり，治癒せずに長期休職となるケースも多く，最後には休職期間満了や復職の見込みなしと判断されて，自動退職，解雇を通告されることも多いのである。さらに，長時間労働が複合的な要因となって，うつ病が増えている。リストラで従業員が減少したことによる仕事量の増大と使用者からの際限ない業務命令に従わざるを得ないという，職場の環境を背景として，長時間の過重な労働による過労とストレスを要因とするうつ病などの精神疾患に罹患する労働者も多く，職場いじめと複合的な要因となっていることはきわめて深刻である。

　公務職場も同様の傾向が続いており，人事院は，人事院規則13-5（職員からの苦情相談）にもとづき，一般職非現業の国家公務員の勤務条件や職場におけるいじめ・いやがらせ，セクハラ等の人事管理全般に関する悩み・苦情に対して広く相談に応じ，必要に応じて指導・助言・あっせん等を実施しているが，2009（平成21）年度に受け付けた苦情相談件数は1344件となっており，数年来千件を上回る水準が続いている。相談の内容は「任用関係」が23.5％，「勤務・服務等」が合計16.6％となっており，それらに次いで，「いわゆるパワー・ハラスメント」15.5％，「パワハラ以外のいじめ・いやがらせ」8.4％，「セクシュアル・ハラスメント」3.6％となっており，いじめ・いやがらせで3割弱を占めるに至っており，特にパワハラ等のいじめの増加が指摘されている。

　同様の傾向は，病欠や休職についても現れており，例えば，公務

員の「長期病休者実態調査」によると、近年全体として長期病休者が減少している中で、「精神・行動の障害」による病休者が著しい伸びを示しており、いじめや、いやがらせに関連するその他の疾患（損傷、消化器系の疾患など）も含めると、「いじめ」や「いやがらせ」による被害の深刻さをみてとることができる。

その結果、今やメンタルヘルス（心や精神の健康）不全が、世界各国の職場や学校など社会の隅々で深刻な問題となってきており、例えばアメリカでは就労可能成人の10人に1人がうつ病患者といわれ、わが国でも勤労者の疾患のトップをうつ病等の精神疾患が占め、厚生労働省の調査でも、うつ病を含む気分障害の患者は100万人を超え、今日わが国の職場では「最低でも250万人～300万人」に達していると推計されるに至っている（2010年2月7日付日本経済新聞）。

このような職場におけるメンタルヘルス不全に伴う精神疾患は、従業員の健康を蝕むばかりか、人材の疲弊による企業組織の機能不全をもたらすことになっている。例えば労働政策研究・研修機構が2011年6月に発表した「職場におけるメンタルヘルスケア対策に関する調査」（2010年9月～10月に、農・漁業を除く全国の従業員10人以上の民間事業所14000カ所で実施）によると、6割強（56.7%）の事業所で、うつ病等のメンタルヘルス問題を抱えている正規社員がおり、その人数が増加傾向にあり、しかもメンタルヘルスが生産性の低下や重大事故など企業のパフォーマンスに負の影響を与えることを、約9割の事業所が認識しているにもかかわらず、メンタルヘルスによる休・退職がいる事業所の約3分の1が、何らの対策にも取り組んでいない現状を指摘している。

対人サービス、対人関係を中核とする感情管理労働が生み出すさまざまなストレスは、メンタルヘルスとして発現していることを認識し、早急かつ抜本的な対策が求められているといえよう。

第1章 「感情労働」とは何か？

❸ 感情労働の本質

　感情労働は前述したとおり「自己もしくは他者の感情を扱い，かつ感情制御（＝管理）を核心的もしくは重要な要素とする労働」のことを意味しているが，このような感情管理労働が問題とされるようになった背景をみると，主として3つの要素を指摘することができ，ここに感情労働の本質があるといえよう。第1は，労働におけるコミュニケーションの領域の拡大であり，第2はコミュニケーションを中核とする労働が人間に与えるストレスの拡大であり，第3にこれらの問題が，今日職場といういわば閉ざされた「政治空間」において拡大されるようになってきていることを背景としていることである。

　第1の要因は社会学的考察を必要とし，感情労働のいわば究極要因をなすものであり，第2の要因は，心理学的考察を必要とし，感情労働の中間要因をなすものであり，第3の要因は，政治学的考察を必要とし，感情労働の至近要因をなすものといえる。そこで以下に順次論ずることにしよう。

「究極」要因──
コミュニケーション

　労働／仕事は，前述したとおり物理的な意味では一定のエネルギーを支出する人間労働であり，その対象に着目すると「人間」と「物」に分類することができ，前者は対人サービス労働であり，教師，牧師，看護師，店員などがこれらの労働に従事し，後者は工具や農漁民などが，例えば家具を作る職人は木材を，農民は土地を対象として労働を提供している。このように労働の対象によって労働／仕事の性格は大きく異なるが，「感情労働」が前者に関わるものであることは論を俟たない。

　ところでこれら対人サービス労働は，人間を相手にするものであ

ることから，対象である人間との間には，言葉であれ，表情であれ必然的にコミュニケーションが存在することになり，例えば，教師が子どもを相手に授業をするときや医師が患者を相手に診察をするときは，コミュニケーションが労働／仕事の中核をなしているのである。

　コミュニケーションの定義は多種多様であるが，一般には，複数の人間や動物が，感情・意思・情報などを受け取ったり伝え合うことを意味し，その媒体（情報や思考，感情などを表すもので，通常，記号，シンボル，シグナルと呼ばれる）の形態として，人間相互のコミュニケーションにおいては，言葉を用いる場合と身体動作などを用いる場合とがある。前者を媒体とする場合は，「言語的」コミュニケーションと呼ばれ，言葉の意味内容が問題とされ，意図的で意識される程度が強く，後者を媒体とする場合は，「非言語的」コミュニケーションと呼ばれ，身体動作（視線，ジェスチャー，姿勢，身体接触，表情など），空間行動（対人距離，着席位置など），近言語的特徴（声の大きさ，抑揚，沈黙など），人工物の使用（被服，アクセサリー，化粧など），物理的環境（部屋の広さ，インテリアなど）など多様なものが含まれ，それに応じた多様な伝達の特徴があるが，いずれも言語的コミュニケーションと相補完し合ってコミュニケーションの目的を達成する機能を有しており，また対面的な場面に着目すると，音声を伴うか否かが重要である。

　このようにコミュニケーションは，人間労働との関連でその機能に着目した場合，人間相互の情報の伝達や意見の交換にとどまらず，きわめて多様な機能を有するものであり，この点についてM.パターソンは，コミュニケーションの中でも非言語的媒体の果たすさまざまな機能として次の5点を挙げている。①情報の提供…個人の内的状態，パーソナリティ，動機，感情などを相手に伝える機能であり，情報伝達を目的として意図的，計画的になされるものである。②親密さの表出…相手に対する好感や愛情，興味や思いやりなどを表出する機能である。③相互作用の調整…会話において発話者のスムー

第1章 「感情労働」とは何か？

ズな交代を促し、会話の流れを調節する機能であり、例えば、自分の発言権を主張するために身体の向きを相手に向け直したり、咳払いで示す、声の高低の変化や音量を落とすなどの行為によって会話の方向転換を円滑に進める場合などが指摘できる。④社会的コントロールの実行…社会的勢力、説得、欺瞞、印象操作などによって、相手に影響を与える機能であり、例えば、地位の違いを目立たせるために凝視や身体接触を利用したり、好意を向けるために微笑を浮かべ、身体を前傾させて傾聴している様子を示すなどが指摘できる。⑤社会的役割にもとづくサービスや仕事上の目標の促進…サービスや仕事上の関係の結果を示す機能であり、例えば、医者と患者や仕立屋と顧客との間に見られる身体接触、結婚式の際の神父と新郎新婦との会話などであり、そのコミュニケーション形態は形式化（儀式化）されるものである。このうち前二者はコミュニケーションの最中に見られる個々の行動パターンの機能であり、物の形をジェスチャーで伝えたり、自分の発話の終わりで相手を見るといった特定の非言語的行動の機能を考えるときに有用であり、後三者はコミュニケーション全体の流れを理解するのに有用な機能であり、個々の非言語的行動も含めたコミュニケーションの進行から決定される機能とされる[15]。

またR.バードウィステルによれば、「二者間の対話では、言葉によって伝えられるメッセージ（コミュニケーションの内容）は全体の35％にすぎず、残りの65％は話しぶり、動作、ジェスチャー、相手との間の取り方など言葉以外の手段によって伝えられる」と述べている。もっともこうした非言語的コミュニケーションも、我々の頭の中では、言語的理解が基本となって、さまざまな身なりや表現が展開されているのであり、例えば音声言語を操ることが不自由なろうあ者が、それをカバーするためにさまざまな表情や仕草によって自らの意思を伝えるように、言語と表情は一体化しているのであ

---

[15] Miles L. Patterson, "Nonverbal Behavior—A Functional Perspective" (1983) 工藤力監訳『非言語コミュニケーションの基礎理論』誠信書房（1995年）。

り，このように言語的コミュニケーションと非言語的コミュニケーションは，相互に補完し合いながら展開されているというべきであろう。ではそれは何故なのか？これはコミュニケーションが，相互が了解，合意を獲得し合うことに最終的機能があるからであり，いわばコミュニケーションは相互了解，合意を獲得することに本質があるのである[16]。

コミュニケーションの機能

このようにコミュニケーションは，その機能に着目すると，相互の情報伝達や意見交換につきるものではなく，最終的には相互了解，合意の獲得を目指すことにその本質があり，媒体が言語であれ非言語であれ，最終的には言語によって理解される共通認識を目指す行動ということになる。

この点について，J.ハーバマスは，現代コミュニケーション論の最高峰とされる大著『コミュニケーション的行為の理論』で，このような相互了解／合意形成を目指す行為をコミュニケーション的行為と呼んでいる。ここでいう相互了解／合意形成とは，相互に意見が一致するということではなく，何についての要求であるのかを相互に理解し了解し合うという意味であり，このような観点からみたとき，人類が，集団的社会的関係の中でコミュニケーションにもとづく相互了解・合意獲得の歴史を形成してきたことは自明のこといえよう。ハーバマスはそのうえで，コミュニケーション的行為が合理的妥当性を備えて人々に受け入れられるためには，3つの要素が必要であるとして，次のように述べている。※

※「『了解』という言葉の最小限の意味は，言語能力と行為能力をそなえた（少なくとも）2人の主体が，ある言語表現を同じに理解するということである。（中略）つまり話し手が，コミュニケーション的行為で理解可能な言語表現を選びとるのは，聞き手と何かにつ

---

[16] Ray L. Birdwhistell, "Kinesics and Context: Essays on Body Motion Communication", Univ. of Pennsylvania Pr, 1970.

いて互いに了解し合い，しかもそれが，自分自身を理解してもらうために他ならないということを顧慮すればよいのである。このような意味で話し手のコミュニケーション的意図には，次の3つのものがある。すなわち，(a)自分と聞き手との間に，正当だと承認された相互人格的関係が成り立つように，所与の規範的脈絡に照らして正当な発話行為を遂行すること，(b)聞き手が話し手の知識を取り入れて共有するように，真実の言明（ないし的中する存在前提）をなすこと，(c)聞き手が語られたことを信用するために，思念，意図，感情，希望等々を誠実に発言することである。コミュニケーション的に達成された合意は，規範的な一致，命題的知識の共有，主観的な正直さへの相互信頼という3つのレヴェルで相互主観的な共通性をもつのである。」[17]。

ハーバマスはこのように，合意獲得を目指すコミュニケーション的行為の妥当要求の成立要素として，正当性，真理性，誠実性を挙げ，その一例として，教授が自分のゼミの学生に「水を1杯もってきてくれないか」と頼む例を挙げる。この例が，教授の有無を言わさないむき出しの命令ではなく，了解志向的態度で遂行される発話行為（すなわちコミュニケーション的行為）と仮定した場合，学生には3通りの批判の仕方があり，学生の批判が成立する場合，反対にコミュニケーション的行為としての妥当要求は成立しないことになる。(a)学生が「いいえ，先生には私を使用人のように扱う権利はありません」と言って拒絶する場合，教授の発言の規範的正当性に異を唱えたことになり，(b)学生が「いいえ，水を汲みに行けば，授業が終わるまで帰ってこられないです」と言って拒絶する場合，教授の発言の真理的妥協性に異を唱えていることになり，(c)学生が「いいえ，先生は本当は（水を飲みたいのではなくて），他の学生たちの前で　私に恥をかかせたいだけですから」と言って拒絶する場合，教授の発言の主観的誠実性に異を唱えていることになる。実社会に

---

[17] J. Habermas, "Theorie Des Kommunikativen Handelns", 1981, 藤沢賢一郎訳『コミュニケイション的行為の理論(中)』未來社(1986年) 47～48頁。

3 感情労働の本質

おいて，このような率直な表現をすることは困難な場合が多いのは後述するとおりであるが，コミュニケーションの発話者（例では教授）が妥当要求を掲げて発言したうえで，他人（学生）の批判に耳を傾ける姿勢をとることが求められる場合，(a)～(c)いずれについても批判に耐えるものでなければならないとされるのである。

このように感情労働が問題とされる場合，顧客からのクレームやパワハラ・セクハラのみならず上司からの指示などは，(a)～(c)いずれとの関わりでも，相互に了解合意の獲得を目指すコミュニケーション的行為が問題となるであろう。

さらにコミュニケーションが，言語を媒体とする場合であれ非言語を媒体とする場合であれ，それは必然的に相互の関係性を問題とせざるを得ない。すなわちコミュニケーションはある程度までは定型化，規格化，いわばマニュアル化が可能であるものの，人間との交渉を全て規格化，画一化できないのと同様に，コミュニケーションは本質的に，柔軟に臨機応変に具体的状況に合わせなければならないものである。このことは保育や教育，医療や介護などの対人サービス全てに該当するのであり，例えば保育士が朝保育園にやってきた子供たちに「おはよう」というとき，ロボットや自動販売機のように「おはよう」とくり返しても何ら意味を持たず，現場でその都度，子どもの様子に合わせて，言語／非言語的コミュニケーションをとおして「おはよう」と呼びかけをするのである。我々がコンビニに入ったとき，「いらっしゃいませ，こんにちは」という店員の言葉に違和感を持つのは，このようなコミュニケーションの欠如の故なのであり，この点に感情労働の本質が含まれていることをみてとることができよう。

「中間」要因 ── 感情

「感情」は我々がヒト・動物・物象などに対して抱く気持ちのことであり，喜怒哀楽（これらは基本感情ともいわれている），諦め，驚き，嫌悪，恐怖などのことを指し，一般に日常生活において，外的刺激

第1章 「感情労働」とは何か？

に対して痛いとか痒いなどのような反応である感覚という意味と，知識を媒介とする反応である快，悪，愛情など，対象に対する態度や価値づけをする心理過程である情動 emotion，気分 mood，情操 sentiment などきわめて広範な意味内容を有するものとして用いられている。

しかしながら他方では従来，「感情」という言葉は，誰にでも知られているものの，その定義については誰も答えてこず，専門用語としても何を基本感情とみなすかということについてすら研究者間の意見が一致していないといわれているのである。これは感情が人間のみならず動物一般にとってのもっとも基本的な反応の1つであり（例えば，喜怒哀楽などの情動），きわめて広範な内容を有していることに基因するが，それと同時に，外界からの刺激に対しての反応である感情が，後述するとおり，近代が前提としてきた合理的理性にもとづく「秩序」との整合的説明に多くの研究者たちが苦心してきたことも一因となっており，これらの理由から，感情についての本格的な研究は20世紀末になってからであり，わが国でも，1993年に発足した日本感情心理学会において，はじめて「感情」を，英語圏で最も包括的用語として用いられている emotion に対応する語として用いるようになったことにも現れているのである。

感情の定義は前述したとおりきわめて曖昧であり多義的であるが，感情を構成するいくつかの要素については多くの専門家の一致があり，その要素とは以下に述べるように，①認知，②欲求，③コントロール困難性である。

①「認知」……我々が喜怒哀楽等の感情を経験する際に，まず外的刺激を認知することから始まり，例えば山中で突然クマに遭遇したりするという危険を認知すれば，恐怖という感情が生成し，プロ野球でひいきのチームが勝利するという楽しいことを認知すれば，喜びという感情が生成する。このように我々は，外界の刺激を認知し，それが自らの期待と格差がある場合に，感情が発生するわけであり，喜怒哀楽等の比較的短期間に発生する感情（＝情動や気分）や，

3 感情労働の本質

嫉妬，愛情，罪悪感等の比較的長期にわたって生じる感情などは，このような認知と期待とのズレ，格差の反映として説明することが可能なものといえよう。

②「欲求」……次に我々は，外的刺激を認知した場合，その刺激と期待との格差を埋めるためにさまざまな反応をすることになり，例えば，山中で突然クマに遭遇した場合，恐怖という感情はその場から逃げ出したいという欲求を引き出し，ひいきのチームが勝利した場合は，喜びという感情は祝福という欲求を引き出すことになろう。もっともこの場合，刺激の認知と欲求との関係は，刺激の内容（質／量）や当事者の関係などの具体的状況に応じてさまざまなパターンをとることになり，例えばクマに遭遇した時のように危険が大きな場合には，逃走というパターンが一般的であろうが，未知のチョウに遭遇した時のように，危険性の大きさが不明な場合には，撃退，捕獲，観察など多様な形態をとることになる。

このように感情としての欲求は，刺激の質／量，内容，当事者の関係などにより，さまざまなパターンをとることになり（ホックシールドはこのようなパターンを「感情生成規則」と呼んでいる），慣習や思考等によって構成される社会的規範や合理的行動や食欲などの自然な欲求とは異なった側面を持つものである。それ故に我々は感情としての欲求に「素朴な人間らしさ」を感じたり，社会的コントロール（＝感情管理）の手段として用いようとする一因となっているのである[18]。

③「コントロール困難性」……我々はさらに，感情に対応した生理的変化や欲求（例えばクマに突然出会って心臓の鼓動が上昇し恐怖心を抱いて，逃走しようとする）を，通常は自らの意思の力でコントロールすることはできないものである。感情（例えば好きとか恐ろしいなど）を自由に発生させたり変化させたり，消滅させたりすることは，通常困難であり，それ故に理性／意思にもとづく合理的行

---

[18] 前掲注(4) 64頁以下。

第1章 「感情労働」とは何か？

動を前提とした近代のシステムにとって，意思によるコントロール困難性を前提とする感情的行動は，異質なものとされてきていたのである。このような感情のコントロール困難性に着目し，感情コントロールを要求する労働を感情労働と呼んで分析を加えようとしたのが，ホックシールドたちの主張なのである。

「至近」要因 ── 職 場　「職場」は，我々が日々労働を提供して，人間生活にとっての基本的条件である生産活動がなされている場であるが，前述したとおり対人サービスの比重が高まっている今日においては，職場におけるコミュニケーションをとおしての感情労働の果たす役割がきわめて大きなものとなってきている。

しかしながら職場は同時に，政治的には「閉ざされた政治（権力）空間」であり，社会的には「集団という多数の意思が働く場」であり，経済的にはいわゆるグローバリゼーションによる激しい企業間競争をとおして，コミュニケーションの歪み／劣化とそれに伴う「労働の商品化／非人間化」が進展している場であり，これらが次に述べるとおり，今日の「職場」環境の悪化／劣化の大きな要因となってきているといえよう。

① 「閉ざされた政治空間」としての職場……職場は，かつて制度派経済学の創始者である T. ヴェブレンが述べたように，それ自体自律的な秩序形成機能を有する有機的存在である企業を構成する要素であり，いわば「閉ざされた政治空間」としての機能を果たしているといえよう[19]。何故ならば，企業は，使用者による労働者に対する指揮命令を中核として組織されている人的結合体であり，使用者の意思すなわち労働者に対する指揮命令が貫徹しない限り，企業／職場は，それ自体人的有機的な結合体としての機能を発揮することができないからである。

---

[19] T. Veblen, "The Theory of Business Enterprise" (1904), 小原敬士訳『企業の理論』勁草書房（1965年，新装版2002年）。

したがって企業／職場は，人的有機的結合体を政治的資源とする「政治空間」でもあると共に，組織固有のルールにもとづいた秩序が維持されており（特に就業規則，懲戒処分など），その意味では外に向かって「閉ざされた」政治空間であり，企業が組織体としての機能を発揮するほど，「閉ざされた政治空間」にならざるを得ないことになる。かくして，上司による一方的な指揮命令の中で，職場における本来のコミュニケーションが歪められかつ劣化し，従業員間の自由な意見交換が損なわれたり，感情管理が上司による一方的な指示のもとで行われることになり，前述した「力」関係を背景として，職場いじめやパワハラを発生させることにもなるのであり，例えばわが国でも従来から，労使対立に絡んで会社に非協力もしくは敵対する労働者や労働組合に対する差別待遇・いじめや，思想差別に絡んで差別待遇・いじめ等が行われてきていたのはその典型例といえよう。

　② **「集団」としての職場**……職場は，企業の構成要素であるが，それは同時に「集団・共同体」という有機的に結合された人的組織であり，したがって職場秩序の維持形成において，常に集団もしくは多数派の意思が働き，それ故に集団／多数の意見が個人の意思や意見を無視したり歪めたりする側面が出てくることになり，それによって従業員間のコミュニケーションが歪められ，また感情管理が集団の意思にもとづいてなされることにもなろう。しかもこれに加えて今日の企業では，過度の結果志向や不十分な伝達経路，管理指導能力・紛争解決能力・チームワーク・多様性教育等の不足あるいは欠如などをもたらす不適切な経営管理が，上述したコミュニケーションの劣化や感情管理の歪みをもたらす原因の重要な要素ともなっているのである。したがって，これらを解決するキーワードの1つは，従業員の人格や人間性を尊重する企業行為であり，具体的には職場における適切でオープンなコミュニケーション，意思決定への従業員の参加，多様性や個々のアイディア，人間性の尊重と評

第1章 「感情労働」とは何か？

価等によるチームワークの涵養等により組織内での対立の発生を未然に防止することが必要となってくるのである。

さらに会社組織それ自体が問題を抱えている場合には，職場におけるコミュニケーションの劣化／歪みはより一層増幅されることになろう。例えば従業員間に，当該組織の運営が上層部の人たちだけで行われているという不信がある場合には，職場環境の侵害は著しいものとなってくる。また会社が従業員や顧客あるいは環境を危険にさらしたり，不明朗な財政処理を行ったりといった非倫理的行動を行い，それらが従業員のいわゆる「内部告発」などによって暴露された場合には，会社はしばしば事態を公にして正しく処理することよりも，信用失墜を恐れて被害を隠蔽したり収支決算を粉飾したりして被害が少なくなるよう，上司や同僚を介して当該従業員の口封じをしたりいじめ・いやがらせをしたりして不正行為が公になることを防止しようとする可能性がある。

③　「**ディーセント・ワーク**」**としての職場**……現代の資本制社会においては，企業や多くの組織では効率性が重視され，従業員は会社の単なる人的資源もしくはコストと位置づけられ，いわば「労働の商品化」が進展しており，その結果として従業員の人格や人間性の尊厳等がしばしば無視される事態が発生しているが，それに加えてアメリカ発のグローバリゼーションが世界中を席捲し，いわばサービスエコノミーが主流を占める今日の職場においては，物の製造・販売だけでなく，人間を相手とするコミュニケーション労働の重要性が飛躍的に高まっており，ここでH.アレントが『人間の条件』で述べたように，仕事の「有用性（utility）」と「有意味性（meaningfulness）」という二価的な価値の矛盾がより深刻になり，多くの働く者は，職場における生きがい・やりがいを急速に失いつつある。本来職場においては，例えば先輩から後輩へ仕事の伝授がなされ，仕事の学びをとおして，同一集団に所属する者同士の尊敬や配慮等が生ずるものであるが，これらの欠如がコミュニケーショ

ンの不在・欠如やモラルの崩壊を招いている一因であろう。したがって，職場における「ディーセント・ワーク」すなわち「労働の人間化」を目指したマネジメントが必要であり，公正な職務評価処置，適切な教育訓練等により，いじめ・パワハラのない職場環境を目指すことが必要なのである。

したがってこのようなディーセント・ワークが保障されている職場は，J.ボウルビィがいう「安全基地」が確保されている職場ということにもなり，従業員は，使用者との信頼関係にもとづいて，自らが，人間としての尊厳や良好な労務の提供が確保・保障されているとして，安心して職場において活動をすることが可能ということになろう。ここでは，「ディーセント・ワーク」そのものが安全基地として，職場におけるいわば「内部環境」としての機能を果たしているのであり，仕事の成果などは，いわば「外部環境」としての機能を果たしていることになるのである。すなわち「安全基地」があると，従業員は探索活動というチャレンジを活発に行うことができ，逆に「安全基地」が保証されなければ，そのような活動ができないというわけである。職場においてもこの安全基地が必要であり，これによって従業員はチャレンジングな活動ができ，仮に仕事が失敗に終わったときの原因を徹底的に分析することや，次なるステップへの模索を八方手分けして議論する模索活動が可能となろう。しかし現実の職場においては，成果主義に代表される自己防衛的・守勢的スタイルの原理が浸透しており，多くの従業員は，失敗を恐れるばかりに，目標から回避し，そこでは失敗さえ生まれてこず，小さくまとまるしか手立てはなく，先にあるのは収束のみということになりかねないのである。例えば「納期に追いまくられている」とか，「競合相手との熾烈な戦い」などといった「仕事の実際」にまつわる環境は，安全基地という名で呼ばれる環境とは別次元にあり，いうなれば外的環境であり，職場における安全基地は，従業員にディーセント・ワークが保障された内的環境であり，職場いじめ・パワハラのない良好な職場環境は，このような意味のディーセン

ト・ワークとされる内容を備えたものといえ，このような職場環境の整備が，今日一層求められているといえよう[20]。

---

[20] H. アレント (1958年) 志水速雄訳『人間の条件』ちくま学芸文庫 (1994年)。ボウルビィ, J. (1988年), 二木武監訳『母と子のアタッチメント―心の安全基地』医歯薬出版 (1993年)。

第2章

感情労働の諸相〜いくつかのケース

第2章　感情労働の諸相～いくつかのケース

　感情労働の中でもケア労働は，コミュニケーションが中核を占める典型的な人的サービスであり，人と人との相互作用の性質がサービスの質，ひいては提供者の技能の発揮水準と深く関わりを持ち，サービス提供者が相手方の感情を如何に理解し，管理して業務遂行に生かしていくか，すなわち，「感情スキル」が，このような関係の構築，維持，発展に不可欠とされている。

　従来ケアは，公的な世界でも私的な世界でも，主として女性すなわちジェンダーに関わるものとされ，私的な世界では，女性は家庭の内外で，生活を通して子供や配偶者の世話をしたり，病気や障害を持っていたり年をとった家族成員の世話活動を担ってきていた。このような場合，愛情や配慮，共感といった感情はケア活動に密接に付着し，それが自然のものとされていたのである。しかしながら，こうした人々に対するケア活動が，サービスとして介護，保育，看護等のいわば公的な世界で再現される場合，感情はもはや自然なものでなく，サービスの対象となる人々との間に，感情労働といういわば「商品」として，立ち現れることになるのである。

　すなわち，ケア活動は，制度政策上の要請により，年齢や障害，保険適用の有無などに応じて要請される専門性に着目して，介護／保育／看護などという言葉で使い分けられているが，本来その機能に着目した場合，これらは人間に対する包括的な生命／健康／生活援助を中核とした，対人サービス／コミュニケーション／感情労働を意味するものなのである。

　またこれらの労働／仕事は，ある特定の利用者と一定期間継続的関係を維持するという性質を有しており，しかもこのような職務に従事する人々は，一般的に「善良な人」「人格者」「よい人」などのイメージを持つものとされ，かつそれに則った労務提供を求められかつ期待されている。

　しかしながら他方では，これらのケア労働は今日社会的には

十分な評価が与えられず，かつマニュアル化がふさわしくない職種にもかかわらず，職務内容の細分化，マニュアル化，下請化が進展しており，その結果として，ケア労働従事者たちは強いストレスの中で業務遂行をしており，感情管理労働の問題点が典型的に現れているといえよう。

　感情労働は，機能的にみた場合，肉体労働とも頭脳労働とも異なる，いわば第三の労働形態といえよう。顧客と面と向かって応対する接客業や対人サービス業などは，ほとんどこれに該当するのであり，直接顔を合わせなくても，例えば電話での相談やクレーム処理など，声だけの接触による感情労働もある。現代社会では，自然を相手に生産活動をおこなう農業や林業，水産業などの第一次産業や，地下資源を採取，加工して製品とする鉱工業の第二次産業が衰退し，カネやモノの流通や情報やサービスといった目に見えないものの売買に携わる第三次産業が中心になってきており，それに伴い，感情労働の量は増加してきているのである。

　他方では，近年の経済のサービス化の進展とともに，企業は顧客サービスをますます重視するようになっており，経済のグローバル化の進展と競争の激化のもとでは，製造業企業においても，売上げを伸ばしマーケットシェアを拡大するために顧客志向を強めてきているといえる。顧客を扱うのは接客担当のサービスを担う労働者であり，このような労働者には顧客の扱いに関わる責任や労働負担が，これまでにないほど強まってきているといえよう。

　したがって，今日サービス労働は，介護／看護／保育などの福祉労働に限らず，あらゆる職業／職種において共通にみられるようになっており，ここでの労働の特質は，コミュニケーション／感情管理を中心とした労務提供にあるといえよう。

第2章　感情労働の諸相〜いくつかのケース

❶ 感情労働の諸相

（1）感情管理労働は前述したとおり，感情と労働の結び付きに関して，自己もしくは他者の感情の抑制もしくは管理を重要な要素とする労働のことであり，主として対人サービスに従事する人々が遂行する労働の重要な要素をなすものである。そもそも労働は，一個の人間の頭脳，身体，感情，知性等の人間労働の総体が提供されるものであり，従来は知的側面や身体的側面が重視される傾向にあったが，サービス労働の深化に伴い，従来軽視されてきていた感情的側面が重視されざるを得なくなってきており，それが，今日感情管理労働が注目されるようになってきている背景となっている。

このような感情労働は，労働におけるコミュニケーションを中核とし，その成果・効果は，労働の量と直接関わりを持たず，しかも数量化しにくい特質を有しており，他方では労働の対価が支払われるのはサービス提供そのものであり，その成果が，サービス提供者によって保証され得ない性質を有している。したがって労務提供の対価である賃金，報酬決定や職業訓練においては，このような感情という労働の質をどのように評価しスキルアップを図るかが問題とされることになり，また，労働時間管理に際しては，感情管理・コントロールが労働者に与える影響を考慮することが必要となってこよう。その結果として，感情労働に関するマネジメントは，いわゆるファーストフードに典型的にみられるマニュアル化が容易な職種（例えば店員がにっこり笑って「いらっしゃいませ,こんにちは」という）から，看護，介護，教育職などにみられるようにマニュアル化が困難な職種まで多様であり，これらの適切なマネジメントを誤ると，労働者に対してストレスを及ぼすだけではなく，例えば丁寧さが顧客に対して慇懃無礼なものと受けとめられたり，率直さが粗野なものと受けとめられたりすることになり，かえって顧客に対して不快

な感情を与え，サービス提供が効果を発揮しないばかりか，反対にトラブルを発生させることにもつながるといえよう。

　さらに感情労働は，コミュニケーションを中心とした顧客に向けられた提供者自身の感情に関わる問題であり，他者に向けた感情のコントロールが使用者による指揮命令の対象とされることは，労務遂行者である労働者にストレスを与え，今日うつ病等の精神疾患の誘引となってきていることを指摘できよう。従来，特に対人サービス労働の職務においては，いわば労働者のサービス提供と顧客の購入活動が同時性を帯びると共に，顧客が労働者の労働時間を共有するという特徴を有しており，そこでは，労働者の労務提供は必然的に一回性となり，したがって労働者が顧客の感情管理を怠ったことによるトラブルは，サービス提供においては致命的となり，労働者は労務提供においてたえずストレスにさらされることになるのである。またこのような感情管理労働が適切に行使されないばかりか，反対にこのような感情管理にかかわる職種によってはこれらを濫用悪用して顧客に被害をもたらすこともあろう。

(2)　そこで本章では主として，対人サービスに従事する職種を例に挙げながら，上述した感情労働の特色と問題点を検討していくことにしよう。具体的には，介護，保育，医療といったコミュニケーションを中核とする，いわゆるケア労働に従事する人々の労働実態を取り上げることにする。

2 介　　護

(1) 介護 caring とは？

　介護 caring は，看護や保育と共にケアの典型とされているものであり，介護・ケアは，わが国では一般に「高齢者や病人などを介抱したり世話すること」（広辞苑）を意味しており，介護保険制度導入を契機として近年急速に普及するようになってきた用語であり，後述するとおり身体的／技術的側面に焦点が当てられて用いられてきているが，欧米諸国では，身体的／技術的側面のみならず，「気配り，気づかい」といった感情的側面も含めた行為として用いられることが一般的であり，例えば M. メイヤロフはこの点について，「1人の人格をケアすることは，最も深い意味で，その人が成長すること，自己実現をすることを援助することである」と述べている[1]。

　すなわち，人間の存在が脆弱 vulnerable なものであることを認識したうえで，利用者の成長や，自己実現しようとしていることを尊重しようというものであり，介護の本質が感情作用を重視した対人サービス／コミュニケーションであり，社会的な存在である人間に対する包括的な生命・健康・生活援助活動を意味しているということができよう。

　その意味では介護 caring は，我々の社会において伝統的に用いられてきた広義の看護 nursing（ここでいう広義の「看護」とは，「診療の補助」という制度政策上の狭義の医療上の用語よりも広い概念として用いている）や，保育 child caring（保育は元来幼児や児童に対する衣食住の世話という養護と教育の機能が一体となった概念である）とも重なる概念なのである。すなわち，ケア活動は，制度政策上の要請

---

[1] M. Mayeroff, "On Caring" (1971), 田村真・向野信之訳『ケアの本質―生きることの意味』ゆみる出版（2001年）13頁。

により，年齢や障害，保険適用の有無などに応じて要請される専門性に着目して，保育／介護／看護／養護などという言葉で使い分けられているが，本来その機能に着目した場合，これらは人間に対する包括的な生命／健康／生活援助を中核とした，対人サービス／コミュニケーション／感情労働を意味するものなのである。

とりわけ介護／看護は，健康／医療に関わる概念であり，「健康」は一般に「身体的，精神的，霊的，社会的に完全に良好な動的状態のことであり，単に病気あるいは虚弱でないということではない」とされ（WHO，1999年総会），「医療」は，このような人間の健康を促進，維持，回復，継続する営みと位置づけることができ，このような意味で介護／看護は，本質的に医療の一環として，健康維持，増進，回復，継続を目的とした連続的な生活援助行為であるが，近代社会に入り主として技術的／政策的な理由から分化することになる。すなわち近代社会における医療技術の飛躍的進展，戦争による大量の傷疾軍人，被災者や疾病の発生等は，診療介助としての看護活動の専門性を必要とし，他方では，高齢化社会の進展による病弱や生活能力の低下に伴う要介護者の増加は，生活援助としての介護

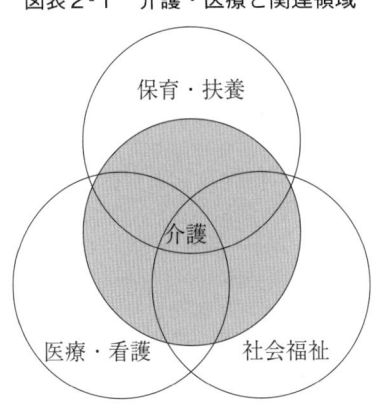

図表2-1　介護・医療と関連領域

活動の専門性を必要とするようになり,こうして,介護／看護の分化が進展してきたのであり,両者を区分する指標として,「サービスを提供する場の性格や医療の必要性,障害のニーズ」が挙げられるようになっている[(2)](図表2-1)。

(2) 介護の専門性※

専門性とは何か

今日介護の世話／看護を担う人々の専門性やコミュニケーション／感情作用は,それぞれの労働環境や労働条件に大きく影響を受けており,過労／いじめなどというストレスによりうつ病等の疾患を引き起こしているばかりか,特に介護労働は十分な社会的評価を受けるに至っておらず,さらには不安定雇用の進展によりワーキングプアの温床となるなど,法的社会的に解決を迫られる問題となってきている。そこでこれら介護／看護活動の担い手の専門性とは如何なるものであるのかをみてみよう。※

※ここでいう「専門性」とは一般に,特定の領域に関する知識や経験のことであり,特定分野における知識や経験にもとづいて職務遂行に必要とされる職能を意味する側面と,それにもとづく権威を意味する側面とがあるが,本稿では主として前者について論じることにする。何故ならば特定領域の職務の専門性は,当該職務活動が一定の資格保持者に制限されている場合(「業務独占」と呼ばれ,例えば神父,医師,看護師,弁護士などを指す)には,その担い手の職務遂行能力は社会的に広く承認されていることから,その専門性の内容,程度が問題とされることは少ないが(もっとも今日,前者は医療過誤などによって問題とされ,また後者も前述したようなさまざまな非違行為によって問題とされるようになってきている),資格が制限されていない場合(「名称独占」と呼ばれ,介護福祉士,栄養士,調理師など。例えば高齢者の世話／介助は,従来,家族によるものであった)には,その職務活動に必要とされる職務遂行能力は,いまだ社会的承認の途上であることから,その専門性の内容,

---

(2) 鎌田ケイ子「介護の働き」一番ヶ瀬康子・鎌田ケイ子他編『介護概論』ミネルヴァ書房(1991年)。

程度がより一層問題とされることになるからである。

このような意味で，介護／看護等ケアの専門性とは，抽象的には，担い手が保持するべき知識や経験を前提として，総合的な生活支援の活動を担う実践的能力のことを意味し，具体的には，特に介護／看護／保育等対人サービス／コミュニケーション活動においては，利用者が心身共に不断に変動する脆弱 vulnerable な存在であり，したがって行動の予測可能性が低かったり（例えば，幼児や高齢者の徘徊），継続的見守り／世話が必要とされたり（例えば，寝たきり老人など），利用者の心理的／生理的欲求に常時応じる必要があったり（幼児など）するために，瞬時の判断が必要とされることが多く，このような状況の中で判断を問われる場合において，五感や直観力を活かし，利用者の表情や様子，姿，声などを総合的に判断して，限定された時間と条件の中で瞬時に対応すべき行動の手続，方法，実施可能な計画を立て，それを具体的に実践することが求められる技能を意味しているといえよう。従来これらの専門性は，共感性，配慮性，献身性などと名付けられ，主として「母性」を担う女性の特性とみなされて女性が担うべきとされ，性的役割分担論の一つの根拠とされてきたことはよく知られていることである。

このようにこれらの介護／ケアという対人サービスの特性／専門性は，コミュニケーションが中核を占める典型的な人的サービスであり，人と人との相互作用の性質がサービスの質，ひいては，提供者の技能の発揮水準と深く関わりを持ち，サービス提供者が相手方の感情を如何に理解し，管理して業務遂行に生かしていくか，すなわち，「感情スキル」が，このような関係の構築，維持，発展に不可欠とされることになり，それ故に，担い手の労働環境がそれらを配慮するものであることがとりわけ必要とされているのである。

ところで一般に，特定職業の専門性の内容は，それを担う制度によって規定されることになるが，その中でも制度による位置づけ，養成制度，職場遂行能力などが基本的要素となるので，以下にはこ

第2章 感情労働の諸相〜いくつかのケース

れらの要素をわが国の制度に則してみていくことにしよう。

法制度上の介護概念

このような対人サービスである「介護」について、わが国では法律上の定義は存しない。介護保険法では、介護サービスについて「入浴、排泄、食事等の介護、機能訓練並びに看護及び療養上の管理その他の医療を要するもの等について、これらの者がその有する能力に応じ自立した日常生活を営むことができるよう、必要な保健医療サービス及び福祉サービスに係る給付を行う」(第1条)とされ、「介護サービス」という用語は、給付された保健医療および福祉サービスの費用を表す名称の一部に用いられているにすぎない。しかも介護保険法には、介護サービスの定義がないだけでなく、介護という言葉の定義も示されていない。何故なら、介護保険法は、介護費用に対する保険適用法であり、同法に定められた種類の保健医療および福祉サービスを事業者が行った場合、その費用の一部を保険制度として補償するということを規定した法律であり、その限りで「介護」「介護サービス」が特定されることによって目的が達成され、したがってこれらの定義は不要なばかりか、かえって法適用において無用の混乱を招くとされたものと思われる。

一般に、法律で実体的に存在する現象を包括的に定義することは困難なことが多く、とりわけ介護のような多様な形態を取る場合はより一層困難とされることから、介護だけでなく、同様に医療や看護も法律によって定義されているわけではなく、それぞれの法適用に際しての解釈に委ねられているといえよう。

こういう意味から介護保険法では、介護サービスという用語は、介護という行為を提供することを総称する一般的な名称として捉えられているのである。

このようにわが国では法制度上「介護」についての明確な定義がなく、しかもこれらのサービス内容は主として身体的・技術的側面に焦点が当てられたものとなっており、それは介護に関する法制史

2 介　護

からも明らかである。近代法制で初めて介護の文言が認められるのは，軍人恩給について規定した1892（明治25）年の陸軍省陸達第96号「陸軍軍人傷痍疾病恩給等差例」第1条第1号の「不具モシクハ廃疾トナリ常ニ介護ヲ要スルモノ」であり，その後恩給法，救護法，傷兵保護に関する規則などにも介護という用語は登場し，第二次世界大戦後の1958年，生活保護行政で「介護加算」という用語が使われ，1961年の「児童扶養手当法施行令」（政令第405号）の別表でも「常時の介護を必要とする程度の障害を有するもの」「長期にわたる高度の安静と常時の監視又は介護」などという文言が用いられているが，介護の具体的内容は示されていない。さらに1962年，老人福祉法の制定を求めた中央社会福祉審議会の「老人福祉施策の推進に関する意見」において，「精神上又は身体上著しい欠陥があるため常時介護を要する老人についてはこれに適した処遇を効率的に行うため，その他の老人と区別して収容するための対策を講ずべき」と述べられ，翌1963年制定の老人福祉法では，特別養護老人ホームの入所要件として「身体上又は精神上著しい障害があるために常時の介護を必要とし，かつ，居宅においてこれを受けることが困難なもの」と規定されたが，ここでも同様に介護の内容については抽象的説明にとどまっている。

やがて1987年制定の「社会福祉士及び介護福祉士法」において，社会福祉士と介護福祉士とが明確に二分され，介護福祉士とは「登録を受け，介護福祉士の名称を用いて，専門的知識及び技術を持って，身体上又は精神上の障害があることにより日常生活を営むのに支障がある者につき入浴，排せつ，食事その他の介護を行い，並びにその者及びその介護者に対して介護に関する指導を行うことを業とする者という」とされ，はじめて介護の具体的内容が明示されるようになった。

すなわち，社会福祉 social work は，ソーシャル・サービス分野において社会資源や制度を開発，活用して，クライエントの社会的側面および心理的側面を中心にその専門援助技術を通じて援助実践

を行うものとされ，他方，介護福祉 care work はケアサービス分野において福祉機器や施設の機能を開発（それらの利用度を高めるための助言など）・活用して，介護技術を中心とするその専門援助技術を通じて，クライエントの身体的側面および心理的側面への援助を主体とした実践を行うものとされたのである。このように，制度上介護／看護は看護と共に医療の一環であり，身体的技術的側面のみならず，感情的心理的側面も含めた，より包括的な生活支援活動として捉えられてきたのである。

養成制度の変容——技術の重視

ところが介護の担い手の養成制度においては，今日技術的，身体的側面が重視され，その反面として感情的，社会的側面の位置づけが低下しているといわざるを得ない。

2009年4月発足の改正介護福祉士養成制度は，2012年度にかけて，新カリキュラム導入から国家試験免除廃止まで段階的に施行されることになっている。従来の介護福祉士の取得は，大学，短期大学，専門学校などの介護福祉士養成施設を卒業して国家試験免除で取得する方法（養成施設ルート），福祉系高校において指定の科目を履修して卒業後に国家試験で取得する方法（福祉系高校ルート），介護業務に3年以上従事して国家試験で取得する方法（実務経験ルート）の3つのルートが存在していたが，今回の改正では，すべての養成コースにおいて国家試験が義務づけられ，福祉系高校コースでは，旧カリキュラムの場合卒業後さらに9カ月の介護業務が義務づけられ（新カリキュラムの場合には実務経験は免除），実務経験ルートは廃止される等の再編がなされ，さらに，いわゆる准介護福祉士なる資格が導入されたことが大きな特徴である。

介護の専門性との関わりでは，カリキュラム改変が重要であり，カリキュラムの総時間数が1,650時間から1,800時間に増加されて学科科目の時間数が増加したものの，社会福祉学の科目群が大幅に減少しており，とりわけ社会福祉概論，老人福祉論，障害者福祉論，

社会福祉援助技術（講義と演習）は，旧カリキュラムで合計 270 時間あったものが新カリキュラムでは「社会の理解」として 60 時間以上の上乗せ選択に減少している。介護福祉士の専門性においては，社会性を持った介護問題の解決と生活の社会的保障，すなわち人間としてのくらしを守り，その人の尊厳を守ることをミッションとして，より広い視点で介護問題を分析・検討する能力が求められている。

　介護の養成課程において，介護のミッションや感情作用／コミュニケーション能力は，身体作動である技術的側面と共に重視されるべきであり，感情管理を中核とするケアの専門職としてひとり立ちできるためには，卒業教育，職場での研修の機会確保などがより一層求められているといえよう。※

> ※介護福祉士の資格取得方法については，その資質向上を図る観点から，2009 年の法改正により，全ての養成コースにおいて一定の教育プログラムを経た後に国家試験を受験するかたちに資格取得方法が一元化され，特に実務経験ルート（改正前は実務 3 年＋国家試験）については，6 カ月（600 時間）以上の過程を新たに義務づける養成制度が，2012 年度より施行されることになっていた。
>
> 　しかしながらその後の実態調査で，現在の介護分野においては離職率が高く，地域によっては人手不足が生じていることから，現状のまま施行した場合，600 時間過程を 2012 年度から予定どおり施行することに対応できない事業者，従事者が多数いることが明らかになってきた。
>
> 　そこで 2011 年法改正により，施行期限が 2015 年 4 月に延期された。介護サービス従事者の資格制度と人材養成については，柴田洋二郎「介護サービス従事者の資格制度と人材養成」社会保障法第 25 号（2010 年）143 頁が詳しい。

介護の職務遂行能力　さらに介護の職務遂行能力についてみると，例えば厚労省の嘱託による調査報告書（2002 年，2003 年）では，実態調査にもとづき，ホームヘルパー等の介護関連分野の職種について，介護業務難易度別のランクづけをし，業務遂行に必要な職務遂行能力の段階区分，職務

遂行能力段階に応じた能力開発・キャリア形成・処遇管理の仕組みづくり，雇用能力に関する統一的な行政指針の策定提言などを行っているが，同報告書等をもとにした研究報告が注目される[3]。

同研究報告によると，職務遂行を判定する方法として，ヘルパーの自己評価にもとづいて介護業務の習熟度を5段階に分類し，「実務経験があり確実にできる」5点，「実務経験がありかなりできる」4点，「実務経験がありだいたいできる」3点，「実務経験があり少しできる」2点，「実務経験無しほとんどできない」1点と配点し，さらに介護業務を「身体介護（入浴,排泄,更衣など）」「生活援助（買い物,調理,掃除など）」「人間関係（あいさつ,言葉遣い,情報,協働,緊急対応など）」に3分類し，職務遂行能力を分析している。これによると，介護労働者の職務遂行能力の平均値が，身体介護で高く，生活援助・人間関係で低くなっている（図表2-2）。とりわけ「人間関係」は，身体介護，生活援助にわたるものではあるが，介護労働におけるコミュニケーション活動の中核である感情管理に関係する領域であり，介護労働者の感情管理能力の習熟度が，身体介護に比して劣位にあることは，前述したとおり，介護労働者における感情管理／感情スキルが，十分に養成制度の対象とされておらず，また介護保険法上も報酬の対象とされていないことが，感情管理スキルに反映しているといえよう。介護労働者の専門性が十分に発揮される報酬，養成システムの構築が必要であり，そのためには介護労働者の特質と実態を正確に把握することが不可欠となってきている。そこで以下では介護労働の特質と介護保険制度下で進行している介護労働の現実をみていくことにしよう。

---

[3] 佐藤博樹・大木栄一・堀田聰子『ヘルパーの能力開発の雇用管理―職場定着と能力発揮に向けて』勁草書房（2006年）39頁以下（堀田聰子執筆部分），厚生科学研究（政策科学研究推進事業）「介護関連分野における雇用・能力開発指針の策定に携わる研究」（2002年）。

2 介 護

図表2-2 ヘルパーの属性・キャリアと介護能力得点の平均値

(得点の単位:点)

		回答者数	総合得点	身体介護得点	生活援助得点	人間関係得点
全体		1,579	152.80	92.00	54.08	52.72
介護の仕事の通算経験年数	1年未満	282	128.22	70.55	47.09	45.86
	1年以上2年未満	348	144.78	82.69	52.09	51.35
	2年以上4年未満	466	156.01	95.35	55.05	53.29
	4年以上	431	171.74	109.77	59.04	57.81
	合計	1,527	152.76	91.96	54.03	52.75
			p=0.000	p=0.000	p=0.000	p=0.000
在宅と施設のウェイト	在宅のみ	1,339	150.70	89.30	53.73	52.32
	施設もあるが在宅が主	113	164.27	104.15	56.27	55.92
	在宅と施設を同程度	32	178.80	120.72	59.69	58.75
	在宅もあるが施設が主	57	165.91	113.09	54.89	54.47
	施設のみ	17	167.03	111.00	57.59	53.94
	合計	1,558	153.00	92.13	54.13	52.81
			p=0.000	p=0.000	p=0.008	p=0.004
身体介護と生活援助のウェイト	身体介護のみ	25	150.84	104.96	46.36	52.00
	生活援助もあるが身体介護が主	241	171.96	113.90	57.37	57.64
	身体介護と生活援助が同程度	521	162.68	102.01	56.44	55.23
	身体介護もあるが生活援助が主	712	143.47	80.98	52.48	50.50
	生活援助のみ	66	110.39	49.88	44.62	40.83
	合計	1,565	152.98	92.12	54.12	52.79
			p=0.000	p=0.000	p=0.000	p=0.000
保有資格	介護福祉士	99	172.67	113.22	58.89	57.17
	ヘルパー1級	64	175.70	112.95	59.80	59.42
	ヘルパー2級	1,187	152.85	91.87	54.09	52.83
	合計	1,350	155.39	94.43	54.71	53.46
			p=0.000	p=0.000	p=0.000	p=0.000
福祉関係の学校での勉強経験	ある	144	165.25	103.27	57.05	56.56
	ない	1,368	151.22	90.50	53.70	52.28
	合計	1,512	152.56	91.71	54.02	52.69
			p=0.000	p=0.000	p=0.001	p=0.000

出所:佐藤博樹他『ヘルパーの能力開発の雇用管理』57頁(注(3)参照)。

(3) 介護労働の特質

介護労働と感情作用

対人サービス労働である「介護」は，このような意味で，社会的な存在である人間に対する包括的な生命・健康・生活を守る世話活動であると共に，社会的にケアを必要とする人々に対する一定の価値を伴ったコミュニケーションを伴う感情活動であり，したがって，このような行為は労務提供の担い手の専門性に強く依存することになり，介護の本質は，ケアを業とする福祉・保育・看護等の労働に共通のものといえよう。ここでの一定の価値を伴ったコミュニケーション活動は，その時代や社会の規範を反映しており，時代によって変化していくものであるが，現在では，福祉を受ける権利，自己決定の原則，個を尊重する原則などを前提とする，利用者にとってのディーセント decent な生活を求める価値を伴ったものということになろう。しかもこれらの人々に対する世話／ケアにおける行為は，感情作用を伴うコミュニケーション活動と切り離すことができないものであり，このことは看護の世界でも，一般の看護技術以外にこのような感情作用が重視されるようになってきている。例えばパム・スミスは，看護における感情の重要性を「ケアが看護婦の活動における本質的な要素であるということを認識し，その価値を認めるためには，ケアを仕事として定義することがきわめて重要であるが，その認識や評価は十分とはいえない。（中略）"ケアリング"は自然にできるものではなく，感情をもっと効果的に管理する方法は学ぶことができる」と述べているのである[4]。

このようにケアに関わる対人援助の専門性には，技術的・身体的な作用に加えて，感情作用を伴う労働，さらにいえば「魂」のやりとりを伴う労働という共通性があるといえよう。例えばヘルパーが，寝たきりの高齢者に寝返りをうたせる際に，畳の上の布団で寝てい

---

[4] P. Smith, "The Emotional Labor of Nursing" 1992，武井麻子・前田泰樹監訳『感情労働としての看護』ゆみる出版（2000 年）。

る場合とベッドで寝ている場合とでは，やり方を変えなければならず，さらにベッドで寝ている場合でも，ベッドの片方の端が壁にくっついている場合と壁とベッドの間に1人が入れる場合とでも，やり方を変えなければならないのであり，この場合，ヘルパーは相手の気持ちや感情・身体の状態を読み取って，相手の気持ちや感情に合わせることで無事寝返りをうたせることが可能となるのであり，このような一見単純に見える作業過程でも，そこには，ヘルパーと利用者間には相互に感情作用を伴ったコミュニケーションが働いているのである。

　また，生活援助の場合でも，例えば自分で料理を作ることができない高齢者が，子どものころ食べた郷土料理を食べたいといった際，ヘルパーは利用者とのコミュニケーションを媒介にして，郷土料理の作り方を利用者に教えてもらい食事を提供することになるが，その場合にも，どのように調理すると利用者が満足できる料理となるかを相互の感情作用を伴ったコミュニケーションによってなすことになるのである。あるいは，利用者がパンを食した後，ヘルパーがジャムを冷蔵庫にしまう際に，利用者である高齢者の握力が弱っていることを認識して，ジャム瓶の蓋をあまりきつく締めないようにして瓶を冷蔵庫に保管し，ジャムを利用しやすくするという配慮が必要とされるであろう。

　このように介護／看護の本質は，相手の状態を読み取って対応する，気遣いや気配りといったコミュニケーション／感情作用に関わるところにあるといえよう。このような内容を対象とする介護労働は次に述べるとおり，(ⅰ)介護労働の特質からくる要請，(ⅱ)高齢者介護の特質からくる要請，(ⅲ)社会保障・福祉制度の特質からくる要請という面を有しているのである。

介護労働の特質　　人的サービスである介護労働の特質は，それが人と人との相互作用であることから，このような相互作用が，サービス提供者の技能の

発揮水準やサービスの質に関わってくることを意味している。すなわち，サービスを提供する側（= carer）とサービスを受ける側（= caree）とは，いずれも意思・感情を有する人間であることから，介護労働者の職務遂行能力は，利用者の意思や感情を如何に理解したうえで業務を遂行するかという，「感情スキル」の取得・習熟が不可欠の要素となっているのである―「1人の人格をケアするとは，最も深い意味で，その人が成長すること，自己実現することを助けることである」。このように介護労働は，人的サービスに不可欠な「感情スキル」を含むものであり，それ故に，①その個別性ゆえにそもそも標準化が困難であり，また②介護の技能を十分実践に反映させるには感情スキルの媒介が不可欠であり，しかも③感情スキルを含む介護技術の習熟は，フォーマルな訓練のみでは習得が難しく，現場での学習が不可欠な技術という特質を有しているのである[5]。

① **介護労働の個別性**……介護労働の技能についてみると，介護活動が前述したとおり介護する側と介護される側の関係性のうえで成立しており，その身体性，個別性ゆえに標準化が困難な性質を持っている。この点について，介護保険制度において，介護労働の典型であるホームヘルパーを身体介護と生活援助に分け，報酬は前者が後者より高く設定されており，フォーマルな知識・技術面では，身体介護のほうが生活援助より高いと考えられており，前述したとおり介護福祉士養成カリキュラムやヘルパー講習でも，費やされる時間は前者が後者より長くなっているが，現場の介護労働者にとっては，生活援助と身体介護とは同等に習熟を要する作業と受けとめられている。

このような中で介護労働の標準化についてみると，身体介護はより部分的であり，ある程度の標準化が可能であるが，生活援助は，

---

[5] D. Goleman,"Working with Emotional Intelligence",Bantam,1998: S. Himmerlweit,(1999), 'Caring Labor'; R. Steinberg, , 'Emotional Labor in Job Evaluation' in R. Steinberg, and D. Figart,(eds), Emotional Labor in the Service Economy.

それに要する知識や技術そのものというよりは、感情管理との密着性がより顕著であり、それ故個々の利用者の異なるニーズをそれぞれの生活の中で捉え解決していくという、個別性に対する対応がより必要とされ、特に施設での介護よりも利用者宅に入りその生活空間・時間の下で働くホームヘルパーの仕事においてより重要な要素となっているのである。したがって介護においては、とりわけ生活援助や人間関係の形成の面で、介護労働の個別性への対応能力が職務遂行において不可欠の要素とされることになるのである。

② 「感情管理スキル」の重要性……介護の技能には専門知識や技能が必要なことはいうまでもないが、これらを十分実情に反映させるには感情管理スキルが重要であり、この意味で感情スキルは①の個別性への対応と強く関連している。すなわち、介護従事者は、個々の利用者との関係の性質を知るために、介護者としての自分自身の能力や性向を知ること、利用者の気質、感情や立場を理解しその視点で物事を捉えることが必要であり、また、関係するプロセスにおいては、自分と利用者の感情をうまく管理すること、自分と利用者を、利用者の自立・生活改善という目標に向かって動機づけることが重要となり、さらに、効率的、効果的な関係の維持には、利用者の家族や周囲の同意や協力を得たり説得や交渉を行ったりすることも必要となる。すなわち、専門知識や技能等のテクニカルなスキルを発揮する前提として、（つまり関係構築の際）まずは感情スキルが必要となり、一方で、関係の維持・発展のためには、両スキルが必要となり両者は相互補完的に発揮されることになる。これらはいずれも介護労働者と利用者（およびその家族）の感情に関わっており、介護労働において不可欠なスキルなのである。

③ 介護労働習熟の特殊性……そもそも感情管理スキルはフォーマルな訓練での習得が難しく、現場での学習が有効な性質を有しており、したがって感情スキルを含む介護労働のスキルは、現場での経験を積む（いわゆるOJT）ことによって徐々に醸成されるもので

あり，それには現場での体験を原因や結果として思い起こし改善策を考えることが有効であり，これによって自分や相手への理解が進み，現場での体験が知識として吸収されることになる。また感情スキルの醸成には，もちろん個々のヘルパーが自身の体験を知識化することが重要であるが，他のヘルパーの体験を職場で共有し反芻することも有効である。介護労働の特質は介護労働者の個人的資質も関わりはあるが，個人的資質を重視しすぎることも職場秩序維持にとって問題があることは明らかであろう。また介護労働の習熟にとっては，何よりも雇用の安定性が不可欠の要素とされているといえよう。

以上のように，上述した研究報告（図表2-2）との関連では，このような介護労働における特質，とりわけ感情スキルの習得と習熟にもとづく職務遂行能力を正しく評価することによって，介護労働の専門性が適切に評価されることになろう。

高齢者介護の特質

高齢者介護は前述したとおり，加齢に伴う心身機能の低減に対応したサービス，役務を提供するものであるが，それは必然的に生活能力の低減と疾病等に対応した介護労働を意味している。

① **生活能力の低減への対応**……加齢に起因する心身機能の低下は，当然のことながら起居，食事等日常生活遂行能力の低減を伴っており，歴史的にも介護は主として生活能力の低減に対する支援活動として登場したが，今日介護は本人の心身状況・生活状況全般を対象としたきわめて広範なものとなっており，それに伴って介護サービス内容も，本人の身体介助，生活改善，精神的援助，相談援助等「総合的・統一的」介護が要請されることになる。このように介護労働には介護そのものの特質からくる要請があり，介護保険法もこのことにつき，「適切な保健医療サービスおよび福祉サービスが，（中略）総合的かつ効率的に提供されるよう配慮して行わなければならない」（2条3項）としており，介護労働においては，この

面でも身体介護にとどまらず、生活援助、人間関係の形成を中心とした感情管理の要請が強くなってくるのである。

② **疾病等に対応した介護**……さらに加齢者に起因する心身機能の低下は、多くの場合疾病を伴っており、それに対する介護は、医療、保健、看護活動との連携を不可欠のものとしており、今日までの介護活動もこのようなものとして発展してきており、介護保険法もこのことにつき、「加齢に伴って生ずる心身の変化に起因する疾病等により要介護状態になり、(中略) 必要な保健医療サービス及び福祉サービスに係る給付を行」う (1条) に際しては、「医療との連携に十分配慮して行わなければならない」(2条2項) と規定しており、この面でも介護労働は利用者の心身の状況に応じた適切な対応が要請されており、人間関係を構築していく中で感情管理の要請が強くなっているのである。

社会保障・福祉制度の特質

社会保障・福祉制度の特質からくる要請　今日高齢者介護は、社会保障・福祉制度の一環としての公的サービスと位置づけられており、このような制度上の要請として、とりわけ次に述べるような憲法規範が重視されなければならない。

① **憲法25条の要請**……憲法は、国民が「健康で文化的な最低限度の生活」を送ることを保障しているが (25条1項)、このことを介護についてみるとき、国や自治体が介護サービスに関する基盤整備を含めた公的責任を有しており (2項)、その際のサービス提供は普遍的で公平なものでなければならないことを意味している。すなわち「そのニーズがある者に対して所得や資産の有無、多寡に関わらず必要な給付を行う」という普遍性・必要性充足の原則 (必要な人に必要なサービスを!) は社会保障制度の基本原則とされているのである。しかしながら今日、後述するとおり、介護保険制度の選別的 (差別的) 給付システムや在宅介護を中心とした民間営利企業

の進出は，供給主体の偏在と共に，介護労働の変質（質の低下）をもたらす可能性のあるものとなっている。

② **憲法13条の要請**……人は凡そ個人として尊重されると共に幸福追求をする権利を有しており（13条），介護サービスの利用者は心身機能の低下している人々であることから，個人の意思と尊厳に最大限配慮した介護サービスがなされなければならないことは論を俟たない。しかしながら，介護保険制度下における保険給付対象の限定や在宅における民間営利企業の参入促進政策等により，介護労働は後述する通り細切れ・効率的労働を余儀なくされてきている。本来介護サービス労働は，利用者が日常生活，社会生活をしていくのに必要なサービスを提供・援助するものであるにもかかわらず，次に述べるとおり介護保健導入後の介護サービスの現場では，これらが著しく変質してきているといわざるを得ない。

(4) 介護の専門性の「ゆがみ」・介護労働の変質（？）

<u>介護の専門性の「ゆがみ」？</u>

介護労働の専門性は以上に述べたように，介護労働者の感情作用／コミュニケーション能力に大きく依存しているが，介護保険制度の下においては，介護行為の単位化／点数化，さらにはマニュアル化により，このような感情作用やコミュニケーション能力は評価の対象外とされると共に，介護行為に内包する身体的側面と感情的側面が分断され，介護の専門性に著しい「ゆがみ」を生じる結果になってきているといえよう。すなわち，介護保険は，可能な限り介護行為を細分化標準化し，点数をつけて事業者に介護報酬として支払う仕組みを取っており，これは医療行為に対する報酬支払いである医療モデルを介護に適用したものであるが，医療の中でも診察，検査，診断，治療などの各行為は標準化しやすいが，前述したとおり介護の中でも生活援助や人間関係に関わる部分を標準化することはきわめて困難なものである。いわば，医療は標準化によって医学を進歩させ医療の質を高めてきたのに対し，介護／看護活動は個別化・関

係化によって価値を実現しサービスの質を高めてきたといえるからである[6]。

　このような行為の単位化／標準化は，制度の矛盾が生ずるたびに精緻化が指向され，介護行為の効率化が追求されており，そこでは，介護を必要とする者の個の「生」は見えにくくなるのは必然であろう。介護が外部化され，第三者による介護あるいは援助の形をとるためには何らかの標準的な行為基準が必要とされようが，人間の生活それ自体は一体のものとして連続しており，区分けは難しく，したがって外形的な行為の組み合わせ（パッケージ）が直ちに介護となるわけではない。利用者の側にとっては，数十年を生き抜いてきた人間の歴史と生活の理解，日々の変化と感情，それらはどう受け止められ対応されるのか―話をたくさんしたいという日もあろうし，傍らにいて欲しいという日もあろう―が問題となるが，他方これらについて，ケアする側にとっては，余計なことはせずできるだけ短時間に介護行為を済ます（この場合でいえば，1時間と1分で切り上げるのがベストとされよう）ことを追求することが問題となり，したがって感情作用やミッションよりは，介護行為のモザイクが求められることになろう。しかも介護報酬が介護労働者をワーキングプアにしかねないほどに低劣であれば，事業者にとっては，なおさら経営効率を追求せざるを得ないことになるのである。

---

[6] 2011年法改正により，2012年4月から定期巡回・随時対応型訪問介護看護制度が導入されると共に，従来は「1時間」で区切られてきたヘルパーの生活援助（調理，掃除，洗濯，買物などの家事支援）が「45分」とされ，また介護報酬も大幅に切り下げられ，原則として45分未満（20分〜45分）では1900円（従来は，30分〜60分で2100円），45分以上でも2350円で打ち止めとされた（従来は60分以上で2910円）。このように訪問介護における生活援助の報酬の低額化の結果，採算上から，生活援助の撤退を余儀なくされる介護事業者の増加が予想され，将来的には生活援助は，地域自治体やNPOなどのボランティアに委ねられる可能性がでてきているといえよう。

第2章 感情労働の諸相〜いくつかのケース

介護労働の「変質」?

高齢者介護は、加齢に伴う心身機能の低減に対応したものであり、生活機能低減や疾病等に対応した総合的・統一的サービス提供が要請され、それは同時に個人の意思と尊厳を最大限に尊重しながら、利用者が日常生活・社会生活をしていくのに必要なサービスの援助であるという憲法上の要請に応じたものでなければならない。ところが介護保険制度が導入されて以降の今日までの事態は、以下に述べるように、①「限定的」、②「効率的」、③「医療的」介護労働の進展により、介護並びに介護労働に要請される特質が著しい変質を余儀なくされているといえよう。

① 「限定的」介護の進展……介護保険制度導入後の介護労働の変質をホームヘルプ労働を例にしてみてみよう。介護保険制度では在宅介護が介護サービスの中心に据えられ、その中でも要介護者の心身介助や生活援助等を主たる業務とするホームヘルプ労働が中心的役割を占めることになった。従来の措置制度の下でのホームヘルプ事業は、利用者にとってスティグマ等さまざまな問題を含みつつも、サービス基準については、主として、独居や老々の虚弱高齢者などの生活の基本を支える家事援助が中心とされ、措置決定に際しては、本人の心身状況のみならず生活環境等を総合的に配慮してなされてきていた。これは前述したとおり、介護という人的サービスが個々の高齢者の状況によって様々であり、そのサービスは本人の心身状況のみならず生活全体にわたり、また介護保険法に明示されたように、医療、保健、福祉との連携による総合的・統一的なサービス提供が必要とされているからである。ところが介護保険制度においては、要介護認定基準の客観化と称して、本人の住まいや家族の状況等の社会環境を排除し、本人の心身状況のみを判断要素とし(その結果、従来ホームヘルプを受けていた40万世帯のうち約1割が「自立」と認定された)、また、痴呆患者が要介護認定において低い等級に判定される等のさまざまな矛盾が生じることとなった。さらに介護保

険の支給対象が原則として直接のサービス提供だけに限定され，しかも時間単位で支給がなされることとなった結果，ホームヘルプ労働は，時間単位の「細切れ型」の労働にならざるを得なくなっている。

ホームヘルプ労働は従来の措置制度の下においては，所要時間に関係なく滞在型を中心とし，コミュニケーション重視の総合的生活支援を内容とするものであったが，介護保険制度下においては，時間単位で「直行直帰型」を主流とした細切れのマニュアル労働への変質を余儀なくされているのである。

このように身体的介護中心に時間単位で個別化された介護労働は，結局のところ生活援助や人間関係形成を中心とした感情労働の役割を低下させるものであり，結果として本来の介護労働を変質させるものとならざるを得ないのである。

② 「効率的」介護の進展……介護保険制度においては，とりわけ在宅介護が民間営利企業中心で行うという政策誘導がなされた結果，何よりも事業の採算性，コストが重視されるようになり，公的セクターも同様の傾向に向かうことになり，その結果「効率的」な介護が要請されることになっている。すなわち介護保険制度の下では，多様なサービス事業者の参入を促すとの立法趣旨から，居宅サービス事業者の場合には，法人格を有し，厚生労働省令で定める人員基準や設備・運営基準を満たしていれば，法人の種別は問われず，株式会社などの営利法人も事業者として指定を受けることができることとされ（介保法70条2項），特に訪問介護事業者については，1事業所におくべきホームヘルパーの員数は，サービス提供責任者となる常勤職員1人以上，常勤換算（非常勤，パート労働者の労働時間を加算して，常勤1名に換算する方法）方法で2.5人以上と人員基準が大幅に緩和されている（居宅基準5条）。つまり，常勤サービス提供責任者1人で（しかも管理者がサービス提供責任者を兼務することも差し支えないとされる），マンションの一室を借りて電話1本備えつけておけば，あとはすべてパートヘルパーを配置しても指定事業

者となれるということであり、事実上指定基準が最高基準となっている現状にある。

その結果とりわけ最も事業収入の多い介護サービス分野である訪問介護と通所介護についてみると、例えば2010年度の調査では、指定基準のハードルが低いことを反映してこれらの介護サービスをメインとしている事業者は、前者が36.4%、後者が38.4％に達している（その他では、居宅介護支援は35.7％、また2005年法改正により導入された市町村独自の地域密着型サービスの中でも、認知症対応型共同生活介護が大幅に増加し14.1%を占めていることが注目される）。これを経営主体でみると、前者では50.3%、後者でも49.3%と約半数が民間企業で占められている[7]。すなわち、介護保険法施行を契機に、多くの自治体が、措置制度の時代のようにサービス提供に責任を持つ必要がなくなったとの認識もしくは自治体財政の悪化を理由として、自治体直営や委託による訪問介護事業の廃止や縮小、それに伴う社会福祉協議会などの常勤ヘルパーや自治体のヘルパーのリストラとパート化、登録ヘルパーの置き換えを進めたため、後述するとおり急速に悪化している。実際に、市町村などの地方公共団体が指定介護事業者となる例は、年々減少しており、2010年10月時点で、例えば訪問介護事業に占める割合はわずか0.2%となっている。同割合は、2000年10月時点で6.6%であったから、それから比べても大きく後退しており、もはや自治体直営の訪問介護事業所、公務員ヘルパーは皆無に近い状況となっている。しかもこの間、とくに目立つのは、後述するとおり交通費すらも出ないいわゆる「直行直帰型」（事務所に立ち寄らず、直接自宅から利用者を訪問し、自宅に帰るという雇用形態）の登録ヘルパーの著しい増大であり、その労働条件の劣悪さは今日いわゆるワーキングプアとして社会問題化

---

(7) 介護労働安定センター編『平成22年度介護労働の現状』（2011年8月）、『平成14年版介護事業所における労働の現状』（2003年1月）、『平成22年度介護労働の現状について』（2011年8月）厚労省「平成12年度 平成20年度 介護サービス施設、事業所調査結果」。

していることはよく知られた事実である。

　その結果介護保健制度下においては，より多くの利用者を，短時間に効率よく介護することが要請され，従来のようなコミュニケーションを重視した総合的介護は軽視されることにならざるを得なくなっており（例えば生活援助についてみると,「食事」は食材の買い出し,調理，配膳，後片づけ，ゴミ捨てなど一連の行為が必要とされるが，介護保険給付の対象は，据膳を利用者の口に運ぶという「食事摂取」のみとされることになる），生活援助・人間関係の形成維持を中心とする，介護における感情労働の役割は大きく後退しているといえよう。

　③　「医療的」介護の進展……介護サービスとりわけ高齢者介護においては，前述したように加齢に伴う心身機能の低減に対応したサービス，技能を提供するものであることから，必然的に医療・保健との連携が要請されることになる。例えば高齢者の介護の場合，高い頻度でじょくそうの手当，吸引，吸入，経管栄養，胃ろう，点滴，血圧測定，摘便などを行う必要が生じてくるが，これらの行為の大半は従来はいずれも原則として医療行為とされてきていたが（図表2-3，医師法17条，保助看護師法37条等），特に在宅介護においては，利用者や家族からの要請でホームヘルパーが事実上前述した医療行為の一部を行ってきていた。

　このような中で厚労省は近年，在宅や特養ホーム，特別支援学校での介護職員等によるたんの吸引や経管栄養などの一定の行為の実施を，当面のやむを得ない措置（実質的違法阻却）として認めてきたが，これに対して介護現場を中心として，こうした行為を法律上に位置づけるべきであるとか，他の施設などでも対応できるようにすべきであるとか，在宅のホームヘルパーの業務として位置づけるべきではないかなどとする意見がでていた。前述したとおり高齢者介護は，医療保険との連携を不可避としており，これを受け，2011年社会福祉法及び介護福祉士法の改正により，2012年4月から，介護福祉士と一定の研修を受けた介護職員が，保助看護師法の規定

図表2-3　介護従事者の扱う「医療」行為と「介護」行為

「医療」行為　　　　　　　　　　　　　「介護」行為

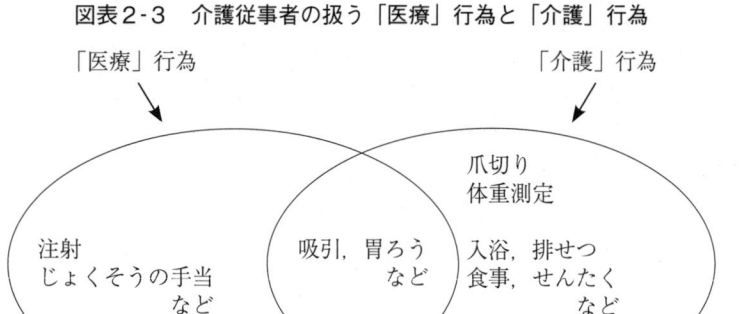

- 注射
- じょくそうの手当
- など

- 吸引，胃ろう　など

- 爪切り
- 体重測定
- 入浴，排せつ
- 食事，せんたく
- など
- 血圧測定

筆者作成

にかかわらず，診療の補助として一部の医療行為を行なうことができるようにされ，同業務を行なう場合には，事業所ごとに都道府県知事の登録が義務付けられることとされた。

しかし，2011年の法改正は，試行事業による検証作業の終了も待つことなく，いわば「見切り発車」で行われた点で大きな問題があり，例えば試行事業の中間報告では，「気管カニューレ」の吸引について，実施研修の症例数自体が少ないばかりか，「ヒヤリ・ハット事例」において，看護職の対応を要した事例が報告されており，介護職には相当リスクの高い医療行為が含まれているとの指摘がある。また，国会での附帯決議にも「介護職が痰吸引を実施するにあたって，知識・技術の十分な習得と安全管理体制の整備，実施状況の定期的検証を行うこと」との項目が付されているが，それが十分行われるか現状では疑わしく，かえって介護職による医療過誤事故の可能性があるといえよう[8]。

---

[8] 従来，介護現場では，医療ケアの必要な人の増大や医療職の不足により，当面のやむをえない措置として，2003年7月から順次，在宅における筋萎縮性側索硬化症（ALS）患者やそれ以外の療養患者・障害者に対するたんの吸引，特別支援学校における教員によるたんの吸引のほか，特別養護

2 介　護

　このように気管にチューブを入れる「たんの吸引」は，患者にとって非常に苦しく，気管を傷つけて出血を招く恐れもあり，また「経管栄養」は嘔吐（おうと）を招くこともあり，入ったものが気管に入って肺炎になる危険があり，それ故に従来から医療行為として医師，看護師等の医療職が行うものと規制されてきたものであり，本来医療活動を行うことが予定されていない介護職従事者が，たとえ研修を受けたうえとはいえ，かかる医療行為を行うことは危険性を伴う

　　老人ホームでも，介護職員が，一定の条件のもとで，入所者のたんの吸引や経管栄養の処置といった医療行為を行うことが認められていたが，これらは一定の条件のもと，実質的に違法性が阻却されるとの解釈で容認されているが，法律上の明確な位置づけがなされていなかった。そこで，2010年7月に「介護職員等によるたんの吸引等の実施のための制度の在り方に関する検討会」が設置され，同年12月には，基本的な考え方と骨子についてまとめた「中間まとめ」が公表され，今回の法改正となったものである。
　　2011年法改正では，介護福祉士の定義規定について見直しが行われ，介護福祉士は，たんの吸引その他の身体上または精神上の障害があることにより日常生活を営むのに支障がある者が日常生活を営むのに必要な行為であって，医師の指示のもとに行われるもの（厚生労働省令で定める。）を行うことを業とする者とされた（同法2条2項）。また介護福祉士以外の介護職員であっても，一定の研修を修了した者で，都道府県知事が認定し特定行為業務従事者認定の交付を受けている者も，診療の補助として，医師の指示のもとに，たんの吸引等を行うことができることとされた（同改正法附則3条1項など）。
　　しかしながら，施設介護とりわけ特別養護老人ホームにおいては，高齢化や要介護度の重度化に伴い医療的ケアを必要とする入所者が増加しているにもかかわらず，医師，看護師の人手不足から，看護職員の配置等の医療提供体制が十分ではない現状にある。すなわち，特別養護老人ホームでは人員基準上，医師や看護職員の配置が義務づけられているが，医師については常勤であることが求められておらず，多くの場合非常勤（嘱託）であり，看護職員については，入所者数が50人であれば2人，100人であれば3人（いずれも常勤換算方法で算定した数）など，医療機関に比して規制が緩和されており，その結果とりわけ夜間における配置が手薄にならざるを得ない状況にあり，例えば厚労省が2008年9月～10月に行った医療的ケアに関する実態調査によれば，夜間における看護職員の体制について，必ず夜勤（宿直）の看護職員がいる施設が1.7%（0.6%），看護職員がいる時間といない時間がある施設が5.6%，看護職員が状況に応じて勤務することがある施設が10.8%，オンコールで対応する施設が75.9%と，常時不在が約8割に達しており，受け入れ態勢の整備が早急の課題なのである。

ものといわざるを得ない。検討会の提言では，かかる行為は医療職との連携・協力が可能な施設に限定して，介護従事者に「解禁」するとしているが，実際には前述したとおり，夜間を中心として看護職員の不足を補充するものとして導入が目指されているのであり，医療のバックアップ体制がないところで，かかる行為を行うことは，結果として医療職との提携，協力という名のもとに，介護従事者の医療行為への代替もしくは下請化が進展することになろう。

このように現実の医療・介護が分化している制度システム下においては，介護従事者が介護利用者の生命・身体への危険性を有する職務（医行為）を行うことを意味している。後述するとおり，今日介護事故発生の大きな要因として，介護職員の不足が挙げられており，しかも介護事故が介護職員の不足している夜間に集中していることはこのことを裏づけており，このような介護職への医療行為の「解禁」は，かかる介護事故発生の危険を増大させるばかりか，介護従事者のストレスを一層増大させることにもつながり，ひいては医療行為のミスで重大な結果を招いた場合に責任を問われる不安は大きく，介護職員の離職を加速させかねないといえよう。

前述したとおり高齢者介護の特質からくる要請として，介護労働においては生活能力の低減のみならず疾病等に対応した介護が求められるが，これらの要請に応えるためには，人間関係を構築していく中で，感情管理を中心として利用者の心身の状況に応じた適切な対応が要請されているのである。しかるに上述した介護職員への医療行為の「解禁」は，医師看護師等の医療従事者の人手不足を補充するものとして導入が目指されようとしているものであり，介護労働の変質を一層促進するものといえよう。

(5) 労働条件・環境の「劣化」

増加する介護労働者

さらには介護労働者の労働条件・環境の在り方が問題となる。近年雇用の受け皿として介護福祉分野が注目を集め，総務省の 2009 年

8月の調査によると291万人が就労し，調査を開始した2003年以降最多となっているが，これは主として派遣の雇い止めなどで職を失った人々を中心に，介護現場に職を求める人が相次いでいることによるものであり，その結果今や，後述するとおり介護労働者の非正規化と労働条件の劣化により，介護従事者のいわゆるワーキングプア化が一層進展しているのである[9]。

具体的に厚労省などの調査による介護サービスに直接従事する介護労働者数の推移をみると，介護保険制度の施行後大幅に増加しており，約55万人（2000年）から約134万人（2009年）に増加し，その中でもいわゆる訪問介護に従事するホームヘルパーは約18万人から約37万人と約2.3倍に増加し，それ以外の介護労働者も約37万人から約88万人と約2.2倍となっている。さらにこれを介護サービス別にみると，この間介護保険施設に従事する介護労働者は，約24万人から約34万人へ1.4倍とほぼ横ばいであったが，居宅サービス事業所に従事する介護労働者は約31万人から約94万人に約3倍と大きく増加しており，介護保険制度下での介護サービスが在宅中心で進展していることを物語っているのである。このような傾向は，常勤／非常勤の割合により一層反映しており，介護労働者全体では常勤の割合は65％（2000年）から59.0％（2009年）に低下しているものの，その内訳をみると介護保険施設では常勤の割合が高いのに比して（82％），居宅サービス事業所では逆に非常勤の割合が高くなっており（48％），さらに実際の介護サービス従事者についてみると，訪問系では，主婦を中心とする登録ヘルパー等の非正規・短時間労働者の割合が高いため，介護サービス従事者の非正社員比率は，当初からほぼ一貫して73％前後を推移しているのに対して，施設系（入所型）では，通常，常勤者により対応する夜勤業務が不可欠であるため，逆に介護サービス従事者の正社員比率が63％前後と推移していることが指摘されている。また女性労働者

---

[9] 2009年10月12日付日本経済新聞。

の割合は80.5%と,正社員(74.9%),非正社員(85.2%)とも割合が依然として高く,非正社員は約9割が女性であり,介護／看護／保育などに従事する者が従来女性職であったことの反映といえよう[10](図表2-4)。

不十分な労働条件

このような状況の中で,具体的な労働条件についてみると,賃金について,厚労省の調査では,定額賃金(月額)はホームヘルパー19万4千円,施設介護員20万3千円,年額約200万円であり,介護施設職員の年間平均賃金でも309万円と全産業平均の6割しかなく,介護職場の労組「介護クラフトユニオン」の調査でも,2009年8月現在正規社員の平均月収は20万4,085円と全産業の平均月収より10万円以上低く,その中でもホームヘルパーの月収は189,900円であり,同じ介護職である福祉施設介護員よりも11,600円,ケアマネージャー(介護支援専門員)よりも62,100円も低く,ホームヘルパーの賃金の低さが目立っている。介護報酬は,2009年4月に3%引き上げされたが,それによる介護従事者の処遇改善状況をみると,月給制で平均月額6,475円のアップとされているが,時間給では身体介護の時給が10円アップの1,335円,生活援助では23円アップの1,097円にすぎず,また月給制の従事者でも,「満足」と答えた者はわずか2割にとどまり,「不満足」と答えた者が3分の2に達している[11](図表2-5)。

ちなみにホームヘルパーの身体介護の時間給1,335円はそれほど低くないようにみえるが,時間給で働くホームヘルパーの約8割はいわゆる「直行直帰型」の勤務形態で,30分,60分,90分単位で派遣される「登録型」の雇用形態で占められている。しかも介護保険の給付抑制の中で安定的に仕事が確保されているわけではなく,

---

[10] 厚労省「平成22年 介護サービス施設・事業所調査」,介護労働安定センター「平成22年度 介護従事者実態調査事業所調査」。
[11] 厚労省「平成21年度 介護従事者処遇状況等調査」,2009年10月17日付日経新聞。

2 介護

図表2-4 介護サービスの従業者数の推移（全サービス計および訪問介護の内数）

(単位：万人)

年	常勤	非常勤	計
平成12年	35.7	19.2	54.9
平成13年	40.9	25.2	66.1
平成14年	45.0	30.6	75.6
平成15年	51.7	36.8	88.5
平成16年	59.3	40.9	100.2
平成17年	65.7	46.8	112.5
平成18年	70.0	48.6	118.6
平成19年	74.1	50.1	124.2
平成20年	77.0	51.0	128.0
平成21年	79.8	54.5	134.3

(注1) 介護職員とは，直接介護を行う従事者であり，訪問介護職員も含む。
(注2) 各年の介護サービス施設・事業所調査の数値の合計から算出しているため，年ごとに調査対象サービスの範囲に相違があり，以下のサービスの介護職員については含まれない（訪問リハビリテーション：平成12～21年，通所リハビリテーション：平成12年，特定施設入居者生活介護：平成12～15年，地域審査型介護老人福祉施設：平成18年）。

図表2-5 介護関係労働者の月給および年収の比較

	平均給与月額 (2009年9月)	平均年収	全労働者平均 年収450万円 との差額
看護職員	306,511円	3,678,132円	－82万円
介護職員（訪問介護含む）	199,854円	2,578,248円	－192万円
生活相談員・支援相談員	296,349円	3,556,188円	－94万円
PT・OT・ST又は機能訓練指導員	273,715円	3,284,580円	－122万円
介護支援専門員	315,006円	3,780,792円	－72万円

出所：厚労省「平成21年度 介護従事者処遇状況等調査」より筆者作成

ホームヘルパーのみでは家計の補助にすらなり得ず，複数事業所に登録したり，清掃パートなどのかけ持ちをしたりといったダブル

ワーク，トリプルワークをせざるを得ない現状なのである。また特養ホーム等の施設系でも，介護保険制度により職員配置基準が常勤換算方式に変更されたのに伴い，1年の有期雇用契約や入浴，食事介助だけを担う短時間雇用の非常勤，パートタイム職員への転換が進んでおり，人手不足の中で，施設介護における排泄介助，入浴介助に際して転倒などの事故が増加しており，介護従事者は強いストレスにさらされているといえよう。

介護保険制度の下では，介護事業者の運営は，同事業者が介護保険サービスを提供した対価として，市町村（保険者）から支払われる（厳密にいえば代理受領する）介護報酬に依存しており，介護報酬は，前述のように，個々のサービスの種類ごとに単価が決められているが，厚労大臣が告示の形で公的価格として決定しており，その意味では，介護保険制度下では，完全な市場ではなく，厚労省の価格統制の下で「準（擬似）市場」が形成され，それを反映した賃金水準となっているといえよう。そして，3年ごとに改定される介護報酬は低く抑えられ，近年まで引き下げられ続け，さらに介護保険事業計画などによりサービス供給量が規制される中，介護従事者は人手不足と低賃金の中で，いわゆるワーキングプア化が進展しているといわざるを得ない。このような労働条件の中では，介護従事者が感情管理労働の担い手として利用者に対して十分な介護サービスを提供することが困難になりつつあるといえよう。

「登録型」ヘルパーの労働実態

次に労働内容についてみると，ホームヘルパーの中でも「登録型」は，雇用の体をなしていないといっても過言ではない状況にある。すなわち「登録型」ホームヘルパーの場合，前述した「直行直帰型」の勤務形態に加えて，利用者宅への移動時間や待機時間，報告書の記入時間等の業務に対して事実上賃金が支払われないため，拘束時間のわりには実質的に最低賃金に近い時給となっており，また，利用者の都合で突発的に仕事がキャンセルになった場合の休業

補償がない等,実質的にはかつての家政婦紹介所の働き方を引きずった前近代的なものといわざるを得ないのである。

　さらに,介護保険法の下では,ケアプランにより介護時間が厳格に管理されるようになったが,例えば深夜の時間帯に入ると,介護報酬に加算がつき利用者負担が増えるため,とくに利用者が低所得者の場合,負担増しを考慮してそのサービス提供部分の介護報酬を請求しないなど,良心的なヘルパーであるほどサービス残業をしている実態がある。また1割の利用者負担などによる負担増のため,利用者側からヘルパーへの過剰な注文が増える傾向にあり,利用者との健全な関係構築が困難になりつつある。利用者側に高い保険料や利用料を払っているというコスト意識(歪んだ権利意識!)やヘルパーを「お手伝い」としかみない差別的な意識が強く現れ,ヘルパーが隷属的な関係を強いられたり,契約外の労働を要求されたりする事例が増えている。

　訪問介護とりわけ「登録型」ヘルパーの場合,訪問介護事業者との間の関係を,労働契約ではなく,委任・請負として労働者性を否定し,労災保険法や労基法などの労働諸法規の適用を否定する傾向もみられる。例えば,ある社会福祉法人が運営する知的障害者のグループホームで働いていたヘルパー(男性)は,勤務を始めた最初の1年間は,業務内容がほかの職員と変わらずに勤務シフトに組み込まれているにもかかわらず,契約書面上は雇用契約ではなく委託契約とされ,賃金は「委託契約料」,社会保険・雇用保険はおろか,労災などの労働諸法規も適用されず,こうした生活への不安から,風呂なし・ガスなしトイレは共同のアパートでの生活を余儀なくされ,洗濯機を置くこともできず週末に実家に衣類を持ち帰り済ませていた例がある。また介護現場では,腰痛が一種の職業病といえるほど,多くの介護労働者にみられるが,労災の適用がなされていない登録ヘルパーの場合は,腰痛や体をこわして仕事を休んでも何の保障もなく,全くの無権利状態に置かれているのである(そのため,ヘルパーは多くの場合,その代替手段として民間の保険会社の保険を使

第2章 感情労働の諸相〜いくつかのケース

わざるを得ない状況におかれている)。

このような状態に対し,厚労省は 2004 年 8 月通達「訪問介護労働者の法定労働条件の確保について」(いわゆる「8.27 通達」)により,登録ヘルパーの労働者性を明確にし,上記のような労働実態の是正にのり出した。すなわち通達は,介護保険法にもとづく訪問介護員について「使用者の指揮監督の下にあること等から,労働基準法第 9 条の労働者に該当するものと考えられる」とし,さらに登録ヘルパーにつき,所定労働時間が一定期間ごとに作成される勤務表によって非定型的に特定される「非定型的パートタイムヘルパー」と呼び,労働時間についても,介護サービス時間だけではなく,移動時間,業務報告書等の作成時間,待機時間,研修時間等も,使用者の指導監督の下にある限り,賃金支払いの対象となること等とし,介護ヘルパーへの労働諸法規適用を推進する立場を明確にしたのである[12]。

しかしながら,その後も依然として「登録型」ホームヘルパーの労働者性を否定する労働形態が広範に存在しているのが現状である。

さらに安全衛生の面でも,介護現場は,感染症対策やヘルパーの精神衛生対策,さらには利用者宅でのセクシュアル・ハラスメント対策などの労働安全衛生策が十分に講じられていない。例えば事業者側から何の指示も受けなかったために,利用者宅で皮膚病に感染し,それを別の利用者に感染させた責任を問われ解雇された例もある。特にセクシュアル・ハラスメントについては,前述したとおりヘルパーの大半が女性であること (9 割以上は女性),サービス提供の場が利用者宅など密室であることなどから,各種の調査でも約 2 割程度のヘルパーが経験しているとされている。介護事業者は,従業員に対して,良好な職場環境を確保すべき責任を負っており,セクシュアル・ハラスメント防止義務や安全配慮義務を怠れば,使用者である事業者側は,男女雇用機会均等法違反として行政指導の対

---

[12] 平成 16 年 8 月 27 日基発第 0827001 号。

2 介 護

象となると同時に，労働契約上の職場環境配慮義務違反として介護労働者に対して損害賠償責任を負うこととなる。しかし，登録ヘルパーの場合には，前述したとおりそうした労働契約自体が成立していないとされ，事実上劣悪な職場環境が放置されたままで，ヘルパーの側が辞めている事例が多い。

これは前述したとおり，非正規労働者がとりわけホームヘルパーに集中していることの反映であり，しかも介護サービスの現場は，低賃金不安定雇用の女性が多数を占め，その結果多くの不安定雇用労働者は，就労日や時間帯が細切れの断片労働に従事せざるを得ず，生活のために「常用」と同等かそれ以上の労働時間で働いている例もある。また常用労働者の配置数は限られており，責任ある業務を低賃金・長時間労働でこなしている場合が多い。「介護福祉士」養成校の教育内容・水準と「求められ担わざるを得ず担っている業務の包括的知識・技能とその水準」の間には大きなギャップがあり，実際には，求められる質に届かず，労働者自身が業務遂行をする上でストレスが大きくなる。それはまた，要介護者とその家族にとってのストレスでもある。

高い離職率　その結果，厚労省が平成20年8月に出した政策レポート「福祉・介護人材確保対策について」によれば，①他の産業と比較して離職率が高く，②常態的に求人募集が行われ，一部の地域では人手不足が生じ，③介護福祉国家資格取得者（約47万人）のうち，実際に福祉・介護分野で働く人が少ない（約27万人）状態となっている[13]。

離職率については，介護労働安定センターの「平成22年度介護労働実態調査」によると，介護職員の1年間の離職率が17%と全企業平均（16.4%）を上回っている。特に介護職員の場合，当該事業所に勤務した年数が「1年未満の者」が44.4%に達し（ホームヘルパーは26.2%），「1年以上3年未満の者」も35.1%にのぼっている

---

[13] 厚労省平成20年8月「福祉，介護人材確保対策について」参照。

第2章　感情労働の諸相〜いくつかのケース

(同39.9%)。また離転職のうち,「前職あり」と答えた者は81.9%(14,765人)であり,そのうち直前に介護サービスの仕事に従事していた者は30.1%(4,450人)に達し,その理由として「法人や施設・事業所の理念や運営の在り方に不満」23.4%,「職場の人間関係に問題があったため」23.0%,「収入が少なかったため」21.8%などとなっており,介護労働者の労働環境・条件に問題があることを示しているといえよう[14]。

また,介護関連職種の全国の有効求人倍率は,前述の厚労省政策レポートによると,常用労働者で2.10倍(全職業では0.97倍),パート労働者で3.48倍(全職業では1.30倍)と恒常的に人手不足となっており,この傾向は大型市ほど大きく,例えば東京では常用労働者で3.52倍(全職業では1.30倍),パート労働者で6.27倍(全職業では1.95倍)と著しく人手不足感が強いことを示している。社会保障国民会議が平成20年に出したシミュレーションによると,高齢化の進展により,介護サービス関連労働者のマンパワーは,2025年には約212〜255万人と,2007年のおよそ2倍相当の人員が必要になると予測されており,介護従事者の人材確保や処遇改善などが必要とされているのである[15]。

外国人労働者で埋め合わせ？　さらに介護労働者を介したサービス給付の不足を,家族介護を基礎にした有償・無償のボランティアの「参加」や,外国人労働者を導入する政策で埋め合わせようとする動きがでているが,これらの政策は日本で低賃金構造を固定化しておいて,統計的に常態的労働力不足を数値化し,フィリピン,インドネシア等からの労働力を輸入することを合理化するものといえよう。すでにインドネシア,フィリピンとの間で締結した経済連携協定(EPA)にもとづいて,2008年より両国から介護福祉士・看護師候補者の受入人数を規制のうえ,

---

[14] 社会保障審議会介護保険部会(第33回,平成22年9月24日)資料1参照。
[15] 前掲注[14]参照。

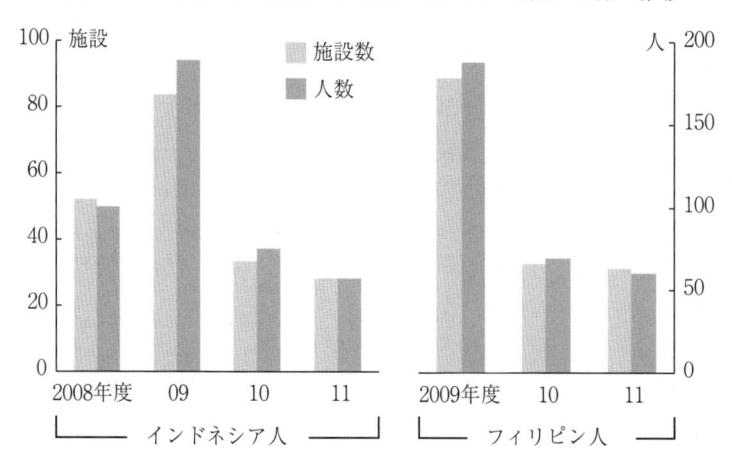

図表2-6　外国人介護福祉士候補者の受け入れ施設・人数の推移

厚労省，EPA受け入れ事業状況（2009年12月1日現在）をもとに作成。フィリピン人は2009年度からスタート。受け入れ施設は一部重複

病院又は介護施設等で一定期間就労，研修等を行って日本で看護師・介護福祉士の資格取得を条件として受け入れており，今日まで約千人超が来日しているが，厚労省が2010年1～2月にインドネシアからの介護福祉士候補者を受け入れている施設を調査したところ，5割弱の施設が「人手不足の解消が目的」と回答しており，深刻な人材難にある介護業界の実態を示す形となっている[16]（図表2-6）。

(6) ディーセント・ワークとしての介護労働

「危機」にある介護労働

介護は介護を必要とする「人間に必要不可欠な活動」であり，コミュニケーションの中核を占める典型的な人的サービスであり，人と人との相互作用の性質がサービスの質，ひいては提供者の技能の発揮水準と深く関わりを持ち，サービス提供者が相手方の感情を如何

[16] 平成22年3月24日付厚労省発表「インドネシア人介護福祉士候補者受入実態調査の結果について」より。

に理解し，管理して業務遂行に生かしていくか，すなわち，「感情スキル」が，このような関係の構築，維持，発展に不可欠とされるものである。

またこれらの労働／仕事は，ある特定の利用者と一定期間継続的関係を維持するという性質を有しており，しかもこのような職務に従事する人々は，一般的に「善良な人」「人格者」「よい人」などのイメージを持つものとされ，かつそれに則った労務提供を求められかつ期待されているにもかかわらず，対人サービス労働に対する十分な評価が与えられず，かつマニュアル化がふさわしくない職種にもかかわらず，今日職務内容の細分化，マニュアル化，下請化が進展しており，その結果として強いストレスの中での業務遂行を余儀なくされている。まさに介護労働には，感情管理労働の問題点が典型的に現れているといえるのである。とりわけ，2000年に介護保険制度が施行された後の10年間は，いわば「構造改革10年」と重なり，毎年社会保障財源が2200億円削減され（初年度の2002年は3000億円）て介護給付抑制が図られ，2005年の介護保険法改定の際には，「制度の持続可能性の確保」のスローガンの下に，「予防重視」として軽度介護が保険適用外とされると共に，施設へのいわゆる「ホテルコスト」が導入され，利用者1人当りの月額介護給付は2002年度に約16万8千円であったものが，2008年には15万円と1割近くも減少しているのである。

その結果，介護現場では現在2つの危機が進行しているといえよう。第1点は，利用負担の増大，要介護認定の厳格化，軽度者への利用制限等による介護保険の利用抑制の進展により，利用者，高齢者の介護や生活の危機の進行である。第2点は，介護事業所の人手不足，経営難による地域の介護サービス基盤の危機の進行である。前述したとおり，介護労働者の所定内賃金（自収）は全体で21万7千円と全事業平均の6割程度にすぎず，なかでも「登録ヘルパー」の月収入は平均8万円前後で推移しており，とりわけ前述した2005年改正により導入された予防給付は，訪問回数と時間の制限

によりヘルパーの低賃金に拍車をかけており、また介護福祉士養成学校の入学者数も引き続き低迷しており（例えば、「子供が介護職に就きたいといったら、親が反対する」（都内の養成校教員）状態にある）、養成校の廃校のみならず、都市部では、人手不足を理由に訪問介護事業部門などの縮小、廃業が相次いでいる事態となっているのである。

　このように急速に進展する高齢化社会を迎え、私的・公的領域での介護提供者の減少など、福祉基盤は崩壊の危機が進行している中で、われわれの目指すべき介護・介護労働はどのようなものであるべきなのだろうか？それは「質の高い介護」の提供、利用であり、その質を決定づけるものは、感情労働としての介護提供者と受ける者の選択肢の幅並びに質の向上とその基礎のための福祉政策の進展であろう。とりわけ介護労働が人的サービスであり、介護労働者は介護に必要な時間、努力、技術、感情スキルとそれに伴うストレス（＝介護対象者や介護事業者の期待に添えない不安など）がかかるものであり、介護の質を向上させるためには、まさに介護提供者・介護労働者の良好な労働環境（＝ディーセント・ワーク）の確保が不可欠とされているのである。

> ディーセント・
> ワークの必要

　良質な介護労働を確保するためには、介護従事者の労働条件の維持・向上が求められており、そのためにはまず、①介護福祉労働者の「正規」化を促進することにより雇用の安定を図ることが不可欠であり、また「非正規」職員についても時給引き上げによる最低賃金の保障が必要である（具体的には、ヘルパーの時給を少なくとも1,500円程度にすべきであり、これによって介護福祉労働者全体の賃金水準を引き上げることが可能となるであろう）。

　次に、②福祉労働者間の雇用形態、就業形態による賃金をはじめとする労働条件の格差を是正すべきである。介護保健制度下で民間業者の参入等により、介護福祉労働者の雇用形態の一層の多様化が

進展しているが，他方では，介護報酬単価が一律に設定されていることから，同一職務については就労，雇用形態による賃金格差の不合理が浮き彫りとなり，「同一労働同一賃金の原則」を働かせる余地が大幅に拡大しているといえよう。

また，③在宅ヘルパーの移動時間や研修，打ち合わせ時間等を労働時間に組み込むだけでなく（これらは前述したとおり現行の労基法の解釈によっても可能なことである），立法の整備等により休業保障もなされるべきである（特に時間給ヘルパーの場合，利用者が突然キャンセルしたことによる休業保障がほとんどなされることがない）。

さらに，④とりわけ施設サービス従事者の長時間労働や夜勤を改善するための，職場でのルール作りや法整備が必要である。何よりも根本的な解決策は職員の増員である。財政的に困難を抱える小規模の職場が多い中，施設における職員配置基準の大幅な引き上げなど，国や自治体が積極的に基盤整備をすすめるべきである。

介護保険制度改革の課題

さらに良質な介護労働を確保するためには，少なくとも次の点につき介護保険制度自体の改革を図ることが必須である。

まず，①介護福祉職の専門職化が必要である。介護労働者の資格を国家試験等による資格付与として地位向上を図るべきであり（それまでの間は研修制度を自治体の責任でより充実したものとすべきである），さらに介護事故の発生を防止するためにも，ホームヘルパーの職務権限を拡大して医療補助業に従事することを可能にすべきであろう（さらに介護保険制度のキーパーソンに位置づけられているケアマネジャーは膨大な事務量と劣悪かつ不安定な雇用，労働条件の中で労働強化にあえいでおり，このような状況を改善するためには，少なくとも自治体の職員にする等身分保障を図ると共に，事業者から独立して公正なケアプラン作成ができるようにすべきである）。

次に，②事業者の採算性の確保と指定基準の適正化が必要である。介護保健制度下では，ホームヘルプサービス事業の指定基準のハー

ドルが緩く,多くのサービス事業者は,常勤ヘルパーを最低限の配置で済ませ,パートや「登録」ヘルパー等の「非正規」化をすすめ,結果的に,介護保険制度下でのヘルパーの雇用形態は,低賃金で身分保障が不安定なパートや「登録」型ヘルパーがこれまで以上に主流となっている。このような状況を改善し,事業者の採算が確保できるようにするため,少なくとも,事業者の指定基準を適正なものとして,安易に参入撤退できないようにすべきである。

 このように感情労働の典型である介護労働は,今日社会において重要な位置を占めているにもかかわらず,その担い手である介護労働者の役割は十分に社会的評価の対象とみなされず,しかも,不十分な労働条件と強いストレスを抱えた状態でその職務を負担しているのである。今日労働におけるコミュニケーションや感情作用の価値が十分に認められず,介護労働者を専門性なき不安定労働のままに放置してる状態は早急に改善されるべきであり,感情労働の対価が正当に評価され,かつ,感情労働が与える労働者へのストレスについて正面から議論がなされるべき時期にきているといえよう。

第2章　感情労働の諸相～いくつかのケース

❸ 保　　育

(1) 保育とは

ケア労働としての保育

保育は，前述したとおり介護や看護と共にケアの典型とされているものであり，家庭や保育所などで乳幼児等の児童を保護し育てることで，通常，子どもの命を守り衣・食・住の世話をする養護の機能と，言葉や生活に必要なことを教える教育の機能を併せ持ち，養護と教育が一体となった概念である。本来保育は家庭において行われるものであるが，近代社会は，資本制経済の発展の中で共働き夫婦が増加し，それと共にいわゆる核家族が増加し，家庭での扶養力が低下する中で，家庭外での保育施設（＝保育所など）を発達させてきたのである。このように保育は，ケア労働の典型といえるものであり，しかも対人コミュニケーションの典型であり，前述したM.メイヤロフが述べるとおり「人の人格をケアすることは，最も深い意味で，その人が成長すること，自己実現することを授助することである」（P68より）を意味し，歴史的には女性の役割であった[17]。

例えば，乳幼児についてみると，母親が授乳し，乳幼児はこれを消化して育つことになるが，この場合，母親と乳幼児との間に授乳というコミュニケーションがなかったら，いくらミルクがあり住まいがあっても赤ん坊は育たないことになる。乳幼児は，最初は言葉を持ち合わせていないものの，表情や泣き声をそれなりに使いこなしながら，母親や保育士らに対して自分に必要なことを伝えることになる。お腹がすいたという泣き方もあれば，眠いとぐずり泣きなど，さまざまな泣き方があり，これを私たちは聞き分けて，乳幼児

---

[17] 前掲注(1)。

の要求を理解し，ミルクを与えたり子守唄を歌ったりすることになるが，このとき相互に理解しあうことに失敗すると，例えばお腹が空いて泣いている子どもを寝かしつけようとしても眠ってくれないことになる。泣き声がコミュニケーションの媒介なのであり，乳幼児の泣き声をきちっと読み取り，ミルクを与える，寝かせる，熱があったり，何かが刺さったりして痛いときは，その泣き方で，なぜ泣いているんだろうといろいろと考えて手当てをすることになる。このようなコミュニケーションが，子育てなのであり，ミルクそのものではなくて，その子どものニーズ，成長や発達に必要な課題を，周りの人間が読み取って，その子どもの成長を手助けするとき，我々は赤ちゃんという人間に働きかけていることになり，このような行為が，保育／保育労働における感情労働を意味しているといえよう。

保育の特徴　このようなケア労働としての保育は，前述した介護と多くの共通性を持っており，介護労働との比較で挙げられるストレスの要因は，そのまま，育児疲労の要因として挙げることができる。

すなわち保育は，①労働と休息の区分が明確でない24時間の継続労働，②機械化が全く不可能なため，絶えず生理的欲求や心理的反応をキャッチし続け，神経の休まる暇がないこと，③言語的コミュニケーションをはじめとする人間的コミュニケーションがほとんど役に立たず，新しいコミュニケーションの開発に苦労しなければならないこと，④行動を予測しにくいため気を休める暇がないことなどであり，これらの育児労働に要求される能力は，共感性，配慮性，献身性などと名づけられ，前述したとおり従来「母性」を担う女性の特性とみなされてきたものである。介護労働でもそれは要求され，それが女性の性別役割を担う根拠の一つとされてきていたのである。

しかし，保育と介護では異なる面も大きい。育児労働の対象は乳幼児であり，これから，身体の排泄物を汚れもしくはタブーの対象とみなす観念や性機能，性器官，性別役割，性差などジェンダー観

念の形成によって，自己の身体イメージやアイデンティティを獲得していく人たちである。それに対して，介護は成人を対象とした労働であり，そうしたものをすでに獲得した人たち相手の労働である。したがって，育児では対象することのない「羞恥心」「当惑」「不浄感」「性的おぞましさ」などさまざまな否定的感情が介護関係の中で生起し，それが相互関係を規定していく。日常生活で「寝たきりにはなりたくない」という言葉は，「下(排泄)の世話にはなりたくない」というのとほとんど同義であるほどに，介護関係でこの側面は大きな意味を持っているといえよう。

(2) 公的保育制度のしくみ

このように就学前の子どもの保育について，わが国を含む各国では，何らかの形で国や自治体等が関与する公的保育制度を発達させてきている。

わが国におけるこのような公的保育制度の特徴と意義として，第一にあげられるのは，憲法25条にもとづく国民の生存権の実現の一環として，国や自治体の責任で必要な保育を実施する仕組みであり，これに基づいて子どもの保育を受ける権利と発達保障の権利，さらには保護者の働く権利を保障している点である。第二に，これを受けて児童福祉法(以下児福法という)では，市町村に保育所整備をする第一次的責務を担わせ，同法が規定する最低基準以上の水準を確保するなど，市町村には条件整備を行う責任があり(同法24条2項)，更に，保育の最低基準が低く抑えられてきたという問題があるものの，全国一律の最低基準の設定と保護者の所得に応じた保育料負担(応能負担)とにより，保育のナショナル・ミニマムが保障されてきているのである。※

　※　しかしながら近年における規制緩和の流れの中で，これらの保育分野への企業等の参入が認められるようになってきており，更にわが国では女性の職場進出や少子化が急進する中で，保育施設である保育所に対する需要増(いわゆる待機児童の発生と蔓延)と，他

3 保　育

　方では教育施設である幼稚園に対する需要減が同時並行的に進行している。制度導入が図られようとしている「子ども子育て新システム（以下「新システム」という）では，待機児童解消のため，自治体の認可制度を見直して企業等の参入を促すと共に，待機児童の8割を占める3歳児未満の受け皿として，「認定子ども園」や小規模保育などの拡充が図られようとしている[18]（**図表2-7**）。

---

[18] 2011年4月国会に提出された新システム関連法案では当初，①市町村の保育実施義務をなくして，施設と保護者の直接契約にし，②親の働き方に応じて，保育の必要性を認定し，認定された時間（長時間，短時間の2区分）の利用を認め，③施設への補助金を廃止し，保育料を利用者に現金給付（施設者が代理受給）するというものであった。この中でもとりわけ①について批判が強く，2012年6月衆議院通過の際の民自公の3党合意により，市町村の実施義務は存続するものとされ，③についても「当面の間」補助金は存続するものとされたものの，保育施設で保育する以外に，認定子ども園や保育ママ，小規模保育などによって「保育を確保するための措置」を行なえばよいとされている（児福法24条）。しかしながら新システムでは，現行の市町村が実施責任を負っている，保育所入所の仕組みと公的補助方式が，直接入所契約，利用者補助方式に切り替えられる結果，市町村は契約当事者からはずれることになり，保育者は施設との保育契約に不服があった場合でも，市町村に対して異議申立や行政訴訟等を提起することは困難となろう。ちなみに現行制度においては，利用者と市町村の間の契約について「公法上の契約」とされているものの，保育料の支払が滞れば，市町村が強制徴収ができ，その実体は限りなく行政処分に近いとして，学説には批判が強いが，仮に市町村の行う入所決定が行政処分であるとしても，保育所利用関係は，市町村と保護者との間の（公法上の）契約関係とみることも可能であり，実質的には契約的構成をするか否かで差がでるわけではないといえよう。この点について例えば，内田貴『制度的契約論―民営化と契約』羽鳥書房（2010年）20頁，桑原洋子＝田村和之編『実務解釈・児童福祉法』信山社（1998年）142頁（田村和之執筆）など参照。

　なお，措置制度の下においても，保育所と児童の保護者との間に児童を保育すべき契約（準委任契約）が存在するとした裁判例として，京都地判昭50.8.5判タ332号307頁，松江地益田支判昭50.9.6判時805号96頁，大阪高判昭55.8.26判時997号121頁，盛岡地一関支判昭56.11.19判タ460号126頁などがある。また健康保険を利用して医療機関の診察を受ける場合も，医療機関と患者の間に私法上の診療契約が成立するとする裁判例として，東京高判昭和52.3.28判タ355号308頁がある。

　現行制度における保育の実施は，市町村が設置管理する公立の認可保育所で行うのが基本であるが，私立の認可保育所に委託することも可能であり，この場合には，市町村と私立保育所との間に委託契約（準委任契約）が結ばれることとなり，その場合市町村と私立保育所との間で第三者のた

第2章 感情労働の諸相〜いくつかのケース

> **保育施設など**

就学前の子供用施設として，前述したとおりわが国では現在，厚労省所管の保育所と文科省所管の幼稚園がある。保育所は，「保育に欠ける」児童を1日ごとに預り養育することを目的とする通所施設を意味し，保育対象は原則として0歳から小学校入学前までの乳幼児であり（例外的にいわゆる学童保育といわれるそれ以上の年齢の児童を保育するものとされている。児福法39条），社会福祉法で第二種社会福祉事業と規定されている（2条3項）[19]。

保育所の設置主体は，市町村自体と，都道府県知事の認可を受けて設置され公費で運営されるいわゆる「認可保育所」があり，現在では企業も含めてあらゆる個人・団体が，省令で定めた児童福祉施設最低基準（以下「最低基準」という）をクリアすれば設置運営主体になれるようになっており，したがって，入所要件に該当する子どもについては，少なくとも最低基準を満たした保育を受ける権利があるといえる[20]。

めにする契約（民法537条）が成立し，保護者（子ども）は，入所している私立保育所に対して，保育の実施に関して直接権利主張することができると解されている。

ちなみに介護保険法や障害者自立支援法のもとでは，行政（市町村）がサービスを給付するのではなく，要介護の高齢者や障害者が，都道府県知事の指定を受けた事業者・施設と直接に利用契約を結び，それにもとづき福祉サービスを利用した場合に，市町村からサービス費用（の9割）が給付され（現金給付），そこでは営利企業も含めた指定事業者が福祉サービスの提供を行なうことが前提とされ，国や自治体の公的責任は，サービスの現物給付の責任ではなく，サービス費用支給（現金給付）の責任に縮小されている。こうした現金給付方式と直接契約によるサービス利用方式は，いまや高齢者福祉や障害者福祉など社会福祉分野において主流となりつつあるが，後述する新システムも同様の傾向に沿うものといえよう。

[19] ちなみに児福法では，18歳未満の「児童」のうち，1歳未満を「乳児」，満1歳から小学校就学時期までを「幼児」，小学校就学時期から18歳までを「少年」という（4条）。

[20] これを認めた裁判例として，神戸地決昭48.2.28判時707号80頁。ちなみに「最低基準」では，施設の広さ，保育士等の職員数，給食設備，防災設備，衛生管理などを規定しており，現行制度では，例えば保育士は都道府県知事に登録が義務づけられ，施設の広さは，0〜1歳児1人当たり乳

3 保　育

　認可保育所は，2012年4月現在，2万2925カ所（公営1万1008，私営1万1917で，前年比16カ所増），在所児数は204万974人（前年比1万801人），定員充足率は95.7%（特に私営は103%と定員オーバー）となっており，この結果，保育所の利用を希望しても定員数超過のため入所できないいわゆる「待機児童」が，近年の女性就業率の向上により都市部を中心に問題となっており，2012年4月現在待機児童数は2万5384人（前年比5834人増）に達し，関東と近畿の7都府県及びその他の政令市・中核市で全体の77.7%を占めている。待機児童の多くは3歳児未満（全体の88%）が占めているが，これは保育所の年齢別受入可能定員が3歳未満児は少ないためであり，待機児童の多くは実質的に後述する認可外保育施設に入所を余儀なくされている[21]。

　この他に，上述の児福法上の設置基準に該当せず公費支給の対象とされない，いわゆる「無認可（認可外）」保育所と呼称される保育施設があり，例えば，ベビーホテル，駅前（頭）型保育所（例えば東京都の認証保育所など）や事業所／病院内保育所，僻地保有所（市町村が山間地帯に設置），季節／一時的保育などは，設置が届出によるものであり，2012年3月現在全国に7,578カ所（前年比179増），在所児数は18万6107人（前年比6,341人増）に達している（平成24年3

児室1.65㎡（約1畳分）又はほふく室3.3㎡（約2畳分），2歳児以上1人当たり1，98㎡（約1畳分）とされ，また保育士1人当たり乳児3人，幼児6人〜30人（1，2歳児6人，3歳児20人，4歳以上30人）とされている（昭和23年厚生省令63号）。
　最低基準は第2次世界大戦直後の1948年に制定されたものであるが，国際的にみても職員配置は低い水準にある。例えば保育士配置基準についてみると，イギリスでは保育士1人当り，2，3歳児4人〜8人，4歳児以上でも8人とされ，アメリカでも，3歳児未満4人，3歳児5人，4歳児以上でも7人とされており，これらの国との比較でもわが国の基準の低さは一目瞭然であろう。それでも4歳児以上の職員配置基準以外はわずかではあるが改善されてきたが，子ども1人当りの面積基準については制定以後，1回も改善されていない。
[21]　この他に2006年発足の両者を統合する「認定子ども園」があるが，事務煩雑等から900カ所程度にとどまっている。

第2章　感情労働の諸相～いくつかのケース

図表2-7　新システム

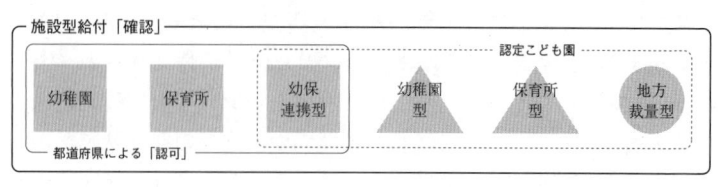

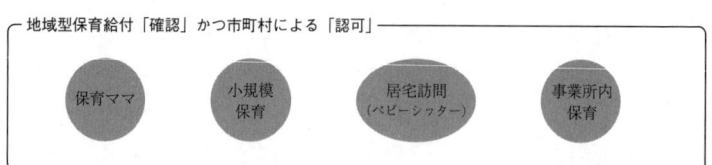

施設型給付「確認」
- 幼稚園
- 保育所
- 幼保連携型
- 認定こども園
  - 幼稚園型
  - 保育所型
  - 地方裁量型

都道府県による「認可」

地域型保育給付「確認」かつ市町村による「認可」
- 保育ママ
- 小規模保育
- 居宅訪問（ベビーシッター）
- 事業所内保育

※施設型給付も地域型保育給付も保護者への現金給付

月30日厚労省調べ）。

　他方幼稚園は文科省所轄の学校の一種であり、幼児教育機関であるため保育施設には該当しないが、学校教育法では幼稚園の目的として、「幼児を保育し、幼児の健やかな成長のために適当な環境を与えて、その心身の発達を助長することを目的とする」と規定されており（22条）、実態としては保育所類似の施設である。幼稚園は「満3歳から小学校就学の始期に達するまでの幼児」（26条）が入所する3年保育であり、保育時間は通常は9時頃から正午頃までであるが、近年は預かり保育（終業時間後に行われる一種の補習）が多くの幼稚園で実施され、実質的な時間は17時頃まで拡大されている。2012年4月現在1万3515の幼稚園（2009年5月現在国立49、公立5,206、市立8,260、前年度より減少）に167万人（前年度より4万4千人減少）が入園している[※]。

　　※　新システムでは、上述したように就学前の子供向け施設である保育所、幼稚園、幼保一体型の認定子ども園という「施設型給付」に加えて、小規模保育、保育ママ、事業所内保育などの「地域型保険給付」を創設し、前者については市町村長による確認制にし、後者については市町村による認可制とされた（図表2-7）[(22)]。

(22)　新システムでは、当初保育の供給量を増やすためとして、従来の、安定

(3) 保育労働者の職場環境

ところでこのような保育を担う保育所の運営は，劣悪といわざるを得ない。認可保育所で働く職員は，前述の設置基準によって，保育士，嘱託医及び調理員の配置が規定されているが，それ以外にも栄養士，看護師，事務職員，用務員をおく施設もある。

保育所の中心となっている保育士は，都道府県知事の登録を受け，保育士の名称を用いて専門的知識及び技術を持って児童の保育及び児童の保護者に対する保育に関する指導を行うことを業とする者をいう（児福法18条の4，18など）。保育士資格は，指定保育士養成施設（大学，短大，専修学校等）における2年の養成課程を履修するか，都道府県の実施する保育士試験の合格により取得する仕組みとなっており，年間約5万人の保育士が養成されており，このような保育士資格保持者は2008年現在138万1497人おり，福祉労働における中心的存在であるが，2003年以降，保育士登録をしなければ保育士として業務を行うことができないことになり（いわば「名称独占」資格），その登録者は2009年3月現在95万120人いるものの，保育所で働いているのは33万3千人（常勤換算）にとどまっている（2010年厚労省調べ）。

ちなみに幼稚園の担任は，都道府県教育委員会による幼稚園教諭免許を必要とし，2011年5月現在幼稚園教諭（本務者）は11万

した保育を受ける基盤があるか否かなどをチェックする認可制にかわって，一定の基準を満たすと誰でも参入できる指定制度の導入が図られていたが，国会審議で批判が相次ぎ，確認制の導入や認可制が存続されているものの，事実上の弾力化が図られている。例えば株式会社などでは，社会福祉法人や学校法人などとは別の審査基準が設けられ，一定の基準を満たせば欠格事由や供給過剰で需要調整が必要な場合以外は，認可するものとされ，また，保育ママなどの地域型保育事業の認可基準は，市町村の条例に委ねられ，設置基準も地方毎とされている。その結果，地方裁量型認定子ども園や地域型保育事業が，待機児童の「受け皿」とされてる可能性が高まり，例えば，会社のパートタイマーである保育ママが，ビルの一室で2, 3人集まって保育する状況の広がりが危惧されよう。

402人であり，うち女性が93.5%を占めている。

保育と感情労働

保育所における保育の内容は，厚生労働省の定める保育所保育指針に規定され，文部科学省が定める幼稚園教育要領と内容の整合性が図られており，就学前教育として保育園と幼稚園は同じ目標を持ち，保育の内容を基礎的事項と教育の5領域（言語，健康，人間関係，環境，表現）に分けて規定し，遊びを通して5領域を学ぶことで生きる力を育てるものとされている。

保育時間は，保育所や自治体により異なり，7時から19時までが一般的であるが，共働き家族の増加の中で22時まで開所する例も増えており，都市部の無認可保育所（特に駅前型保育所）では24時間開所している。保育は，年齢別保育が原則であるが，異年齢保育も随時併用されており，さらに複式保育と呼ばれ，例えば4歳児と5歳児を同じクラスにして一緒に保育を行う場合もあり，へき地保育所・小規模認可保育所・認可外保育施設等の入所児の少ない施設に見られる形態である。保育は基本的には集団保育であり，これが後に述べる保育士，幼稚園教諭の業務を多忙にし，かつ感情労働ゆえのストレスを強める要因となっているといえよう。

1日の大半を保育所で過ごす子どもにとって，保育所は生活の場そのものであるが，日本の保育所は，遊ぶこと，食べること，寝る（休息する）ことを1つの保育室で行なわなければならず，雨の日などは，保育室で遊び，片づけをして食事のためにテーブルを出し，食事がすめば昼寝のためにテーブルを片づけて布団を敷き，昼寝から起きると布団を片づけておやつを食べるためにまたテーブルを出し，またそれを片づけてそこで遊ぶ等をくり返さなければならない。しかも待機児童を解消するために定員超過入所を強いられている保育所では，ホールや廊下で保育がされることもあり，子どもの生活環境の悪化は否めない状態にあり，その結果は，次に述べるとおり保育事故の発生となって表れている。

3 保　育

> 多発する
> 「保育事故」

厚労省は 2009 年以降，保育所での事故を発表するようになっており，それによると 2011 年には保育事故 89 件（認可施設 69 件，認可外施設 20 件），死亡事故 14 件（0 歳児が半数の 7 名），事故の発生場所として保育室等の室内が大半を占め，事故原因としては就寝時窒息による死亡率が多くなっている（平成 24 年 1 月 27 日厚労省発表）。※

※この点について，遺族らでつくる「赤ちゃんの急死を考える会」が 2009 年 11 月発表した調査結果によると，1961〜2008 年までに死亡事故は 240 件発生しているが，特に認可保育所での事故は，2000 年度までの 40 年間で計 15 件（60 年代 2 件，70 年代 6 件，80 年代 1 件，90 年代 6 件）であったものが，「待機児童ゼロ作戦」で保育所の規制緩和が加速した 2001 年を境に増加し，8 年間で 22 件起きている。2001 年は小泉元首相が所信表明演説で「待機児童ゼロ作戦」を打ち出し，認可園について，面積基準内なら年度途中に「定員の 25％ 増まで」子どもが入所できるようになり，さらに「保育士定数の 8 割以上は常勤」との規定も，年度途中の園児増に対応する場合は非常勤保育士でよくなった。同会のまとめでは，かつての事故は「うつぶせ寝」などによるものが多かったが，2001 年度以降は，遊具置き場で首を挟まれ呼吸停止（2002 年・1 歳 4 カ月），川でおぼれた（2004 年・6 歳），本棚下の収納部で熱中症（2005 年・4 歳）など，保育士が目を離した際の事故や，採用直後の保育士がリンゴなどを食べさせ窒息（2002 年・1 歳），若い保育士がうつぶせ寝にして掛け布団をすっぽりかぶせ 1 時間放置（2008 年・1 歳）など，「経験不足の短時間保育士が穴埋めする現場が，事故の背景と思われる」（同会関係者）事例も増えている。このように基準の規制緩和が結果として保育事故を招来している可能性が高いといえよう（2009 年 12 月 8 日付毎日新聞，2010 年 1 月 19 日付毎日新聞）。

(4) 保育労働者の労働条件

> 不足する保育士

保育士は前述したとおり現在約 95 万人が登録されているものの，現実には保育所で勤務している者は約 33 万人にとどまっており，

約60万人が就労しないいわゆる潜在的保育士となっており、その結果現在、保育士不足が慢性的な状態となっている。その原因として勤務条件があげられており、給与が勤務内容と比べて妥当でないとする保育士は約6割を占め、また約4割が責任の重大や事故への不安を訴えている(平成24年4月厚労省調べ)。(図表2-8)

すなわち保育所の運営にかかる費用の約8割が人件費で占められているが、この間運営費の基準(保育単価)に昇給財源がほとんど含まれていないため、毎年の昇給など待遇の改善が非常に難しくなってきている。とりわけ1990年代以降に社会福祉分野で、措置制度の廃止や供給体制の多様化が実施され、賃金の公的な基準が緩和される中で、保育労働者の賃金の低下をもたらし、さらに雇用形態も非正規職員から非正規保育士等への置き換えが、公立だけでなく民間保育所でも進展し、例えば企業が運営する保育所では、園長も含めてほぼ100%が非正規保育士の保育所が多くみられる状態になっている[23]。

低い給与水準

その結果、保育士の現金給与額は政府統計によると平成21年現在、男女別では21.7万円(女)、22.9万円(男)と、全職種平均値の

---

[23] 保育の市場化／規制緩和を概観的に見てみると、1997年児福法改正に伴う措置制度の見直し、1998年短時間保育士導入、2000年／2001年に保育所の設置条件が規制緩和され、2003年前述したとおり営利企業の参入が認められた。とりわけ1998年の通知(2月18日、児発85号)によって、それまでは正規常勤保育士の雇用が基本であったが、最低基準の保育士配置数の2割を限度として短時間勤務の保育士(1日6時間未満または月20日以内の勤務)を充てることが可能となり、さらに2002年の通知(5月21日、雇児発0521001号)によって、常勤保育士が各組・グループに1名以上(最低基準上保育士定数が2名以上の場合は、2名以上)配置されれば、最低基準上の定数の一部に短時間勤務保育士を充ててもよいとされたことで、事実上2割を限度という規制も撤廃されているといわざるを得ない。その結果、雇用期間を定めない正規雇用の保育士(以下、正規保育士)が大幅に減少し、有期雇用の臨時アルバイト、短時間勤務、派遣契約など非正規雇用の保育士(以下、非正規保育士)に置き換えられている。

23.9万円（女），37.3万円（男）と比較すると，男性で特に低くなっており，その結果，保育士の平均年齢／勤続年数は，32.9歳／7.7年（女），29.2歳／5.0年（男）で，事実上職員の「女性化」が進行する要因となっている。すなわち保育士の給与水準は，同じケアワーカーである介護職と比較すると，ホームヘルパーや福祉施設介護員よりも高い位置にあるが，ソーシャルワークとしての専門性を有するケアマネジャーに比べると低く，類似の職種では，幼稚園教諭21.8万円と比べて若干低く，また看護師や准看護師よりもかなり低く，専門職にふさわしい賃金とはいえず，このような低賃金が雇用継続のネックになっているといえよう。前述したとおり，従来社会福祉法人等が非営利の社会福祉事業をおこなう準公的機関として位置づけられ，最低基準が存在し運営費などの必要経費が措置費によって賄われていることによって，ある程度の賃金水準を保つことができる仕組みがあったが，1990年代以降の社会福祉分野の市場化・規制緩和の下で，措置制度の廃止や供給体制の多様化が実施され，賃金の公的な基準が緩和され，賃金の低下をもたらしているといわざるを得ない。

さらに新システムでは，指定制度の導入により，今後保育水準が従来よりも一層低下することが予想される。すなわち，地域の実情に応じて創られるとされる地域型保育事業の認可基準では，「保育室およびその面積」は，国基準に「従うべき基準」ではなく，「参酌すべき基準」になり，その結果として自治体が低い基準を定め，前述した通り，例えば駅前ビルの狭い一室で2，3人のアルバイトを雇って行う「保育ママ」などの保育を行なう事業者が次々指定される可能性がある。また企業はコストを抑えようと基準ぎりぎりで指定を受けようとし，同様に非営利の社会福祉法人も，独自に職員配置を手厚くしようとすれば持ち出しとなり，その結果としていずれの施設でも人員配置などの基準を向上させる方向には向かないことになろう。

しかし，保育は人件費が圧倒的な割合を占め，人件費を節約しよ

うと職員を不安定雇用にすれば,前述のような感情労働の本質に反し,保育をより不安定なものとしていくことになろう。

保育内容の「劣化」

仕事内容についてみると,前述のとおり,そもそも,保育士などが行う保育労働は(福祉労働全般にいえることだが),コミュニケーションを通じて,子どもの発達保障を目的とする専門的労働であり,子どもとの間で中長期的な信頼関係の構築を必要とし,それは現場での実践や経験に大きく依存する,熟練性を必要とする非定型な労働でもあり,保育の質の確保のためには,保育労働者の裁量の確保とそれを可能にする労働条件の整備が不可欠といえる。

しかし,労働条件の悪化の中で,「非正規の仕事は一時的,補助的業務」という概念は,すでに保育所ではあてはまらない。公立保育所では臨時アルバイトの64.9%がクラス担任を持ち,71.2%が職員会議に出席している(前出市町村アンケート)。しかも担任を持ち,保育計画や保育記録を作成し,保護者との対応を行うなど基幹的業務を担いながら,賃金等の労働条件面では継続性や専門性が評価されていない。前出の市町村アンケートによれば,賃金において昇給や経験年数加算が適用されている臨時アルバイトの比率は18.1%,休暇においても正規保育士に適用される市町村独自の制度を適用される臨時アルバイトは22.4%にすぎない。また最低賃金(東京で766円/時間,宮崎・鹿児島 沖縄で627円/時間)スレスレの市町村もみられ,保育所での就労だけでは生計費を確保できないので,別の保育施設と掛け持ちしたり,深夜にコンビニや配送センターでアルバイトをするなど,ダブルワーク,トリプルワークを余儀なくされる非正規保育士もみられる。

さらに保育所を設置・運営する市区町村や民間事業者が直接雇用する非正規保育士のほかに,請負契約や派遣契約で保育所に派遣される保育士が増えている。派遣労働とは,派遣元の事業者に雇用されながら,派遣先の事業者の指揮命令下で労働する雇用形態であり,

3 保 育

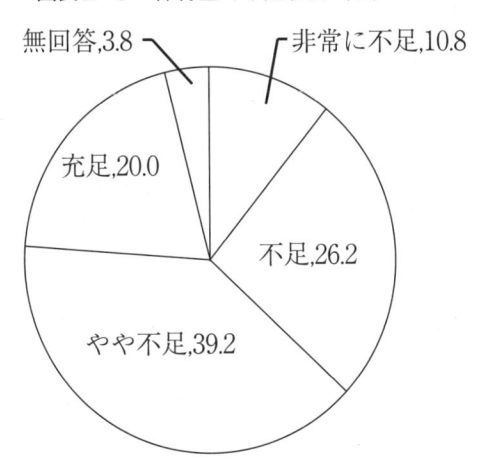

図表2-8 保育士の不足状況（％）

- 無回答,3.8
- 非常に不足,10.8
- 充足,20.0
- 不足,26.2
- やや不足,39.2

　原則として一時的，臨時的業務に限定されているが，保育業務は一時的なものではないので，請負契約であれば「偽装請負」（実態は派遣労働なのに，派遣先の義務を逃れるために請負を装う），派遣契約であれば違法派遣（1年又は3年を超えて従事している）の疑いが強い。

　保育所がその役割を果たすには，子どもや保護者と保育士等との間に安定的な人間関係が築かれ，コミュニケーションが確保されること，保育所の保育集団としての一体性が確保されることが重要である。ところが，不安定で低賃金の労働条件，絶えず入れ替わる保育士集団，多様で複雑な雇用形態の保育士による集団では，保育の安定性，専門性を確保することは困難である。

　新システムでは，指定施設や事業者には，正当な理由がある場合を除いて利用申込みを拒否できない義務（応諾義務）が課せられることになるが，応諾義務違反の証明は難しく，違反した場合のペナルティーもないため，実効性は疑問といえよう。例えば同様の応諾義務が課されている介護保険施設でも，入所者の大半は施設に支払われる介護報酬が高い重度の要介護者で占められており，新システムでも，経営上できるだけ手がかからなくて，保育時間の長い児童

を入所させる方向に誘導される恐れがあるといえよう。

　現行保育制度は，どんな地域，どんな家庭の子どもであっても，保育を必要とする子どもを市町村の責任で保育所に入所させ，保育をしなければならないことになっており，現行保育制度を拡充し，必要な財源投入で認可保育所を増やし，貧困の防波堤としての公的な保育所をより機能させていくことが求められているといえよう。

　翻ってホームヘルパーの労働市場は，介護保険制度によって，「介護保険労働市場」の中に埋もれていったと考えられる。介護分野では，保育分野が築いてきたような公的基準が存在しないまま，介護保険制度によって低位の労働市場が形成されていったことが特徴だと考えられる。ホームヘルパーの賃金は，制度にもとづく低い介護報酬のもと，決められた各種の労働（マニュアル・パッケージ化された労働）に対して支払われる仕組みとなっている。限られた介護報酬の中で市場競争にさらされており，そのために不安定低賃金構造が常態化するのである。保育者とホームヘルパーの賃金に共通するのは，一般労働者との賃金格差が拡大している現実である。歴史的に振り返れば，保育者は相対的に格差縮小していた時代から格差拡大に移ってきており，現状のままでは今後も格差が広がり，より低賃金になっていくものと考えられる。

感情スキルの「劣化」

　前述したとおり1990年代以降の一連の市場化／規制緩和により，社会福祉分野で措置制度の廃止や供給体制の多様化が実施され，賃金の公的な基準が緩和される中で保育労働者の賃金の低下をもたらし，さらにまた雇用形態も非正規職員の増加により，保育の現場は今日いわば「官製ワーキングプア」の温床となりつつある。

　そもそもケア労働としての保育は，コミュニケーションが中核を占める典型的な人的サービスであり，人と人との相互作用の性質がサービスの質，ひいては提供者の技能の発揮水準と深く関わりを持ち，サービス提供者が相手方の感情を如何に理解し，管理して業務

遂行に生かしていくか，すなわち，「感情スキル」が，このような関係の構築，維持，発展に不可欠とされることになる。またこれらの労働／仕事は，ある特定の利用者と一定期間継続的関係を維持するという性質を有しており，それに則った労務提供を求められかつ期待されているにもかかわらず，他方では対人サービス労働に対する十分な評価が与えられず，かつマニュアル化がふさわしくない職種にもかかわらず，今日職務内容の細分化，マニュアル化が進展している。その結果として，保育労働者は強いストレスの中で業務遂行を余儀なくされると共に，保育実践者としての発達の停滞，マンネリ化が急速に進行しつつあるといえよう。

　保育に限らずケア労働者はそもそも日常性，継続性を有しており，同じ仕事の中で感情管理を含む問題意識をどれだけ持つかが問われる職場である。例えばOECD（経済協力開発機構）が実施した，加盟20カ国の早期幼児教育と保育制度の調査結果によると，保育実践の質は「効果的な職員訓練と良好な労働条件によって決定される」と結論づけている。わが国において保育現場での非正規雇用，低賃金労働の拡大とワーキングプア化の進展は，マニュアル化とマンネリ化によって感情スキルの低下をもたらすことにつながっているのである[24]。

　本来保育士の業務はケア労働としての感情労働を本質とし，業務は多忙かつストレスも高いものであるが，今日その社会的使命からケアワーカーとしての専門性の質を向上すると共に，労働環境／条件の整備が必要となっているといえよう。

---

[24]　OECD (2006) "Starting Strong II: Early Childhood Education and Care".

4 看 護

(1) 看護とは nursing

　看護は，人間の健康を促進・維持・回復・修復する営みである医療行為の一環をなしており，その時代や社会の健康，医療観や生存権等に対する考え方などによって，医療／看護に関する政策は広狭を持つことになる。このように看護は医療の一環として，狭義には傷病者に手当てをしたりその世話をしたりすることを意味しており，また，広義には個人や集団，地域社会の健康維持を目的とした一連の支援を行うものであり，保健，福祉活動とも重なり合うものである。

　このような看護は，人間に対する世話や気配り等のコミュニケーションを本質的要素としており，前述した M. メイヤロフが述べるとおり「1人の人格をケアすることは，最も深い意味で，その人が成長すること，自己実現することを助けることである」を意味し，その意味では，ケア労働として，介護／保育との共通の性質を有しているといえるが，それと同時に，患者の生命，身体の維持，回復を担う活動であることから，人格と有機的統合体である身体の臓器・器官を扱う面を有し，患者の人格と患部の両方を統一的に取り扱うという性質を有していることに特質がある。

(2) 看護職員

看護師等の業務

　看護師は，わが国では2002年3月までは，法律上女性は看護婦，男性は看護士と呼ばれ，とりわけ看護婦はナースキャップ，ストッキング等服装が全て白色であったことから，俗に「白衣の天使」などと呼称されていたが，現在ではいわゆるホワイトコート症候群のような，診察室での医師や看護師を目の前にすると，普段より高い血

4 看　護

圧が患者に測定される現象がみられることから，服装を肌色等にする等の工夫がなされるようになっている。

現在，多くの国では，看護師の業務を行うためには，その国が定めた看護専門学校や看護大学等の看護師養成課程における基礎看護教育を受けたうえで，国家試験等の資格試験に合格し看護師免許を取得するものとされ，国際看護師協会（ICN）の「倫理綱領」では，看護師の責務としては，健康を増進し，疾病を予防し，健康を回復し，苦痛を緩和することの4つを規定している。

日本では看護師は，法的には「厚生労働大臣の免許を受けて，傷病者もしくはじょく婦（褥婦（じょくふ）／出産後の女性）に対する療養上の世話，又は診療の補助を行うことを業とする者」と規定され（保健師助産師看護師法，略称「保助看法」第5条），さらに看護師の他に准看護師の制度があり，准看護師は知事免許により資格を付与され，医師，歯科医師または看護師の指示を受けることとされているが（第6条），職務内容等については特に看護師との違いや規制は設けられていないため，准看護師が看護師とほぼ同様に看護業務を行っていながら，給与等の労働条件に違いが生じている。看護活動は，医師，歯科医師，看護師・准看護師以外の者が行うことを禁止されると共に（業務独占・第31条），「看護師」や紛らわしい名称を用いることも禁止され（名称独占・第42条の3），また「正当な理由がなく，その業務上知り得た人の秘密を漏らしてはならない。」と守秘義務が課せられている（第42条の2）。

看護師の養成教育は，これまでは看護専門学校で中心的に行われてきたが，近年は医療の高度化や看護職の地位の向上などを背景に4年制の看護学部や医学部保健学科が増えてきており，2007年4月現在で看護師養成教育機関の定員の32.5%が4年制大学での教育を受けており，今後はさらに大学を卒業した看護師が増えるものと考えられる。

第 2 章　感情労働の諸相〜いくつかのケース

看護師等の現状
現在日本国内で就業している看護師等の看護職員は約 148 万 1200 人で（平成 24 年初，厚労省調べ。），うち約 94.8% が女性で占められており，働く女性の約 20 人に 1 人が看護師等となっている（女性就業者約 2059 万人，平成 24 年 5 月 29 日総務省統計局発表「平成 24 年 4 月分労働力調査（基本集計）」より）。

わが国では急速な少子高齢化の進展や比較的高度な医療が提供されていることを反映して，看護師等の不足が指摘され，その対策の一環として，前述のとおり外国人看護職員の受入が行なわれつつある（2012 年 3 月 27 日付朝日新聞）。しかし厚労省の調査でも，2011 年から 5 年間の需給見込みとして，需要は実人員で 154 万人（2011 年）から 165 万人（2015 年）に増加するのに対して，供給は 148 万人から 164 万人に増加し，99.4% の充足率とされている（平成 22 年 12 月厚労省発表「第 7 次看護職員需給見込みに関する検討会報告書」）。

ところで看護師等の絶対数をみると，OECD の平均値は 1000 人当り 8.3 人（2008 年現在，18 カ国平均）に比し，わが国では 9.8 人と平均以上となっている。

むしろわが国では，病院における疾床数当りの看護師数の不足や施設勤務等の劣悪な労働環境等による離職率の高さ（常勤看護師等の離職率は約 11.0% に達している。日本看護協会 2012 年 2 月発表）を指摘することができ，このような現状の中では，勤務条件の改善や研修等による資質向上による勤務現場の改善が図られるべきであり，感情労働を中核とする看護労働においてはこの点こそが重要な課題といえよう[25]。

(3)　看護労働の専門性

看護師は看護と共に，医師の診療上の補助を行うことが法律上認

---

[25]　同様の指摘として，下野恵子・大津慶子『看護師の熟練形成―看護技術の向上を阻むものは何か』（2010 年，名古屋大学出版会），上記検討会報告書参照。

められ（2002年に，すでに94%の病院で医師が看護師等に静脈注射を指示し，90%の病院の看護師等が日常業務として静脈注射を実施，60%の訪問看護ステーションで静脈注射を実施していることが明らかになっていたため，約50年ぶりの解釈改定を行い，静脈注射の実施について，診療の補助行為の範疇であるとの行政解釈変更がなされた），具体的には，採血や投与・心電図・脳波測定・超音波・肺機能検査など多様である。

ところでこのような医療行為の補助を兼ねる看護の専門性とはどのようなものであろうか？一般に公共的特質を備えた専門職とは，特殊な教育または訓練を受け，学識（科学または高度の知識）に裏づけられた，それ自身一定の基礎理論を持った特殊な技能知識を有し，それにもとづいて不特定多数の市民や個々の依頼者の具体的要求に応じて，社会全体の利益のために尽くす職業のこととされている。このような専門職の中でも，看護の専門性としての独自の機能は，病人から健康人までさまざまな健康レベルの人に対して，健康の維持，回復（あるいは平和な死）のための自立に向けた援助を行うことといえよう。

看護の専門性とは？

すなわち，まず第1に看護の対象は，健康に問題があったり起こり得る人であり，その人の身体的のみならず精神・心理的側面および社会的側面を総合して捉え，健康レベルを向上させるための援助を行うことになる。したがって第2に看護の目的は，患者の健康の維持，回復（あるいは安らかな死）を図り，人々に安寧や喜びを与えることといえよう。本来人間は体力・意志力・知識をもって自立して生活できる存在であるが，これらが足りない場合に看護の手助けが必要となり，その人が必要な体力・意志力・知識を有しているか否か，あるいはどの程度あるのか判断するための判断力が看護活動で必要とされることになる。この場合判断の基準になるのは，看護師がこれまでに身につけてきた上述の専門的知識や技術・態度（姿勢）で

あり，健康上の問題を持つ人に対して問題解決を図るうえで，この判断力は専門性として決定的に重要な要素といえよう。第3にこのような看護の目的達成のためには，看護の知識・技術について，心理学や社会学あるいは福祉学や家政学などの周辺の知識が必要とされよう。何故ならば，看護／ケア活動において，こうした知識を統合して，なぜその患者にはこのケア方法でなければならないかの位置づけが必要になり，こうした他領域の知識をも含めて，専門的な学習が看護者には必要とされているといえよう。最後に看護の姿勢が問題とされ，前述したM.メイヤロフが述べるように，相手に関心を持って関わることはいうまでもなく，そこではそれ以上に患者との間で良好な信頼関係を築いて，相手が健康を維持，向上させるために，看護師のケアが必要とされているという認識を持つレベルまで達することが求められているといえよう。ここでは看護師の看護観・職業観等が反映されることになり，それはこれまで述べてきた看護に内在する感情労働としての特質が関わってくることになる。

そこでこれらの専門性を感情労働との関連で以下に検討してみよう。

(4) 看護と感情労働

接遇マニュアル

感情労働においては，前述したとおり職務上適切・不適切な感情というものが規定され，当該労働者は自らの感情を手段として，クライエントの感情を対象としてコントロールしながら働くことになり，そこでは感情が商品価値を持つことになる。そこで看護師がどのような感情労働をしているかを，ある病院の次のような「接遇マニュアル」に沿ってみていくことにしよう。まず接遇マニュアルの目的として，「当院に対する患者さまの声を反映し，接遇の改善あるいは，環境の設備の改良等に真摯に取り組むことにより，患者さまの満足度を高め，患者さまの立場を尊重した，医療体制を作ることを目的としています。」と記したうえに，特に「看護師の身だしなみ，接

遇チェックリスト」として[26],

「身だしなみ
　・髪の長さは適切ですか？
　（髪の毛の色，長い人はアップに，ゴムの色は黒・紺・茶，派手じゃないもの）
　・爪が長く伸びていたり汚れが目立ったりしていませんか？
　・清潔感のある白衣，エプロンを身に着けていますか？
　（スカートの長さ，短すぎたり，長すぎたりしていないか？）
　・ナースシューズは汚れていませんか？
　・化粧は派手すぎていませんか？
　・ピアスは片耳1個以上していませんか？
　（チェーンのものや大きなもの，派手な色のものはしていないですか？）
　・匂いのきつい香水はしていませんか？
態度・言葉づかい
　・あいさつをきちんと心がけていますか？
　・患者さまに対する言葉づかい，接し方は適当ですか？
　（笑顔，説明，プライバシーの保護など）
　・スタッフ間での言葉づかいは適当ですか？
　・電話の対応はきちんとできていますか？
　・必要以上に大きな声ではなしていませんか？　　　　　」

このように看護における，表情，姿勢，態度，目線の高さ，言葉遣い，声の大きさ，適切な台詞などについての具体的指示が並ぶ。看護師は，むごたらしい傷口や血や排泄物に吐き気を催したり，患者の前で泣いたりしてもいけないとされ，「苦しんでいるのは患者であって看護師ではない。患者を第一に考えよ」というわけである。

これらの項目は，いわば看護師のための演技指導マニュアルであり，看護師が自分の感情を管理して，いわばプロの技として，E. ゴッフマンのいう「印象操作」を行うことを推奨しているのである。こ

---

[28] KKR水府病院看護部接遇委員会, http://www.kkr-suifu.com/nurse/activity04.html

こでは，看護師は患者に対して「共感的」でなければならず，怒ったり，拒否したりすることは，看護師として「あるまじきこと」と教えられているのである[27]。

「接遇」が求められる理由

最近の看護においては，このような感情労働がいわば「ケアの倫理」として強調されるようになってきているが，看護が感情労働である以上，看護にとっての職業倫理と考えられているものの多くが，感情に関する規則となっていることは偶然ではない。それは以下のような事情にもとづいているといえよう。

すなわち最近では，病院にも時代の変化の波が押し寄せ，市場原理に席巻されそうな勢いとなっている。かつては入院して行っていたような検査や治療も，今では外来で行われるようになり，入院しても，少しでも症状が改善するか必要な手術や検査が済みさえすれば，即刻退院となる。遅々として症状の改善がみられない慢性疾患患者は，どの病院でも採算が合わないという理由で敬遠され，成果を上げるためにアグレッシブな治療が追求され，そのための検査や処置も必然的に多くなる。その結果，患者が看護師のケアを受けながらじっくりと心身の疲れを癒し，快癒したところで退院するなどといった「贅沢」は，今の病院には望むべくもない状態となってきている。その結果看護師は業務に忙殺されて患者と話すゆとりもなく，鳴り響くモニターのアラームやナースコールに追い立てられるように病棟を走り回り，そんな中で，患者は欲求不満と不安と孤独の中に取り残されていくことになる。さらにまた頻発している医療

---

[27] M. Johnson and H. Martin, "A Sociolgical Analysis of the Nurse Role", American Journal of Nursing, Mar.1958, p.373. ちなみに「道具的」「表出的」という用語は元来，T.Parsons が小集団内における構成員の役割を，生活手段の整備や外部との意思伝達等に関わる活動と，情緒面や精神的安定を図り集団の維持等に関わる活動の２つに分類し，前者を「道具的役割」，後者を「表出的役割」と表現し，家族においては，夫＝父により前者が，妻＝母により後者が担われる傾向があるとした（T.パーソンズ，油井清光外訳『知識社会学と思想史』学文社（2003 年））。

事故が，一層の深刻な医療不信に拍車をかけているといえよう。「全人的医療」や「ケアリング」といった言葉が声高に謳われるようになった背景には，このような人間性が見失われがちな医療の実態があるといえよう。

　かくして近年こうした患者側の医療不信や不満を和らげる一環として，多くの病院が患者へのサービス向上を意図して前述したような接遇の改善に取り組むようになってきており，例えば患者を患者様と呼ぶようになったのもその１つであり，こうして，効率優先の印象を和らげ，患者の緊張をほぐすために，「優しく」「温かみのある」「穏やかな」感情を演出することが，看護師にとって今まで以上に重要な仕事となっているといえよう。実際，前に述べた患者の暴力についての報告では，耐えかねて苦情をいった看護師に対して，上司は「修行が足りない」といわんばかりの反応を示したと記されており，感情的に反応するのは，看護師として未熟だとみなされ，どんなに感情が揺さぶられたとしても，感情を押し殺し，何でもないふりをしなければならないことになる。しかも，ファミリー・レストランやハンバーガー・ショップの店員と違い，看護に求められているのは，お仕着せの笑顔やただの「思いやる仕草」ではなく，「本物の笑顔」や「心からの思いやり」とされ，いくらマニュアルどおりに演技ができたとしても，看護師としては，患者に対して不誠実であるという感覚から免れることはできないことになる。

「深層演技」？としての看護

　そこで看護師は，「偽りの自己」を演じる罪悪感から逃れるために，「心の底から」そう思えるようにさらなる作業をするのである。ユニフォームを身につける瞬間に，気持ちを切り替え，プライベートな自分とは別の人格の仮面を身につける。怒りや屈辱を感じた時には，深呼吸して気持ちを鎮め，患者の状況を考えて無理もないと自分を納得させる。患者は「看護師としてのあなた」に対して怒りをぶつけたのであって，「あなた個人」に対してではないという説

明で慰められるときもある。こうして「看護師としての自分」と「本当の自分」がますます乖離していくのである。さらに自分を乖離させることによっても解決できない場合には、患者の家族背景や生育歴を調べてみたり、心理学の文献を探してみたりして、患者の心理を理解しようと努力する。看護師らしく、患者に共感できるようにというわけである。ホックシールドのいう「深層演技」とは、こうした自分自身の内面の感じ方まで変えようとする感情作業のことを指すが、いくら合理化したとしても、傷ついた感情は消えはしないのである。

通常の対人関係においては、感情は一種のギブアンドテイクの関係の中で社会の秩序を形成している。親切にすれば喜びの表情や感謝が戻ってくるというのが常識というものである。だが、看護の職業倫理には、患者にお返しを期待してはいけないという暗黙のルールがある。物理的・金銭的な謝礼はいうまでもない。看護師は患者に親切にしたからといって感謝を要求してはいけないのである。逆に患者から優しく声をかけてもらったり、気遣いされたりすると当惑する。何故ならば優しく親切にするのはケアの専門家としての看護師の仕事であって、患者はその仕事に対して代価を払っているのだから。

ところで、看護の役割について、医師が第一義的には「道具的役割」をとるのに対し、看護の第一義的役割は「表出的役割」であるといわれることがある。表出的役割とは、情緒的サポートによって緊張を緩和するというような役割であり、それゆえに看護師の活動は患者から「感謝」という情緒的応答を受けることによって、直接的に報いられるというわけである。患者と医療者が、まだ疑心暗鬼になっていない時代の話であるが、このような感情労働の分業ともいうべき役割分担は、例えば医師が患者に病名を告知したあと、その後の患者の心理的動揺をケアする仕事は看護師に任されるといった場合などには、今日でも確かに存在するといえよう。

4 看護

キューブラー・ロスの描写

しかし，今日ではそうした仕事が患者の「感謝」によって報われるということが信じられるほど，現実は素朴さに満ちてはいない。緩和ケア病棟に勤務する看護師たちが最初に幻滅を体験するのは，自分の献身的努力が感謝によって報いられるどころか，患者の怒声や冷たい拒絶によって報いられることがあることを知る時であり，このことについてE.キューブラー・ロスが，末期患者の死の受容へのプロセスに次のような「怒り」の存在を明らかにしているように，そうした反応は特異なものではない。

例えばキューブラー・ロスは，このような末期患者の「怒り」を次のように描写する。

> 「患者が破局的な報せを聞いたときの最初の反応が，『違う，それは事実ではない，私のことであるはずがない』ということであるとすれば，やがてそれが納得されかかったとき，つぎに来る新しい反応は，『ああそうだ，私だ，間違いではなかった』ということでなければならない。幸か不幸か，自分が健康であるというまやかしの世界を死ぬまで維持できる患者は，きわめて少ないのである。否認という第一段階がもはや維持できなくなると，怒り，憤り，羨望，恨みなどの諸感情がこれにとって代わる。」

> 「否認の段階とは違い，この怒りの段階は，家族およびスタッフの立場からしてじつに対処がむずかしい。それは，この怒りはあらゆる方向へ向けられ（転位），ときとしてほとんどデタラメに周囲環境へ投射されるからである。（中略）看護婦に向けられる怒りはもっとひどい。彼女らの手に触れるものはみんなよくない。彼女らが病室をでるや否やベルが鳴る。彼女らが次のシフトの交代看護婦へどうぞというや否や電灯がつく。看護婦はまくらをたたくとき，ベッドを直すとき，いつも患者をじっとさせておかない。看護婦が患者のそばを去ろうとするとき，ベッドをもっと寝心地よく直してくれと頼むとすぐ電灯がつく。」

> 「それに対して看護婦はみんな2つの態度しかとらない。悲しそうな顔，涙ぐみ，また罪責感をおもてにだして，あるいは恥ずかしそうにして，患者に対するか，でなければ，つぎに患者を見舞うこ

第2章 感情労働の諸相～いくつかのケース

とを避けるかである。これらはすべて患者の不快感と怒りを募らせるだけである。ここでの問題は，患者の立場になって考え，この怒りがどこから来るかを考えようとする人がきわめて少ないということだ。たぶんわれわれ自身も，われわれの活動がまだ仕終わらないうちに中断されたら，怒るだろう。」

「だからこの患者は，人から忘れられないようにしたい。かれは声を張りあげ，要求をし，不平をいい，世話をしてもらいたいと願う。おそらくかれが声にだせる最後の叫びは，『私はまだ生きているんです，それを忘れないでください。私はまだ自分の声が聞こえるんです。私はまだ死んではいないんです！』とうことであろう。」
「悲劇はたぶん，わたしたちが患者の怒りの理由を考えず，それがほんとうは怒りの対象となっている人たちとはなんの関係もないのに，個人的に，感情的に受けとるところにあるのではないだろうか。」
(E. キューブラー・ロス，川口正吉訳『死ぬ瞬間―死にゆく人々との対話』読売新聞社（1971年）84頁以下）。

しかし，このことを理解することと，実際に自らがその怒りの対象になることとは別の話である。看護師には当惑と裏切られたような感情が渦巻く。そこで，先の看護の職業倫理（患者にお返しを期待してはいけない）が登場することになる。つまり，感情の互酬的なやりとりが成立しないことを職業的な前提とすることによって，それがもたらす不快な感情を避けようとするのである。自分への報酬は自分自身で調達するしかない。これもまた，看護の感情労働の一部なのである[28]。

---

[28] E. ゴッフマン，石黒毅訳『行為と演技―日常生活における自己提示』誠信書房（1974年）。ゴッフマンは，行為者は相手に対する自己提示の際，行為者についての知識をコントロールしようとして，自己に関する情報の隠蔽，脚色などを行うことによって，相手方の状況の位置づけに影響を与えようとするとして，このような「よそおい」を「印象操作 (impression management)」と呼んでいる。

(5) 感情労働の病理

**看護労働と
ストレス**

　接遇マニュアルに書かれたとおり，病院全体が現実の冷酷さや無残さを否認する方向で組織されている中で，看護師は穏やかさや優しさ，同情や共感といったポジティブな感情を持つことを強いられている。しかし，自分の感情を殺し，「偽りの自分」を演じながら仕事をしていると，やがて，怒りや悲しみばかりか，何の感動も感じられなくなり，気がつくと，感じるべき感情を感じているだけという感覚にとらわれるようになる。つまり，自己そのものの源泉である自分らしさの感覚＝自己感情が持てなくなるといえよう。

　例えば看護師の喫煙率や飲酒率の高さはつとに有名だが，わが国でも日本看護協会が2001年8月に実施した調査結果では，たばこを吸う看護師（女性）は24.5％，2006年の調査でも18.5％と，一般女性の喫煙率12.0％（日本たばこ産業の2011年調査）の約2倍となっている（図表2-9）。また近年の研究によって，たばこの喫煙者と抑うつとの強い相関関係が明らかとなってきており，このような研究を裏づける調査報告が欧米で相次いで発表されており，例えばアメリカのハーバード大学の調査チームが，1976年から1988年までの12年間にわたって，30歳から55歳までの約12万人の女性看護師に実施した調査では，その間自殺した133人のうち，1日24本以内のたばこ喫煙者は非喫煙者に比して2倍の自殺率となっており，25本以上の喫煙者は4倍に達している[29]（図表2-10）。

　このような喫煙や飲酒がストレスと強い相関関係にあることもよく知られているところであり，例えば前述の日本看護協会の調査でも，たばこの喫煙率は，勤務形態や勤務場所についてみると，夜勤や交代勤務，手術室でいずれも25％～30％と高く，また「イライ

---

[29] D. Hemenway, S. J. Solnick, G. A. Golditz, "Smoking and Suicide among Nurses", American Journal of Public Health 249, Vol. 83, No. 2, February 1993.

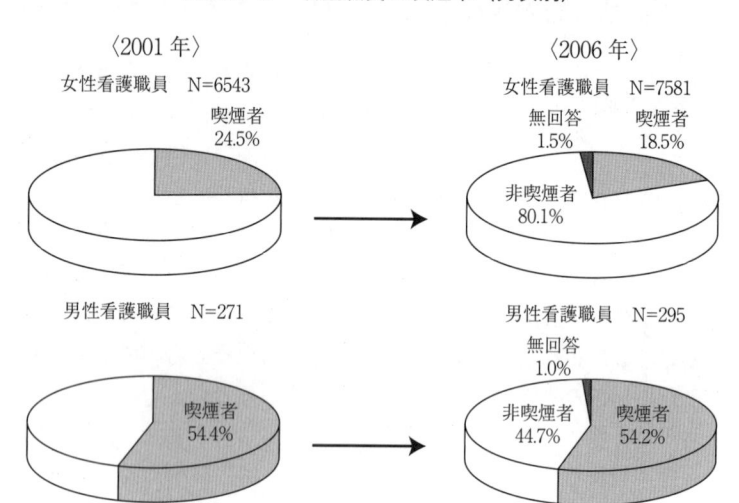

第2章　感情労働の諸相〜いくつかのケース

図表2-9　看護職員の喫煙率（男女別）

〈2001年〉

女性看護職員　N=6543
- 喫煙者　24.5%

男性看護職員　N=271
- 喫煙者　54.4%

〈2006年〉

女性看護職員　N=7581
- 無回答　1.5%
- 喫煙者　18.5%
- 非喫煙者　80.1%

男性看護職員　N=295
- 無回答　1.0%
- 非喫煙者　44.7%
- 喫煙者　54.2%

出所：日本看護協会「看護職とたばこ実態踏査」(2002, 2007年)報告書より。

図表2-10　喫煙と自殺の関連（1976年〜1988年）

	自殺者（人）	人数（人）	比率
非喫煙者	38	618	1.00
過去の喫煙者	32	395	1.30
1－24本／日	33	287	1.93
25本以上／日	30	117	4.21

出所：アメリカ　ハーバード大学調査（1993年）

ラした時」には60％以上の者が喫煙をしている（いずれも女性看護師）。ここでは強いストレスにより、自己そのものの源泉である自分らしさの感覚＝自己感情が持てなくなり、その結果として同情心も関心も湧かなければ、たとえケアしたとしても、それは単なる仕草でしかなくなるいわゆる「燃えつき症候群」のケースが問題となっていることを示唆しているといえよう。

「共感疲労」―「バーンアウト」

「燃えつき＝バーンアウト」という言葉が専門用語として使われ始めたのは1970年代の米国からであり，1969年に保護観察官を対象とした研究をブラッドレイが発表したのに続き，1974年にはフロイデンバーガーとマスラックが，それぞれニューヨークとカリフォルニアで，薬物依存症者のために働く若いボランティアたちや，内科医，看護師，精神科医，ホスピス・カウンセラーなどの意欲低下や心身の不調，情緒的疲弊，無感動といった状態について，「バーンアウト」という言葉を用いて報告したことによる。「バーンアウト」は，もっぱら対人援助（ヒューマン・サービス）に携わる人々の心理的問題として登場したのであり，その中心となる「症状」は，共感をもって接すべきクライエントに対して「同情心や痛み」を感じられないばかりか，否定的にしかみられなくなるというものであった。

古来，人に対して自然に抱く憐れみや思いやりの心を意味する言葉に「惻隠の情」というものがある。孟子の「惻隠の心無からずんば人にあらず」という一節からきているもので，弱い者，傷ついた人をみれば，即座に手を差しのべようとする，それが人間だというのである。ところが，バーンアウト状態になると，生まれつき誰しもが持っているはずの思いやりの心が枯渇してしまうというのである。しかも，そうしたヒューマン・サービスに自ら進んで携わったからには人一倍愛他的な気持ちが強いはずの人々なのに。それは，いったい何故なのだろうか。その答えのヒントは「共感疲労」compassion fatigue という言葉にある。看護師のバーンアウトに関する論文の中で初めて紹介されたもので，文字どおり，患者への共感や思いやりそのものが，看護師を心理的に疲弊させるというのである。例を挙げてみよう[30]。

ある看護学生が，腰の慢性疼痛のため長期入院している初老男性を受け持つことになった。初日から浮かない表情で廊下を歩いてい

---

[30] H.フロイデンバーガー，川勝久訳『燃えつき症候群―スランプをつくらない生きかた』三笠書房（1983年）。

るのに気づいた教員が気になって声をかけると，彼女は泣き出した。1日中カーテンを引き，痛みのためにベッド上で身動きがとれないでいる患者の姿を見ていると，辛くなって傍に行けないのだという。自分の中の，心の痛みが蘇ってくるような気がするというのだ。彼女自身，その時家族との深刻な葛藤の真っ只中におり，患者の痛みと孤独とを，自分のことのように感じとっていたのだった。共感疲労は臨床で働く看護師だけでなく，看護研究者や家族療法などに携わる治療者などにも生じることが知られている。特に，自分や身近な人に同じようなできごとがあった場合には，いっそう起こりやすくなる。それだけ同一化しやすくなるからだ。

　また，こうした共感のもたらす痛みのメカニズムについては，「心的外傷」体験の研究を通して明らかになってきた。それは「代理受傷」あるいは代理性のトラウマ体験という言葉でも説明されている[31]。

　心的外傷とは，衝撃の体験に遭遇して生き延びた人々＝生存者(サヴァイヴァー)(患者・クライエントのほとんどはこうした人々である)の多くが負う心理的損傷であり，体験後に悪夢やフラッシュバック，さまざまな自律神経系の失調やうつ症状に悩まされるようになる。代理受傷とは，心的外傷を受けた人々を救おうとする援助者，例えば救急隊員や消防士，救援ボランティア，そしてセラピストなどが，その活動を通して心の傷を負う現象をいう。援助者には生存者に対するある種の同一化が生じ，結果として，生存者が体験している怒りや無力感，安全保障感の喪失，罪悪感，うつ感情などを援助者自身もまた同じように，あるいは生存者以上の強度で，体験することになる。これが代理受傷であり，二次的PTSDとも呼ばれる状態である。しかも，心的外傷は，人と人との基本的信頼を決定的に損なってしまう。そのため，生存者は援助しようとする人の真意にも疑心暗鬼になり，意識的・無意識的にそれが本物であるかどうかを試そうとするような行動をとる。援助者にとってみれば，一方的に要求された挙句に，

---

[31] 小西聖子『インパクト・オブ・トラウマ』朝日新聞社（1999年）。

感謝されるどころか,拒否されたり,恨まれたり,裏切られたりするようなことがしばしば起こるのである。こうして,援助者は情緒的な蓄えを使い果たしてしまうことになるのである。

看護労働の再評価

医療,福祉,教育,宗教などの仕事を天職と見なす人は少なくない。その任務が厳しければ厳しいほど,そこに赴こうとする人には,人間への並外れた深い関心や愛情,もしくは崇高な理念や篤い信仰があるはずだと考えるのである。

だが,バーンアウトや共感疲労といった現象の存在は,実際に人間への関心や善意を持ち続けながら働くことがどんなに難しいかを示している。看護の現実もまた,「白衣の天使」でいられるほど甘いものではない。自分が如何に無力であるかを身に沁みて知らされる毎日なのである。患者からすれば,言いたいことも言わずに我慢しているという人が多いのだろうが,前述したとおり患者がケアを拒否したり,看護師や病院職員に暴言を吐いたり,暴力を振るったりすることは,さほど珍しいことではない。国際看護連盟も,2000年に,「看護職員に対する虐待と暴力」に関する所信声明を発表,医療現場における暴力が,看護職員の生命と尊厳を脅かすだけでなく,有益な患者サービスの提供さえも脅かすと訴えた。床頭台の上の物を床へばら撒いたり,機械を蹴飛ばしたりする患者がいる。看護師の対応が悪いと延々と人格攻撃をし続ける患者がいる。看護師に殴る蹴るの暴力を振るう患者,噛みつく患者,ナース・ステーションに逃げかえろうとした看護師を廊下まで追いかけ,後ろから蹴りつける患者もいる。セクシュアル・ハラスメントの類も同様である。

本来看護師の業務はケア労働としての感情労働を本質とし,業務は多忙かつストレスも高いものであるが,今日その社会的使命からみて労働環境／条件の整備が必要となっているといえよう。

第2章　感情労働の諸相〜いくつかのケース

5 まとめ

(1) ケアと感情労働

(i) 本章では，感情労働の中でも，介護／保育／看護に従事するいわゆるケアに携わる人々の労働の実態をみてきた。すでに述べたとおりケア労働は，コミュニケーションが中核を占める典型的な人的サービスであり，人と人との相互作用の性質がサービスの質，ひいては提供者の技能の発揮水準と深く関わりを持ち，サービス提供者が相手方の感情を如何に理解し，管理して業務遂行に生かしていくか，すなわち，「感情スキル」が，このような関係の構築，維持，発展に不可欠とされているのである。またこれらの労働／仕事は，ある特定の利用者と一定期間継続的関係を維持するという性質を有しており，しかもこのような職務に従事する人々は，一般的に「善良な人」「人格者」「よい人」などのイメージを持つものとされ，かつそれに則った労務提供を求められかつ期待されているにも関わらず，他方では対人サービス労働に対する十分な評価が与えられず，かつマニュアル化がふさわしくない職種にもかかわらず，今日職務内容の細分化，マニュアル化，下請化が進展しており，その結果として強いストレスの中で業務遂行をしており，感情管理労働の問題点が典型的に現れていることが明らかになったといえよう。

従来ケアは，公的な世界でも私的な世界でも，主として女性すなわちジェンダーに関わるものとされ，私的な世界では，女性は家庭の内外で生活を通して子供や配偶者の世話をしたり，病気や障害を持っていたり年をとった家族成員の世話活動を担ってきていたのであり，このような場合，愛情や配慮，共感といった感情はケア活動に密接に付帯しそれが自然のものとされていたのである。しかしながら，こうした人々に対するケア活動が，サービスとして介護，保

育，看護等のいわば公的な世界で再現される場合，感情はもはや自然なものでなく，サービスの対象となる人々との間に，感情労働という「商品」として，「社会的な乖離」をもって立ち現れることになるのである。例えば，ホスピスで5カ月におよぶ観察を行った看護社会学者ニッキー・ジェイムズは，死を迎えようとしている人やその家族から求められるケア活動について，肉体労働や技術的な労働と同じくらいハードな場合があるにも関わらず，それほど認知も評価もされていないと次のように指摘している。

> 「感情の管理には，生産的な仕事という意味での労働に含まれる内容が多く存在する。しかもまた，困難で努力を要し，ときに痛みを伴うという意味での労働でもある。それは，単なる決まったセリフのやりとりにとどまらず，働き手が自分自身の何かを与えることを要求する」[32]。

ジェイムズは，ケア活動の担い手にとって，死と向かい合う場合における深い悲しみ，怒り，喪失，絶望，フラストレーションといった感情を見守るのがどれほど辛いことであったか，また，そうした感情に応えるのがどれほど厄介なことであったかを述べており，そうした活動が，通常の業務上の技能とはかけ離れていることから，このような厄介な関係を避けるために，看護師が仕事における感情を「管理」し，患者の身体的なケアだけにあえて専念してしまうような場合，本来的な感情との間に完全な乖離が生じてくることを指摘しているわけである。

(ii) 他方では，近年の経済のサービス化の進展と共に，企業は顧客サービスをますます重視するようになっている。そして経済のグローバル化の進展と競争の激化のもとでは，製造業企業でさえ，売上を伸ばしマーケットシェアを拡大するために顧客志向を強めてき

---

[32] N. James, "Care = Organization + Physical Labor + Emotional Labor", Sociology of Health & Illness. Vol. 14, No. 4, 1992. pp 500

第2章 感情労働の諸相～いくつかのケース

ているといえる。顧客を扱うのは接客担当のサービスを担う労働者であり，このような労働者には顧客の扱いに関わる責任や労働負担が，これまでにないほど強まってきているといえよう。したがって，今日サービス労働は，介護／保育／看護などの福祉労働に限らず，あらゆる職業／職種において共通にみられるようになっており，ここでの労働の特質はコミュニケーション／感情管理を中心とした労務提供にあるといえよう。

　ところで一般に職業には，その職務に「ふさわしい」態度や行動というものがあり，それから逸脱すれば「あってはならないこと」「あるまじき態度」と非難されることは，すでに述べたとおりであり，したがって職務に「ふさわしい」態度や行動をとるためには，我々は，職務に「ふさわしい」感情に合わせて，自らの感情を調整しなければならないことになる。どのような感情がふさわしいのかは，多くの場合，いわば「社風に染まる」といわれるように，働いているうちになんとなく身についてくるが，他方では，「ふさわしい感情」が明確に規定され，徹底的に指導され，訓練される職場もある。このような場合，職務として表情や声や態度で適正な感情を演出することを求められる感情労働者は，顧客をある特定の感情状態にするために，声のトーンや表情，態度を調整することによって自分の感情を管理することになる。例えばディズニーランドのキャストはゲストが楽しくハッピーだと感じてくれるように，また，葬儀社の社員は参列者が十分悲しみに浸ることができるように自分の個人的感情を仕事の目的に合う形に調整し，ときには，自らの個人的感情を切り離し，全く正反対の感情を自分の中に引き起こすように努力しなければならないことになり，このような感情管理の作業は，通常「感情ワーク」と呼ばれている。いうまでもなくどんな労働にも感情ワークは必要であり，例えば生産ラインで流れ作業を行っている労働者も，喜怒哀楽を押し殺して働かなければ能率が上がらないし，家庭においてもイライラをそのまま子どもにぶつけないように我慢して家事をしている母親もおり，これも感情ワークといえようが，

感情労働においては,「自分の感情を加工することによって,相手(顧客)の感情に働きかけることが重要な職務」となっていて,それによって陰に陽に報酬を得ていること,すなわち「感情に商品価値があること」が重要なポイントになるのである。どんなに自分の感情を抑える努力をしていても,家族の中において,母親にはそれで賃金が支払われるわけではなく,家庭での育児や介護などは,感情労働の面から見ても,まさに報酬の与えられない「シャドウ・ワーク」といわれてきたものである[33]。

(iii) 感情労働は,機能的にみた場合,肉体労働とも頭脳労働とも異なる,いわば第三の労働形態といえ,顧客と面と向かって応対する接客業や対人サービス業は,ほとんどこれに該当するのであり,直接顔を合わせなくても,例えば電話での相談やクレーム処理など,声だけの接触による感情労働もある。現代社会では,自然を相手に生産活動をおこなう農業や林業,水産業などの第一次産業や,地下資源を採取,加工して製品とする鉱工業の第二次産業が衰退し,カネやモノの流通や情報やサービスといった目に見えないものの売買に携わる第三次産業が中心になってきており,それに伴い,感情労働の量は増加してきているのである。

(2) 感情労働の特質(=三面関係)

(i) このようにサービス労働の特色は,労働者の労働対象が「顧客,ユーザー,クライエント」の三面関係にあり,ここでは労働者は労働対象としての顧客に働きかけることになるが,この働きかけは職務全体との関連でみれば,仕事内容が,顧客との相互行為部分と非相互行為部分に分かれることになる。例えば看護師は,患者に対して直接の看護活動をするが,これが顧客との相互行為部分として,コミュニケーションが本質的要求をなし,他方では医者と看護活動に関する打ち合わせ等は,非相互行為部分にあたる。相互行為

---

[33] 武井麻子『感情と看護』医学書院(2001年)86頁以下。

第2章　感情労働の諸相〜いくつかのケース

部分では，有形か無形のものがあり，前者では例えば保育士が幼児を抱き上げたり，あるいは介護士が寝たきりの利用者に寝返りをうたせる行為などを意味し，後者では口頭，態様によるコミュニケーション全般を意味しており，このような意味でのサービス労働は，サービス業第三次産業に限定されずに，生産企業が流通業者などの顧客と接触する労働過程にも存在することになる。

　サービス労働をさらに取引対象との関係でみると，(1)取引対象と分離できるが，取引対象の引き渡しにとって重要な部分をなすケース，(2)取引対象と分離できるが，サービスの顧客による体験が取引対象の質を決定するほどの重要性を持つケース，(3)取引対象と分離できず，取引対象がサービス労働と結合しているケースである。(1)は，販売労働，ファーストフードレストランの店員，銀行のテラー，集金人の労働などであり，(2)は，弁護士や会計士の労働などであり，(3)に属するのは，福祉／ケア／教育労働などとなろう。接客労働者と顧客との関係は，一般に(1)→(2)→(3)となるにつれて親密になり，労働者と顧客との相互行為は「出会い encounters」的なものから「関係 relationships」的なものになり，サービス提供者が誰でもよい1回限りの相互行為から，特定の労働者と特定の顧客とが知り合い，将来の持続性を期待する相互行為へと移動する。この種の区分は例外や境界領域の曖昧さを伴うのが常であるが，このように区分することができよう。

　(ii)　サービス労働の特質は，以上の例のように，三者間におけるコミュニケーションに関わって生み出されてくるものなのである。すなわち，サービス労働は相手が，一人ひとり個性を持っていることから個別的対応のコミュニケーションを迫られ，集団的対応が必要な場合もあるが，基本的には人と人のつながり，人と人との接触であり，機械的に決まったマニュアルどおりの形で進まず，個別的対応が迫られることになる。特に教育・福祉の現場では，定型化されない部分を含み，表情であれ，しぐさであれ，必ず非定型的部分

が必要とされる。

　例えば手話通訳の場合，相手であるＡとＢに共通する部分とそうでない部分とがあり，教育も同じであり，35人学級の子どもを相手にして教育する場合には，定型的で法則的なやり方を踏まえなければいけないものと同時に，一人ひとりに合わせていかないとうまくいかないということがある。非定型的な部分は，それ自体知的な熟練，経験によって習得した判断能力に偏在することになる。

　(iii)　以上のように，サービス労働では労働者が働きかける対象が顧客となるので，労働過程は製造業のように管理者―労働者の二極関係ではなく，管理者―労働者―顧客の「トライアングル」，すなわち三面関係によって構成されるようになる。そして三者はそれぞれが労働過程で独自の利害を追求して，他の当事者の行動を自分の有利になるように統制しようとし，この関係では，製造業の生産作業にはみられない複雑な利害対立が展開されることになる。

　まず管理者は，労働者を自分の望むように統制して，できるだけ多くの労働を有効に引き出そうとし，労働者はこれに反発する。ここまでは生産労働も接客労働も同じである。だが接客労働では管理者は，業務能率を向上させるために顧客行動も統制しようとする。そして顧客行動を統制するための方法や技術を，訓練や研修を通じて労働者に教え込む。

　労働者はどうか？　労働者にとっても，顧客行動を統制して顧客が自分の作業にとって都合のよい行動をとってくれるほうが，作業能率は向上する。だから労働者も一般に顧客行動を進んで統制しようとする。

　他方で，顧客も，意志と意識と感情を持つばかりでなく，接客労働過程において独自の利害を持っている。顧客の利害は，一般に労働者から良質のサービスを迅速に提供してもらうことにある。顧客は，労働者のさぼりやミスによるサービスの質の低下やサービス提供の遅れを許さない。だから顧客は，労働者が良質のサービスを迅

速に提供するように労働者の働きぶりを監視し、またそうした目的で管理者の行動にも注意を払う。こうして顧客も、管理者と労働者の行動を統制しようとする。後にみるように、管理者は、このような顧客による労働者統制の形態を利用して労働者統制を試みる。

(iv) 感情労働は前述したとおり、感情と労働の結び付きに関して、自己もしくは他者の感情の抑制もしくは管理を重要な要素とする労働のことであり、主として対人サービスに従事する人々が遂行する労働の重要な要素をなすものであるが、このように接客労働の三極関係では、3人の当事者が独自の利害を追求して他の2人の当事者の行動を統制しようとするために、独特の対立関係が生じるのである。

したがって、感情労働に関するマネジメントは、いわゆるファーストフードに典型的にみられるマニュアル化が容易な職種から、看護、介護、教育職などにみられるようにマニュアル化が困難な職種まで多様であり、これらの適切なマネジメントを誤ると、労働者に対してストレスを及ぼすだけではなく、例えば丁寧さが顧客に対して慇懃無礼なものと受けとめられたり、率直さが粗野なものと受けとめられたりすることになり、かえって顧客に対して不快な感情を与え、サービス提供が効果を発揮しないばかりか、反対にトラブルを発生させることにもつながるといえよう。

さらに感情労働は、コミュニケーションを中心とした顧客に向けられた提供者自身の感情に関わる問題であり、他者に向けた感情のコントロールが使用者による指揮命令の対象とされることは、労務遂行者である労働者にストレスを与え、今日うつ病等の精神疾患の誘引となってきていることを指摘できよう。またこのような感情管理労働が適切に行使されないばかりか、反対にこのような感情管理にかかわる職種によってはこれらを濫用悪用して顧客に被害をもたらすこともあろう。今日職場における適切なマネジメントの重要性がますます増してきていることは、このような感情労働の実態からも明らかといえよう。

5 まとめ

 このように本章では感情管理労働の典型とされる介護, 保育, 看護に焦点をあてて, その実態と問題点を考察してきた。そこで, 次章ではいわゆるサービス労働一般を対象として, そこにおける感情管理労働の実態を踏まえて法的諸問題を検討することにしよう。

第3章

感情労働の法的分析

第3章　感情労働の法的分析

　企業や組織などの活動は，今日サービスやコミュニケーションを中心としたものに移行してきているが，これらの感情労働の中核をなすサービス労働は，物の製造などの非サービス労働に比して使用価値を発揮する労働過程そのものが労働契約の対象とされるという特質を有している。その当然の帰依として，サービス／コミュニケーション労働は，基本的には利用者のニーズにもとづくものであると共に，それに付着して，現実にサービスを提供する個々人の人格と密接に結合したものであり，それと分離したサービス提供はあり得ないという特徴を持っていることである。したがって，サービス労働においては，利用者／顧客に満足を与えるために，それらのニーズに対応したサービスの内容や形態の選択，あるいはサービス提供過程における相互作用が不可欠となり，この場合サービス提供過程の全体にわたって，利用者とサービス提供者とのコミュニケーションが不可欠とされることになり，ここにも感情管理／感情労働が必要とされるゆえんがある。

　しかしながらサービス活動は，それ自体不確実な（不確定性，無定量性）性格を有しており，それ故に顧客の期待が「適切」か否かの判断が困難なことが多くなり，また，近時の成果主義や裁量労働の広がりはこのような傾向に拍車をかけ，これらがサービス労働の不確定性・無定量性を増大させ，感情管理の役割増大につながっているのである。

　かくしてこのようなサービス労働の特質に対応すべき，「職場」においては，サービス提供者の感情労働を動員した活動が取り組まれることになるが，他方では，労使の（交渉力や情報収集等に起因する）非対等な力関係を反映して，さまざまな「ゆがみ」が発生する要因ともなっており，とりわけそれは「職場」における「労働条件」（賃金／労働時間）と「労働環境」に顕著にあらわれているといえよう。

❶ 感情労働の法的分析

　感情(管理)労働は前述したとおり「自己もしくは他者の感情を扱い，かつ感情制御(＝管理)を核心的もしくは重要な要素とする労働」のことを意味しているが，労働／仕事は，既述のとおり物理的な意味では一定のエネルギーを支出する人間労働であり，その対象に着目すると「人間」と「物」に分類することができ，前者は対人サービス労働であり，教師，牧師，看護師，店員などがこれらの労働に従事し，後者は工員や農漁民などが，例えば家具を作る職人は木材を，農民は土地を対象として労働を提供しており，このように労働の対象によって労働／仕事の性格は大きく異なっており，本稿のテーマである「感情労働」が前者に関わるものであることは論を俟たない。

　しかもこれら対人サービス労働は，人間を相手にするものであることから，対象である人間との間には，言葉であれ，表情であれ必然的にコミュニケーションが存在することになり，例えば，教師が子どもを相手に授業をするときや医師が患者を相手に診察をするときは，コミュニケーションが労働／仕事の中核をなしているのであり，また我々が日々労働を提供して，人間生活にとっての基本的条件である生産活動がなされている職場では，前述したとおり対人サービスの比重が高まっている今日においては，コミュニケーションをとおしての感情労働の果たす役割がきわめて大きなものとなってきているのである。

サービス／感情労働と企業・組織

　企業や組織などの活動は，主として人を対象とした営業，一般事務，販売，顧客接遇などのサービス活動と，主として物を対象とした製造などの非サービス活動とに分かれ，さらに，前者の場合，営業，販売，渉外などのいわば「接客」活動と，一般事務などの「非

第3章 感情労働の法的分析

図表3-1 企業・組織の活動

図表3-2 使用者—労働者—顧客の関係

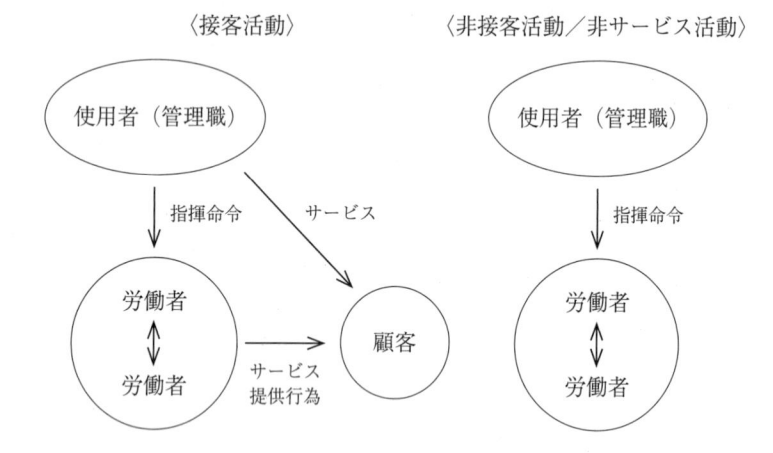

〈接客活動〉　　　　　　〈非接客活動／非サービス活動〉

接客」活動に分けられ,「接客」活動では,使用者(管理職)—労働者(労働者間も含む)—顧客(ユーザー,クライアントを含む)の三者関係,「非接客」活動では,使用者—労働者(労働者間も含む)の二者関係が展開され,また後者の場合,もっぱら使用者(管理職)—労働者の二者関係が展開されることになる[1](図表3-1,3-2)。

---

(1) ここでいう「サービス活動」とは,もっぱら対人活動のことであり,経済学上は,一般に利用者の効用や満足を提供する無形の対人活動を意味し,法律学上は,役務提供行為(民法上請負,委任,雇用などの法形式をとる)を意味しており,他方「非サービス活動」とは,もっぱら対物活動のことであるが,企業や組織活動においては,一般に集団での共同作業が行われ

1 感情労働の法的分析

　企業や組織においては，労働者は，本来，労働契約上特定された業務を，特定された態様で，所定の場所，勤務条件の服務規律・企業秩序に従い，使用者の指揮監督下で就労する義務を負うものとされているが，産業構造が製造業からサービス業中心に変動する中で，労務提供の対象も，上述したとおり製造業における物を対象としたものから，サービス業などにおける，「接客」活動を中心とした人（顧客，ユーザー，クライアント）を対象としたものに重点が移ると共に，労務提供の形態も変化するようになってきたのである。

　例えば保育所，医院，学校での保育，医療，教育活動などやデパートやスーパーでの販売や車の販売会社の営業活動などは，法形式としてはそれぞれ売買，（準）委任，請負等の形態をとるものの，具体的な活動の担い手である労働者は，使用者が提供する顧客へのサービスの履行補助者として，使用者の指揮命令の下にサービス労働を提供し，これが使用者に対する労務の提供となるが，個々の労務提供行為をみると，ファーストフードやレストランの顧客担当の労働者が，顧客にあいさつし，注文を聞き出し，レジで金を受け取る行為が「接客」労働部分をなし，他方，注文を調理労働者に伝え，食物を袋に詰めてトレイにのせる行為は「非接客」労働部分であり，また病院で，医師が患者を検診し診断を下す行為は前者に，カルテ作成は後者に属することになる。

　この場合，労働者と顧客との間で展開される「接客」活動を構成するサービス労働は，後述するとおり，労働者から顧客に対する感情管理を内包し，他方使用者と労働者との間で展開される「非接客」活動を構成する指揮命令は，使用者（管理職）から労働者に対する感情管理を内包しているのである。前者は組織や企業活動における

　　ることから，ここでも人を介しての対物活動が中心となる（もっとも，例えば南部鉄瓶の職工が1人で鉄瓶を製造する場合は，もっぱら対物活動のみとなろう）。
　　ちなみに役務提供行為の法的性質については，民法（債権法）改正検討委員会編『詳細・債権法改正の基本方針Ⅴ―各種の契約(2)』商事法務(2010年) 参照。

第3章　感情労働の法的分析

顧客サービスやサービス業に典型的にみられる現象であり，後者は製造業，サービス業を問わず組織活動に不可欠なものである。さらにいずれの活動においても，組織活動である以上，労働者相互間での感情管理が内包されているのである。

このような関係で展開されているコミュニケーション労働の中核をなす感情管理は，以下に述べるとおり今日，労働者の賃金，労働時間等の労働条件や，労働環境にさまざまな影響を与えてきているのである。

労働契約の特質

人が組織／企業において仕事をする場合，一般に労働契約に従って職務に従事することになるが，この場合の労働契約は，本来民法の雇用の一分枝として生まれた概念であることから，その中心的債務である労働者側の「労働に従事すること」（労働の提供）と使用者側の「報酬を与えること」（民法623条）とが対価関係に立ち，さらにその他にも当事者双方にさまざまな付随的義務が認められることになる。すなわち労働者は，この場合労働契約上特定された業務・態様で，所定の場所・勤務条件（労働時間，休憩時間，休日，休暇等）・服務規律・企業秩序に従い，使用者の指揮監督下で就労する義務を負うことになる。

他方，使用者は，資本所有権にもとづいて，企業を組成する物的要素（有体・無体）と人的要素（労働力）を結合し，企業目的に従って企業を管理運営する権能（経営権）を有するが，経営権の行使が労働者に対する関係で法的な効力を持つためには，あくまでも労働契約に根拠をおくものでなければならないことから，労働契約によって，使用者は労働力の処分権（広義の人事権）を取得し，この権限にもとづいて労務の提供，ひいては企業の運営が円滑に行われるように，一定の服務規律・企業秩序を定立し（服務規律・企業秩序定立権），労働者を適正な職種，職場に配置し，人事考課とこれに伴う昇進昇格を行い（狭義の人事権），さらには企業活動に応じて

労働力の再配置を行い（配転・出向命令権），具体的な労務の遂行を指示し（業務命令権），指揮監督すると共に，業務命令・服務規律・企業秩序違反に対しては，是正や再発の防止のために適切な措置をとり制裁を課す権限（懲戒権）を取得することになる。

このような使用者側の権限は，同時に，個々の労働者の労務の提供が円滑に行われるように具体的な業務（仕事）を提供し，指示を与える義務（業務提供義務），業務遂行の場である職場の安全で快適な環境を保持すべき義務（職場環境保持義務），労働者の健康と安全を確保する義務（健康配慮・安全配慮・安全保持義務），労働契約の履行の過程において，労働者の人格権を侵害するなど違法不当な目的・態様で人事権・業務命令権の行使を行わない義務等を負うことになるのである。

このように労働者は，本来，労働契約上特定された業務を，特定された態様で，所定の場所，勤務条件の服務規律・企業秩序に従い，使用者の指揮監督下で就労する義務を負うものとされているが，前述した使用者―労働者，労働者―顧客，労働者―労働者間等さまざまな関係で，感情管理が大きな役割を占めるようになるにつれ，労働者の労働条件，労働環境に感情管理が大きな影響を与えるようになってきたのである。そこでまず，サービス活動／労働の特質を簡単にみてみよう。

❷ 感情労働の特質

(1) サービス／感情労働の一般的特質

労働契約にもとづく労働者の労務の提供は，労働の機能の面でみると，使用者による労働力の費消過程であり，特に，サービス／コミュニケーション労働では，一定の使用価値を発揮する労働過程それ自体が労働契約の対象とされていることに特質があり，これは，

第3章　感情労働の法的分析

　前述したとおり、サービスの対象がデパートやスーパーの販売のように商品の販売であるか、保育、医療、介護のように、人や人の置かれた環境であるか、音楽コンサートのように文化的、知的対象であるかに関わりのないものなのであり、サービス労働においては、物の製造などの非サービス労働に比して、以下に述べるとおりの特質を有しているといえよう。

> **労働過程に着目**

　第1に、感情労働は、サービスの対象の利用者のニーズに即して働きかける点にあり、このような意味で、感情労働の本質は、その機能である労働過程そのものにあるという特質を有している。例えば、前述したファーストフードレストランでの顧客担当の労働者のサービスは、顧客に挨拶をし、注文を聞き出し、レジでお金を受け取る行為であり、また在宅介護におけるホームヘルパーの介護サービスは、ケアプランにもとづいて介護利用者のニーズに対応させ、さまざまなサービスを組み合わせたパッケージとしてのサービス労働を提供しているのである。このことは医療や教育活動などにおいても同様であり、サービス利用者が契約によって享受するものは、医療や教育などの具体的なサービスという、労働の機能ないしは労働過程それ自体なのであり、それらの媒介なしに、労働過程から独立した成果や生産物を利用者が取得し享受することはあり得ないのである。

　さらに一般事務において、労働者が上司からの指揮命令にもとづいて事務を遂行する場合でも同様なのであり、ここでは物の製造などの非サービス活動と異なり、結果・成果などと切り離された労務提供行為それ自体が重視され、したがって労務提供の同時性、不可分性が問題とされることになる[2]。

---

(2)「同時性」とは、サービス提供と同時にその成果が消滅していくことを意味しており、前述した在宅介護におけるホームヘルプサービスやレストランのウェイトレスの挨拶などの行為が典型といえよう。また「不可分性」とはサービス提供とその成果とが一体をなしており、それと分離することが不可能なことを意味しており、サービス労働が人間活動であることから、

2　感情労働の特質

このようにサービス労働においては，一般の生産労働のように，労働の機能から切り離された成果としての一定の有用効果や生産物が対象となっているのではなく，主として労働の過程そのものが契約の対象となっているのであり，したがって，感情管理はこの労働の過程そのもので問題となることになる。

人格との結合

第2に，その当然の帰結として，サービス労働は，基本的には利用者のニーズにもとづくものであると共に，それに付着して，現実にサービスを提供する個々人の人格と密接に結合したものであり，それと分離したサービス提供はあり得ないという特徴を持っていることである。例えば前述のファーストフードレストランの顧客担当の労働者が，顧客に挨拶をし，注文を聞き出し，レジでお金を受け取る一連のサービスに従事している場合，それがたとえマニュアルに従ったものであるとしても，サービスに対する個別的で個人的な色彩をまとうことが不可避であり，したがって同一のサービス供給がなされても，サービス利用者が享受する満足度は個々人によって異なるものとなる（例えばチップの慣習のある欧米諸国でのレストランのウェーターやウェートレスなどへのチップなどは個人に対するサービスとしての性格を有しているといえよう。また，最近問題とされているいわゆる「モンスター・カスタマー」や「クレーマー」も，大半がサービスのささいな瑕疵に端を発するものである）。

それは医師，看護師，教師など医療や教育などより専門性の高い職種に従事する者の場合，より顕著なものとなって現れてくることになり，それ故に職務遂行を行う労働者個々人と顧客との相互作用が，サービス提供により極めて大きな役割を果たすことになり，そ

当然の事理といえよう。もっとも例えば音楽コンサートなどの場合，演奏者のライブパフォーマンスは，上述の意味でのサービス活動の同時性，不可分性を満たすことになるが，それがCDに録音される場合には，サービス提供後の成果物（＝CD）の製造という非サービス活動が加わることになろう。

第3章　感情労働の法的分析

れは一般事務における使用者―労働者，労働者―労働者間においても同様であり，そこに感情管理の意義を見出すことになるのである[3]。

コミュニケーション　第3に，サービス労働においては，利用者／顧客に満足を与えるために，それらのニーズに対応したサービスの内容や形態の選択，あるいはサービス提供過程における相互作用が不可欠となり，この場合サービス提供過程の全体に亘って，利用者とサービス提供者とのコミュニケーションが不可欠とされることになり，ここにも感情管理／感情労働が必要とされるゆえんがある。例えば，介護サービスについてみるならば，介護サービスの提供過程においては，サービス提供者は利用者の容態や生活状況，あるいは意向の変化に対応して，介護パッケージの内容を可能な限り柔軟に調整・修正を通して期待される効果自体が，介護サービスの現実的な水準に修正されていくことになる。何故ならば，介護サービス提供を通じてはじめて，要介護認定とそれを前提にした，当初のケアプラン策定段階では把握できなかった介護利用者接客状態が，介護者の側に認識されていくからであり，このようにサービス労働においては，サービス享受者とサービス供給者のコミュニケーションが不可欠の契機として存

---

[3] サービスの種類によっては，サービス提供者の個々人の特徴や人格との結び付きのみならず，サービス提供者や顧客の帰属による文化，社会の影響も受けざるを得ないという性格を有する場合もある。例えば，あるバイオリニストのコンサートが開催される場合，コンサートで聴衆に提供されるのは，バイオリニストの演奏から分離した音楽や歌そのものということはあり得ず，コンサート会場に足を運ぶ人々の動機やそこで体験する感動や満足は，多かれ少なかれバイオリン演奏というサービスに対する個別的で個人的な色彩をまとっており，更には当事者の生い立ちや彼らが帰属する文化や社会との関わりというナラティブな側面を抜きにしては，その価値を客観的に規定することはできないという特徴を持っている場合もあろう。いうまでもなく，優れた演奏は，時代や社会を超えて多くの人々に感動や満足感を与えるという意味では，その価値を客観的に規定することができるであろうが，この場合も演奏行為が生み出す価値は，それを提供する側と享受する人々の主観的帰属の集合体という，独自のナラティブの側面を有しているといわざるを得ないのである。

在しているのであり，感情管理が要請される由縁なのである。

　したがってサービス活動にとって決定的なことは，前述したとおり利用者／顧客の意向に沿い，契約に求められている「適切な」サービス労働が提供されたかどうかということであり，適切なサービス提供がなされている限り，仮に当初目的とした契約内容が実現できない場合でも，サービス提供者の責任を問われることはないはずである。何故ならばサービス提供者は，当初契約において「適切な」サービスの供給を約したのであって，その結果として特定の効果が必ず実現されることを約したわけではなかったのであり，このことの典型は，委任契約が仕事の完成を目的とするものでないということによっても明らかであろう（民法 643 条）。

　しかしながらサービス活動は，次に述べるとおりそれ自体不確実（不確定性，無定量性）としての性格を有しており，それ故に顧客の期待が「適切」か否かの判断が困難なことが多くなり，また，近時の成果主義や裁量労働の広がりはこのような傾向に拍車をかけ，これらがサービス労働の不確定性・無定量性を増大させ，感情管理の役割増大につながっているのである。

(2) サービス／感情労働の不確定性／無定量性

不確定性　このようなサービスを対象もしくは不可欠とする契約は，その内実が，利用者／顧客の要望の実現に役立つ一定の労働の機能ないしは労働過程であり，労働の成果ではなく労働の機能自体が契約の対象とされており，さらにサービス労働の内容が，供給者と利用者の相関関係の中で規定さていることから，サービス労働の不確定的性格を不可避なものとすることになる。

　すなわちサービスを内容とする契約においては，その履行過程において，提供者と利用者が相互に当該サービスの適切さを追求するものであり，その内容や労働時間を予め決定しておくことはできないという性格を有している。何故ならばこのようなサービスは，労

働対象や利用者／顧客の意向に対応し，サービス供給者が適切に労働過程を遂行するというものであり，その対価として契約内容の実現に必要と予想される価格が設定されているからである。

とりわけこのことはサービス提供が継続的な場合には顕著となり，例えば4年制大学の場合，一般に大学の提供する教育サービスを，4年間の在学期間に享受し修了するに足る素養を持った学生を想定して入学試験で選抜し，そのような学生との間で在学契約を締結して，4年間の教育サービスを享受する対価として，入学金，授業料等の納付金を受け取ることになる。しかしながら，入学時の契約において大学が学生に保障するのは，講義やゼミあるいは実習等に参加する権利であり，それに対して学生は，もちろんその内容や形態の適切性を求める権利も含まれてはいるが，大学が「顧客」である学生との契約として実質的に約束しているものは，学籍を与えるということであり，その大学が提供する環境のもとで，どのような学生生活を送り，学生の側がどのような契約内容を享受するかは，基本的に学生の主体的選択に任され，4年間の在学によっても卒業要件に満たない学生については，在学期間を延長するということが行われる。この場合，在学年数を延長した学生にとっては，学卒者として社会に出るという目的実現のための教育サービスの供給過程が延長され，その対価として授業料の追加的支払を行うことになる。

このように継続的なサービスを対象とする契約においては，利用客は，ある契約効果の実現のために，一定期間のサービスを購入し享受するのであり，通常の場合にはサービス契約の単位は，ある契約内容の実現を想定した一定期間として定められ，サービス供給者は，その時点までに一定の契約内容が実現し利用客が満足して契約を終了することを目指すのであるが，契約内容から，必ずその時点までに実現されると保障されているわけではなく，サービス契約においては，このような不確定性が存在しているのである。

2 感情労働の特質

無定量性

さらにサービス労働は，サービス労働の対象の個別的属性や状態，その変化を反映した無定量なものとなる場合がある。このことはサービス提供そのものが契約内容とされる雇用や委任に限らず，サービスの成果が契約内容とされ，しかも品質が標準化される修理，クリーニング，メンテナンスなどの請負においてもそのようなことがおこる場合がある。例えば修理，メンテナンスの一種である家庭の庭木の手入れの場合，庭木の適切な形状変化が目的となるが，手入れされた状態の認定は，植木職人の属する流派によっても異なるであろうし，持ち主の趣味で決まるところがあり，必ずしもサービス労働そのものと，その結果としての庭木の具体的形状変化との間に照応関係がない。しかしながらその点については，契約の際の庭主と職人との間の合意によって，庭の手入れ内容が予め定められるのであり，注文された時点における庭の荒れ具合を見れば，手入れされた状態とされるためにどれだけの労働が必要とされるかは，当事者双方共に認識があり，また，庭に実際に手入れをしてみて，荒れ具合が思いの外ひどい等のことが判明した場合には，手入れ時間が延長され，追加の支払が行われることになろう。

またサービス労働の無定量性は，前述したとおり顧客の指示・介入等といった意向等を反映する場合もあり，この場合サービス労働は，顧客によるサービス労働への介入，支配によって引き起こされるのではなく，労働対象の個別的属性や状態とその変化や顧客の意向の個別性，そしてそれらの認識の不十分さ等を反映しているのである。例えば前述の庭の手入れの場合，顧客が常時指示・介入する場合があるが，これはサービス労働が実現すべき契約の結果についての注文主の意向を表明するものか，労働対象の現状に注意を喚起するものといえよう（仮に，サービス提供における技術的な問題や，労働強度の濃淡にかかわる事項に注文主が口を出すことが通常行われている場合には，顧客との間に雇用契約が存在する場合ということになろう）。

以上のように，サービスを対象もしくは不可欠とする契約は，そ

の内実が，顧客の要望する契約内容の実現に役立つ一定の労働の機能ないしは労働過程であり，主として労働の機能それ自体が契約の対象とされていることによって，サービス労働の内容が，供給者と顧客と労働対象との相関関係の中で規定されることになり，この場合感情管理が大きな役割をもち，サービス労働の不確定的・無定量的性格を不可避なものとするのである。

(3) サービスにおける「接客」活動と感情管理

このように，労務提供の対象が商品の製造販売等を目的とする製造業の場合，企業活動の中心は「非接客」活動である対物関係で占められ，自ずと組織／企業内の使用者（管理職）—労働者（労働者間を含む）の二者関係における感情管理が，後述するとおりいわば「統制」のツールとして機能することになるが，他方，組織／企業内における商品の販売，営業活動などのサービス業の場合，企業活動の中心が「接客」活動である対人関係で占められ，自ずと使用者（管理職）—労働者（労働者間を含む）—顧客の三者関係における感情労働が，「統制」のツールとして機能することになるのである[4]。

そこで以下には，従来触れられることのなかった「接客」活動における感情管理の役割／機能を検討することにしよう。

| 「接客」活動の特徴 | 組織／企業活動は前述したとおり，一般に接客活動と非接客活動から成り立っており，とりわけ顧客との間で展開される接客活動は対 |

---

[4] ここでいう「統制」は，一般に社会学，政治学で用いられる用語であり，「主として自発的な服従や同意を喚起することをとおして，個人の役割を一定の期待された型に合致させる過程」（L. クリーガ他（1968）川崎修他訳（1988）『権威と反抗』平凡社，3頁），「自らの意見を他人の行為に対して押しつける可能性」（M. ウェーバー（1921-22）世良晃志郎訳（1960）『支配の社会学I』創文社，5頁）などを意味しており，使用者—労働者間では，使用者の労働者に対する指揮命令がその典型であるが，使用者—労働者—顧客間においては，後述するとおり相互の間に相手方に影響を与えて，統制しようとする可能性を意味するといえよう。

象が直接は情報や物を介する場合でも生じることになる。例えば，前述したレストランの窓口労働者が行う接客サービス労働は，使用者―労働者―顧客の三者関係の中で展開され，顧客を労働対象とし，顧客との相互行為を通じて顧客にサービスを提供する労働であるが，ここでの相互行為は，顧客との対面のみではなく，電話やインターネットの声や文字での人との接触によるものも含まれることになる。

このように企業は，接客活動を通じて顧客に製品やサービスを購入させ，また保健，医療，学校なども同様に保育，医療，教育サービスを行うことになるが，資本制社会のもと，「消費者主権」などのスローガンのもとでかつてないほど立場を強くした顧客は，このような関係の中で，組織や企業が提供する多様なサービスに対し，礼儀正しくきめ細かで迅速な接客行為を要求する，いわば「やっかい」な存在となってきているのである（それが過激化する場合，今日いわゆる「モンスター・カスタマー」などと呼ばれて社会問題となっているといえよう）。これに対して，企業が接客行為を通してあからさまに顧客を自らの意図のもとに「操作」しようとすれば，顧客は反発することになり，そこで組織／企業は，「顧客中心（例えば病院の「患者様」など）」，「消費者主権」などのスローガンの下，接客行為の管理・支配権を持つのはあくまで顧客自身だという外観を顧客に与えつつ，顧客行動を自らの意図に従わせるように誘導しようとし，具体的にはこの面倒な接客行為を当該労働者に遂行させることになる。

すなわち接客労働過程には，製造業などの労働過程とは異なって，使用者（管理職）と労働者のほかに顧客がつけ加わり，しかもこれらの三者は，接客行為を中心に相互に自らの利益を追求して，他者の「統制」を求めているのである。

| 「接客」活動と「統制」 |

このような「接客」活動における「統制」関係は，多方面にわたるが，労働者に視点を据えると，第1に，労働者は顧客サービスを適切迅速に遂行することを，使用者から指揮命令という形で命ぜられ

て行動を統制され,第2に,それにもとづいて労働者は,使用者の履行補助者として顧客を統制しようとすることになるが,この場合,労働者は第1の観点のみならず,後述するとおり,労働者自身の仕事を効率化するという意味で,労働者自身にとっても利益になる行為を追求することになる点に注目する必要があろう。第3に,労働者はこの場合,使用者だけでなく顧客からも行動を統制される関係にある。何故ならば顧客は,労働者による高質で迅速なサービス提供を望むことから,ミスや手抜きによるサービスの劣化や遅滞を許さないように労働者の行動を常時監視するものだからである。この意味では労働者は客観的には,使用者のほかに顧客といういわば「追加的なボス」を持つことになり,顧客はどんなに友好的に見えようとも,いつ何時労働者に対して敵対的になるかもしれない可能性を秘めている点で,労働者にとって「潜在的脅威」をなすことにもなろう[5]。

このように三者関係における,相互の「統制」という観点でみた場合,感情労働の発揮は,第1,第3の観点からは労働者にとって負担となるが,第2の観点からは,顧客という「潜在的にやっかいなサービス受領者の行動を,労働者が統制しようと試みる」として顧客統制の手段となり,前述したとおり労働者に利益をもたらす行為でもある。すなわち感情労働の発揮が,顧客の中に適切な精神状態を生み出す場合,それ自体良質のサービス提供を意味することになり,またそれにより顧客行動の統制に役立つ場合,労働者の接客仕事を容易にして効率化し,労働者に現実的な利益を与えることになる[6]。

かくして接客の場面では労働者は,顧客を統制する立場にあると

---

[5] Linda Fuller and Vicki Smith "Consumers' Reports: Management by Customers in a Changing Economy", Work, Employment and Society, vol.5, no.1,1991, p.11; Susan P.Benson, "Counter Cultures: Saleswomen, Managers, and Customers in American Department Stores, 1890-1940" ,Urbana and Chicago: University of Illinois Press, p.258, 1986 など。

[6] Robin Leidner, "Emotional Labor in Service Work", The Annals of The American Academy of Political and Social Science, no.561, 1999, p.90.

同時に，顧客からも行動を統制されることになり，接客の場は，顧客を統制しようとする労働者と，労働者を統制しようとする顧客との利益が対立する場ということになろう。すなわち顧客は商品ばかりでなくサービスにも金を払っていると考え，例えばレジ係が間違った金額をレジに打ち込んで不当な代金を要求しないように，また精算のための待ち時間をできるだけ節約しようとして，レジ係の行動を監視することになろう。他方レジ係は，ジョークや会話で顧客に口をはさませないようにしたり（「引き入れ」），顧客のコメントなどをわざととぼけてはぐらかしたり（「無視」），顧客の不当な要求に対しては言葉やジェスチャーで伝えたり（「対応」）などの手段で，顧客の行動を統制しようとするのである[7]。

このように顧客と労働者との関係の中では，顧客に対する統制を強め，顧客からの統制を弱めてサービスを提供することが，労働者の利益になり，そのための手段として労働者の感情管理技術が問題とされる場合，この技術行使が有効に用いられたか否かが感情管理労働の妥当性を決めることになるのである。

「接客」活動と感情管理

こうして労働者―顧客の関係においては，感情管理技術を含む顧客統制技術が労働者の利益になることになり，労働者に職務満足を与える場合，労働者は企業の用意する感情管理技術に抵抗するのではなく，むしろこれを進んで受け入れる可能性が高くなり，使用者による労働者統制は成功することになろう。すなわち，接客労働過程では，顧客との対抗の中で労働者に顧客統制が必要となるために，使用者による労働者統制が成功するという関係が存在する。

この結果，第1に，労働者は顧客操作するために自己を操作することが職務につくための必要条件となり，管理者からの指揮命令に

---

(7) Anat Rafaeli, "When Cashiers Meet Customers: An Analysis of the Role of The Supermarket Cashier", Academy of Management Journal, vol.32, no.2, p.259-265.

はかかる条件が含まれることになり，第2に，感情労働の行使が利益をもたらすことから，労働者に否定的影響というよりは肯定的影響を与えて職務満足を生む可能性が高くなることになり，第3に，このようにして労働者が職務上の利益のために使用者の感情管理技術を受け入れる場合，使用者による労働者統制は成功することになる。

これらが示しているのは，接客サービス労働の増加と共に，労働者のいわば「意識されざる自己疎外」状態が広がるということである。「意識されざる自己疎外」状態とは，労働者自身の感情労働が，使用者（管理者）による顧客統制という，他人の（営利）目的のために，使用者（管理者）たる他人の指揮命令の下に行使され，労働者自身は自らにストレスを与えながら労務提供をしているにもかかわらず，自己の意識の中ではそれが顕在化せずに，あるいは少なくとも問題化せずに，むしろ労働者がこれらを積極的に受容している状況を意味する。

すなわち労働者にとっては，顧客サービスという客観的には使用者と顧客との利害が対立する場面において，使用者の履行補助者として，本来的にはストレスフルな労働提供を行っていながら，それを利益として自ら受け入れるというアンビバレントな状況に置かれ，しかも感情管理を含むサービス提供が不十分な場合には，当該商品を顧客が購入しなかったり，サービスにクレームがついたりすることにより，かえって労働者にストレスをもたらすことになる。さらにこれに加えて，労働者は成果主義賃金制度のもとで，成果を求めて無定量／無限定の労働提供が加わることにより，労働者の賃金，労働時間などの労働条件や，労働環境にさまざまな歪みをもたらすことになり，ここに労働過程における感情管理労働というテーマが提起する今日的問題であるといえよう。

すなわち本来の労働契約の履行に，さまざまな「ゆがみ」をもたらし，労働契約それ自体のみならず，サービス労働の現実の履行主体になる労働者の健康・安全や労働環境等にも，さまざまな「不安定要素」をもたらす大きな要因ともなっているのである。それはと

りわけ前述した接客／サービス労働における使用者―労働者―顧客間の特質である「統制」が，感情管理を「ツール」として成立し，それらがこのような労働に従事する労働者に対して，さまざまな影響を与えることになるのである。

(4) サービス／感情労働と労働契約

増幅される感情労働

サービスを対象もしくは不可欠とする契約は，前述したとおりその内実が，顧客の要望／ニーズの実現に役立つ一定の労働の機能ないしは労働過程であり，労働の成果ではなく労働の機能自体が契約の対象とされていることによって，サービス労働の内容が，供給者と顧客と労働対象との相関関係の中で規定されるという，サービス労働の不確定的性格を不可避なものとする。

ところで，使用者は雇用契約を締結することを通じて，賃金と交換に必要に応じて労働の履行を命令する権利を取得し，労働者は使用者の適法な命令に服従する義務を負担することになるが，この命令と服従の範囲は契約上明示的には特定されず，意図的に不完全なものとされている。即ち，雇用契約においては，使用者が労働者の質などに関する情報を収集するための費用が必要とされること，そして個々の労働者ごとに異なる雇用契約を締結していたのでは費用がかさむことになるから，こうした取引費用を節約し，定型的な意図的に不完全な契約を完全なものとするために，使用者の裁量による一方的命令権が与えられ，労働者はこれに服する従属関係を生み出すことになる。こうして，雇用契約はその本質において意図的に不完全にされ，またその不完全性は，懲戒権によって担保される使用者の裁量による指示・命令権を通じて完全なものとされるという意味において，権力関係こそが雇用契約の核心なのである。

(ii) かくしてこのような労働契約の本質は，サービス労働においてはとりわけ増幅されることになる。すなわち使用者は，労働者がサービス労働を提供している労働者に自律性と裁量を与えて，「自

然な」雰囲気の中で創造的なサービスを提供させる必要がでてくるのであり，例えば管理者はサービス労働者の感情労働を動員して接客活動をさせる場合，このような労働形態が不可欠となってこよう。

かくして，いわば「自己管理」型の労働形態が必然化してくるのであり，それはとりわけ，労働契約においては，労使の非対等な力関係（交渉力や情報の格差等に起因する）を反映した契約内容となり，またそれに伴う使用者の権力乱用が日常的な現象となってくるのである。具体的には，①「賃金」において，労働者が負う「労働に従事する」義務と，使用者が負う「報酬を支払う」義務との「対価性」の不明確化であり，それはとりわけ近時の成果主義，裁量労働制の導入等によって増幅され，また②「労働時間」において，従来からの長時間労働，サービス残業の蔓延や近時の規制緩和は，過労死（自殺）等労働者の健康・安全を増幅させ，さらには③「労働環境」においては，使用者等によるパワハラ・セクハラ等の違法不当な権限乱用等の発生などの労働環境の悪化を指摘できよう。以下にはこれを改めて論ずることにしよう。

❸ 感情労働と労働時間

(1) 労働時間の現状

感情労働の労働時間

前述したとおり産業構造が製造業からサービス業中心に変動する中で，労務提供の対象が，製造業における物を対象としたものから，サービス業などにおける，「接客」活動を中心とした人（顧客，ユーザー，クライアント）を対象としたものに重点が移ると共に，労務提供の形態も変化するようになってきたのである。すなわち労務提供の対象が，商品の製造販売等を目的とする製造業の場合，企業活動の中心は「非接客」活動である対物関係で占められ，自ずと組織／

企業内の使用者（管理職）―労働者の二者関係における感情管理が，「統制」のツールとして機能することになるが，他方組織／企業内における商品の販売，営業活動などのサービス業の場合，企業活動の中心が「接客」活動である対人関係で占められ，自ずと使用者（管理職）―労働者（労働者間を含む）―顧客の三者関係における感情労働が，「統制」のツールとして機能することになるのである[8]。

とりわけ顧客と労働者との関係の中では，顧客に対する統制を強め，顧客からの統制を弱めてサービスを提供することが，労働者の利益になり，そのための手段として労働者の感情管理技術が問題とされる場合，この技術行使が有効に用いられたか否かが感情管理労働の妥当性を決めることになるのである。この場合使用者は，サービス労働を提供している労働者に自律性と裁量を与えて，「自然な」雰囲気の中で創造的なサービスを提供させる必要がでてくるのであり，例えば管理者はサービス労働者の感情労働を動員して接客活動をさせる場合，このような労働形態が不可欠となってこよう。かくして，いわば「自己管理」型の労働形態が必然化してくるのである。

さらにまた，サービスを対象もしくは不可欠とする契約は，その内実が，顧客の要望する契約内容の実現に役立つ一定の労働の機能ないしは労働過程であり，主として労働の機能それ自体が契約の対象とされていることによって，サービス労働の内容が，供給者と顧客と労働対象との相関関係の中で規定されることになり，この場合感情管理が大きな役割をもち，サービス労働の不確定的性格を不可避なものとするのである。そしてこのようなサービス労働の持つ不確定／無定量性は，労働時間などの労働条件や，労働環境にさまざまな歪みをもたらすことになってくるのである。

「長時間」労働

ところで1980年代以降，多くの先進諸国では，従来の緩やかながらも着実な時短の流れが逆転し，労働時間が長くなりはじめたこと

---

(8) 前掲注(4)参照。

が指摘されている。グローバリゼーションの進展の中で、生産過程のみならず、あらゆる分野で国際的な競争が激化しており、とりわけ、感情管理が中心を占めるサービス部門ではこの傾向は顕著であり、例えばアメリカでは、オフショアと呼ばれる、ソフトウェア、コールセンター、会計、法務などいずれも感情管理・サービスが中心となっている業務の海外移転が問題となっている。

わが国は周知のとおり、もともと年間総実労働時間は主要先進国中最高であったところ（1985年、2,112時間）、1990年代を通して緩やかに減少傾向を辿りつつあったが（2002年、1,841時間）、2002年以降は正規社員（一般労働者）を中心に労働時間はむしろ増加し、それに伴って年間総実労働時間も1990年の2,044時間から2009年の1,777時間へと漸減傾向にあるものの、これは「労働時間が短い者の割合が上昇したことが主たる要因であり、一般労働者について2000時間前後で推移しており、依然として労働時間は短縮していない」（雇用政策研究会報告書、2010年7月）と指摘されている通りであり、先進諸国で最も長時間労働の国の一つであることに変わりはない（図表3-3）。

とりわけこの間の大企業を中心とした残業時間の増加が顕著であり、いわゆる「過労死ライン」と言われる週60時間以上働く男性正社員の割合を年齢別に見ると、15～19歳を除くすべての年齢層で2007年が2002年を上回り、25～44歳層では20％を超えるという異常事態となっている。

さらに、いわゆる「サービス残業」（不払残業）の著しい増加であり、それに伴って、労働基準監督署が使用者に対して残業代支払の是正をした件数も急増しており、2001年4月から2010年3月までの9年間に、100万円以上の割増賃金の是正指導を受けた企業数は1万1342社、是正支払金1663億3342万円、対象労働者132万1640人に達している（ちなみに1999年に、社会経済生産性本部は、「サービス残業」をなくせば約168万8000人の雇用が新たに生まれると分析していた）。

3 感情労働と労働時間

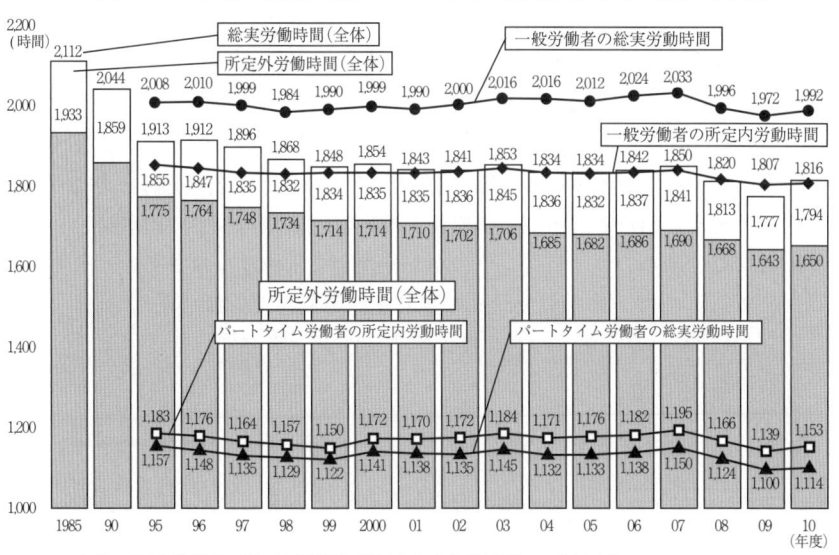

図表3-3 就業形態別労働者1人平均年間総実労働時間の推移（年度）

年度	総実労働時間(全体)	所定外労働時間(全体)	一般労働者の総実労働時間	一般労働者の所定内労働時間	パートタイム労働者の所定内労働時間	パートタイム労働者の総実労働時間
1985	2,112	1,933				
90	2,044	1,859				
95	2,008	1,913	1,855	1,775	1,183	1,157
96	2,010	1,912	1,847	1,764	1,176	1,148
97	1,999	1,896	1,835	1,748	1,164	1,135
98	1,984	1,868	1,832	1,734	1,157	1,129
99	1,990	1,848	1,834	1,714	1,150	1,122
2000	1,999	1,854	1,835	1,714	1,172	1,141
01	1,990	1,843	1,835	1,710	1,170	1,138
02	2,000	1,841	1,836	1,702	1,172	1,135
03	2,016	1,853	1,845	1,706	1,184	1,145
04	2,016	1,834	1,836	1,685	1,171	1,132
05	2,012	1,834	1,832	1,682	1,176	1,133
06	2,024	1,842	1,837	1,686	1,182	1,138
07	2,033	1,850	1,841	1,690	1,195	1,150
08	1,996	1,820	1,813	1,668	1,166	1,124
09	1,972	1,777	1,807	1,643	1,139	1,100
10	1,992	1,816	1,794	1,650	1,153	1,114

出所：厚生労働省「毎月勤労統計調査」（事業規模30人以上）

「長時間」労働の背景

このような傾向の背景には，この間の主として経営側による労働時間規制に対する撤廃（緩和）圧力があり，具体的には1987年以降の変形労働時間制導入や裁量労働制の一般労働者への拡大などの，いわゆる労働時間の「弾力化」を指摘できよう（もっとも変形労働時間制やみなし労働時間制の普及率は，後述するとおり前者で50％と比較的高いものの，後者では10％前後とわずかであり，これのみでは長時間労働を説明するものとはならない）。さらには後述する各種調査によれば，職場のマネジメントに関わるものも重要であり，具体的には職場における要員に比して仕事量が多く，とりわけ卸小売，飲食，営業販売等においては，無定量・不確実性の性格を有する感情管理・サービス労働従事にこの傾向が強くなり，しばしば語られる「手当を増やすため」とか「定時に帰るのが憚られる」などという労働

者個々人の事情よりは，仕事の責任と範囲の無定量，不確実性，異常なまでの業務量の多さや人手不足など，企業経営，マネジメントの現実に問題があり，この点が感情管理・サービス労働と深く関わっていることを指摘できよう。

したがって，今日問題となっている長時間労働や，それに伴うストレス等のメンタルヘルス問題解決は，労働時間の法的規制と共に，このような感情管理労働の無定量・不確実性に関わって，仕事量・人員など職場のマネジメント変革が課題となるべきなのである。そこで以下には，まず労働時間の現状を，労働時間規制の緩和（「弾力化」）の関連で述べたうえで，マネジメントの在り方を述べることにしよう。

(2) 労働時間の「弾力化」

「弾力化」の態様

労働時間規制についてみると，わが国の法制度は1日8時間，1週40時間労働の原則を採用し（労基法32条），管理監督者等の労働時間規制の適用除外労働者（同41条）を除くすべての労働者について，始業・終業時刻，法定労働時間，時間外労働などの法規制下に置き，かつ労働時間の厳格な計算を要求し，またいったん法定労働時間を超える労働が行われた場合には，その労働について割増賃金の規定（同37条）によって労働の長さに比例した賃金支払を要請してきた。しかしながら，20世紀後半における技術革新，サービス経済化，情報化などの中で，労働の遂行の仕方について労働者の裁量の幅（自由度）が大きく，その労働時間を一般労働者と同様に厳格に規制することが，業務遂行の実態や能力発揮の目的から見て不適切とされる専門的労働者が増加すると共に，製造業などのように連続操業や長時間勤務のための交代制労働をする企業や，サービス業などのように季節による業務の繁閑の波が大きく，所定労働時間を一定時間の中で不規則に配分する必要性が出てくるようになってきた。

さらに感情・サービス労働は前述したとおり，労働内容が不確定性／無定量性を持つことから，本来的に労働時間管理になじみづらい性質を内包しており，したがって使用者は，このような労働者に，自律性と裁量を与えて，「自然な」雰囲気の中で創造的なサービスを提供させる必要が出てくることになり，例えば管理者が，サービス労働者の感情労働を動員して接客活動をさせる場合には，自己管理型の労働時間として裁量性のある労働時間が必要となってくる。

このようにして今日さまざまな労働時間の「弾力化」が行われ，労働の量によってではなく，質ないし成果による報酬を支払うことが可能となっている。労働時間規制の「弾力化」は，主としていわゆるみなし労働時間（裁量労働）と変形労働時間の導入によって図られているが，普及率は後述するとおり，変形労働時間制は50％台後半と高いものの，みなし労働時間制は10％前半とわずかである。それにもかかわらずわが国が先進諸国の中で突出した長時間労働がなされているのは，前述したいわゆるサービス残業等を含む広範な事実上の残業の蔓延であり，ここにマネジメントの在り方が問題とされるゆえんがある。

> みなし労働
> 時　間　制

みなし労働時間制は，①事業場外労働，②専門業務型裁量労働，③企画業務型裁量労働の3種に大別されるが，このような労働時間制を採用している企業は，平成21年現在別表のとおり，全体では8.9％（前年10.5％）と1割以下にとどまっている[9]（図表3-4）。

---

(9) 種類別にみると①が7.5％（同8.8％）であるものの，②2.1％（同2.2％），③が1.0％（同0.9％）と低率である。また企業規模別にみると，1,000人以上が25.7％（同28.8％）と比較的採用度が高いが，300〜999人が19.2％（同20.1％），100〜299人が10.3％（同15.7％），30〜99人が7.2％（同7.8％）にとどまり，産業別では情報通信が23.9％と高いが，卸小売13.4％，金融・保険10.1％，不動産14.0％，学術研究12.6％，医療福祉6.9％，教育4.9％，他のサービス業5.9％といずれも低くなっている。さらに適用労働者数割合をみると，6.3％（前年7.9％）と1割以下にとどまっており，種類別にみても①が4.8％（同6.2％），②が1.1％（同1.3％），③が0.4％

図表3-4 みなし労働時間制の有無と種類別企業数割合（%）

年	採用企業	事業場外	専門業務	企画業務
2005	11.4	9.3	3.4	0.6
2006	10.6	8.8	2.8	0.7
2007	10.6	8.8	2.9	1.1
2008	10.5	8.8	2.2	0.9
2009	8.9	7.5	2.1	1.0

出所：厚労省「平成21年度就労条件総合調査結果」。

このように「みなし労働時間制」を採用する企業は，今日その必要性や手続上の煩瑣さなどから少数にとどまっているが，感情管理・サービス労働との関わりでは，後述するとおり問題をはらんでいるといえよう。

「事業場外」
みなし労働時間制

感情・サービス労働は，しばしば営業・販売業務などのために事業場外で勤務し，使用者の具体的な指揮監督が及ばず，労働時間を適切に算定できないことがあり，このような場合の時間管理手法として労働者が一定の労働時間労働したものとする「みなし」労働時間制度が設けられ，「労働時間を算定し難いとき」，原則として「所定労働時間労働したものとみなす」こととされるが，「当該業務を遂行するためには通常所定労働時間を超えて労働することが必要となる場合」には，「当該業務の遂行に通常必要とされる時間労働したものとみな」され，さらに，労使協定で取り決めがなされれば，その時間が「通常必要とされる時間」とみなされることになる（労基法38条の2。この場合の「みなし」労働時間は，「推定」とは異なることから，労働者が実際に所定時間あるいは「みなし時間」を超えて労働したことを証明しても，超過時間に対応する賃金を請求することはできない）。

（同0.5 %）と低率である（厚労省「平成21年度就労条件総合調査結果」より）。

このような「みなし」労働時間制は，従来，取材記者や外勤営業社員など，常態としての事業場外労働や，出張などの臨時的事業場外労働によって労働時間の算定が困難となる場合について，省令で規定されていたものを（改正前の労規則22条），昭和62年労基法改正の際に本則の中に整備したものであり，この制度が適用されるのは，あくまで労働時間の算定が困難である場合に限られ，事業場外の労働であっても，労働時間を管理する者がいたり，無線，ポケットベルなどで随時使用者の指示を受けながら労働していたり，事業場において，訪問先，帰社時刻など当日の業務の具体的指示を受けた後，事業場外で指示どおりに業務に従事し，その後事業場に戻る場合などは労働時間の管理が可能であり，みなし労働時間制度の適用はないとされ（昭63.1.1基発1号），その後携帯電話の普及などの中で，労働時間の算定が困難とされ，「みなし制」が適用される事情はほとんど考えられない状況となり，制度普及が進まない大きな要因となっていた。

新しい動向—テレワークの登場など

しかし近年インターネットや情報機器を中心としたIT技術革新により，デジタル機器類が家庭や職場を問わず広く社会に普及するにつれ，労働時間の全部または一部について自宅で業務に従事する勤務形態である，いわゆる在宅勤務を含むテレワークが，おりからのワーク・ライフ・バランスの拡大とも相俟って急速に普及するようになり，在宅勤務労働者は，例えば，アメリカの場合，月1回以上在宅勤務をする労働者は3800万人と全労働者の37%に達し（2009年），わが国でも約480万人と全労働者の約8.2%になっている（週8時間以上テレワークを実施している者，2005年）[10]。

---

[10] 全米家電協会（CEA）レポート2009年10月8日付「Telework and the Technologies Enabling Work Outside Corporate Walls」（http://news.cnet.com/8301-1001_3-10372001-92.html?Tag=mncol），国交省「平成17年度テレワーク実態調査（平成18年6月）」より。
　ちなみにテレワークの雇用形態としては，「在宅勤務」以外に，労働者

第3章　感情労働の法的分析

このような在宅勤務の広がりの中で，みなし労働時間との関連が当然に問題とされるようになり，これに応じて，厚労省は平成16年（その後平成20年に改訂）に「情報通信機器を活用した在宅勤務の適切な導入及び実施のためのガイドラインの策定について」（平16.3.5基発0305003号，平20.7.28基発0728001号）の通知を発出し，みなし労働時間との関連で，在宅勤務制度導入に際しての注意点や労働時間の判断基準を示すと共に，労働者の心身に配慮した適切な労務管理を行う旨行政指導を行った。

しかしながらその後もIT機器等を用いての事業場外労働が急速に進展している中で（特にモバイルワークなど），みなし労働時間制の適用があらためて問題とされるようになり，従来ほとんどなかった裁判例が登場するようになってきたのである。

判例の動向

裁判例では，従来はみなし労働時間制の適用が否定されるケースが大半であった。※

※例えば，書籍等の訪問販売会社の営業社員が，展覧会で絵画の展示販売をしたケースにつき，判決は「展覧会での展示販売は，業務に従事する場所及び時間が限定されており，被告会社の支店長等も業務場所に赴いているうえ，会場内での勤務は顧客への対応以外の時間も顧客の来訪に備えて待機しているもので休憩時間とは認められないこと等から，被告会社が営業社員らの労働時間を算定することが困難な場合とは到底言うことができ」ない旨判示してみなし労働時間制の適用を否定した（株式会社ほるぷ事件・東京地判平9.8.1労判722号62頁）。同様に営業社員全員に対し，タイムカードで出退勤管理をし携帯電話を持たせていたケースや（光和商事事件・大阪地判平14.7.19労判833号22頁），営業社員に対し，ＩＤカード及び就業状況月報などにより労働時間を把握管理していたケース（コ

が属する部署があるメインオフィスではなく，他の小規模なオフィス等で業務するいわゆる「サテライトオフィス勤務」，ノートパソコン，携帯電話等を活用して移動するいわゆる「モバイルワーク」などがあり，その他事業主と雇用関係のない請負契約等にもとづくいわゆる非雇用型の就労形態である「在宅就労」がある。

3 感情労働と労働時間

ミュニケーションズ事件・東京地判平 17.9.30 労経速 1916 号 11 頁),タイムシートを従業員に作成させ,実際の始業時刻や終業時刻を把握していた他,電子メール等での業務連絡をとっていたケースにつき(同事件では,移動時間,自宅での作業時間などいわゆる電子メール等を介したいわゆる「メール残業」についても,時間外労働手当の請求を認容したものとして注目に値する。ハイクリップス事件・大阪地判平 20.3.7 労判 971 号 72 頁),いずれもみなし労働時間制の適用を否定している[(11)]。

他方在宅勤務に関するケースで,保険に関する各種確認業務に従事する労働者が,会社から宅急便やメール等で送付された書類等の確認作業を,自宅及び確認先等で行っていたケースにつき,「その労働のほとんど全部が使用者の管理下になく,労働者の裁量の下にその自宅等で行われているのであるから」「一定の算定方法に基づき,概括的に報告書作成時間等を算定することにも合理性が存するといえ」るとして,みなし労働時間制の適用を認めたケースもある(日本インシュアランスサービス事件・東京地判平 21.2.16 労判 983 号 51 頁。もっとも同判決は,使用者の裁量を尊重するという手法をとっており,みなし労働時間制の適用を認めた事例か否か疑問があるともいえよう)。

また近年,旅行会社の添乗員に関するトラブルが増加しており,例えば 1 日の労働時間が,所定内 8 時間に加え,所定外 3 時間合計 11 時間のみなし労働時間制を採用している旅行会社の添乗員のケースで,「指示書等により,旅行主催者である会社から添乗員である一審原告に対し,旅程管理に関する具体的な業務指示がなされ,添乗員は,これに基づいて業務を遂行する義務を負い,携帯電話を所持して常時電源を入れておくように求められて,旅程管理上重要な問題が発生した時には,同社に報告し,個別の指示を受ける仕組みが整えられており,実際に遂行した業務内容について,添乗日誌に,出発地,出発時刻,到着時刻等を正確かつ詳細に記載して提出し報告することが義務付けられており,一審原告に対して同社の具体的

[(11)] かつては,自宅などに仕事を持ち帰って業務を行なうことを「風呂敷残業」とか「持ち帰り残業」等と呼んでいたが,近年,過労死等の認定において持ち帰り残業による負荷も含めて認定する例が見られる(札幌東労基署長〔北洋銀行〕事件・札幌高判平 20.2.28 労判 968 号 136 頁,国・中央労基署長〔大丸東京店〕事件・東京地判平 20.1.17 労判 961 号 68 頁等。その他に裁判例として,光学機械製造販売会社の取締役の心筋梗塞死について労働保険審査会裁決・平 20.7.30 判例集未登載等)。

第3章 感情労働の法的分析

な指揮監督が及んでいると認められ」,「添乗員は,実際にツアー参加者に対する説明,案内等の実作業に従事している時間はもちろん,実作業に従事していない時間であっても,ツアー参加者から質問,要望等があることが予想される状況下にある時間については,ツアー参加者からの質問,要望等に対応できるようにしていることが労働契約上求められているのであるから,そのような時間については,労働契約上の役務の提供を義務付けられているのであって,労働からの解放が保障されておらず,労基法上の労働時間に含まれると解するのが相当」とされている(阪急トラベルサポート事件・東京高判平 24.3.7 労経速 2138 号 3 頁,21 頁)(12)。

事業場外労働の問題点

営業,販売業務などのために事業場外で勤務する場合,前述したとおり主として顧客を対象とするサービス労働であることから,その内実は利用者/顧客の要望の実現に役立つ,一定の労働の機能ないしは労働過程であり,労働の成果と共に労働の機能自体が契約の対象とされており,さらにサービス労働の内容が,供給者と利用者の相関関係の中で規定さていることから,サービス労働の不確定的性格が増幅されることになる。またこのような形態のサービス労働は,その対象の個別的属性や状態,その変化を反映し,とりわけ,添乗業務に代表されるサービス労働等の場合は,前述したとおり顧客の指示・介入等といった意向等を反映して,無定量性が増大することになる。

さらに接客労働過程には,使用者(管理職)と労働者のほかに顧客がつけ加わり,しかもこれらの三者は,接客行為を中心に相互に自らの利益を追求して,他者の「統制」を求めているのである。こ

---

(12) 阪急トラベルサポート事件(2件)は,海外旅行及び海外・国内旅行の派遣添乗員の添乗業務のいずれについても「労働時間を算定し難いとき」に該当せず,事業場外労働のみなし制の適用はないとして,これを肯定した一審判決(東京地判平 22.7.2 労経速 2080 号,東京地判平 22.9.29 労経速 2089 号)を取り消したものである(同様に,国内旅行の派遣添乗員業務について「労働時間を算定し難いとき」に当たらないとして,みなし制の適用を否定した,東京地判平 22.5.11 労経速 2080 号及び東京高判平 23.9.14 労判 1036 号 14 頁がある)。

3 感情労働と労働時間

ここでの「統制」関係は，多方面にわたるが，前述したとおり労働者に視点を据えると，労働者は顧客サービスを適切迅速に遂行することを，使用者から指揮命令という形で命ぜられて行動を統制され，それにもとづいて労働者は，使用者の履行補助者として顧客を統制しようとすることになるが，この場合労働者は自身の仕事を効率化するという意味で，労働者自身にとっても利益になる行為を追求するだけでなく，顧客からも行動を統制される関係にある。何故ならば顧客は，労働者による良質で迅速なサービス提供を望むことから，ミスや手抜きによるサービスの劣化や遅滞を許さないように，労働者の行動を常時監視するものだからであり，この意味では労働者は客観的には，使用者のほかに顧客といういわば「追加的なボス」を持つことになり，顧客はどんなに友好的に見えようとも，いつ何時労働者に対して敵対的になるかもしれない（例えばいわゆる「モンスターカスタマー」など）可能性を秘めている点で，労働者にとって「潜在的脅威」をなすことにもなろう。

裁量労働制　裁量労働制は，業務の性質上その遂行の方法を大幅に労働者自身に委ねなければならないために，業務遂行の手段や時間配分の決定などに関して使用者が具体的指示をしなくとも，労働者は予め労使協定などで決定された時間を労働したものとみなされ，実際上労働者がそれを超えて労働しても，それに対応する割増賃金を請求することが出来ない（但し，週1日の休日は保障しなければならず，労働が深夜に及ぶ場合には，使用者は割増賃金の支払いを義務づけられ，休憩時間の規定も適用される）。

　裁量労働制の典型的なタイプでは，当該労働者たちが実際に労働する時間数を問題とせずに，当該事業場の所定労働時間だけ労働したものとみなし，所定外労働について割増賃金支払を不必要とするものなので，賃金面で労働者の不利益となる可能性があり，こうした弊害があるために，1987年の労基法改正で導入された裁量労

制の適用範囲は、専門的業務（専門業務型）に限定されていたが、成果主義賃金制度の採用などとも関係して、広い範囲で裁量労働制を導入したいという経営者の強い要求や、おりからの規制緩和の流れなどの中で、1998年労基法改正で新たな企画業務型が認められることになり、現在では以下に述べるとおり、導入要件を異にする2種類の裁量労働制が存在する。

> **2つのタイプ**

① **専門業務型** 専門業務型裁量労働制の対象となる業務は、「業務の性質上その遂行の方法を大幅に当該業務に従事する労働者の裁量にゆだねる必要があるため当該業務の遂行の手段及び時間配分の決定等に関し具体的な指示をすることが困難」な業務であり、省令で業務が列挙されている（労基法38条の3第1項、労基則24条の2の2第2項）[13]。

これらの業務に該当するものについては、労働者過半数代表との書面協定とそれの行政官庁への届け出という比較的簡単な手続によって、裁量労働制を導入することができ、これらの多くが感情管

---

[13] 昭和63年改正当初は、研究開発技術者、情報処理技術者、プロデューサー、ディレクター、デザイナーなど5つの専門的業務が通達で例示列挙されていたが、その後平成5年改正で業種が拡大され、今日では「中央労働基準審議会の議を経て厚労省大臣が指定する業務」として、コピーライターの業務、システムコンサルタント、インテリアコーディネーター、ゲーム用ソフトウェア開発、証券アナリスト、金融工学等を用いて行う金融商品開発、大学における教授研究、公認会計士、弁護士、建築士、不動産鑑定士、弁理士、税理士、中小企業診断士の各業務が指定されている（平9労告7号、平12.12.25労告120号、平14厚労告23号、平15厚労告354号）。

もっとも国公立大学の法人化に際して、大学教員の労働時間制度の整備が問題となったが、大学教員の勤務は定時勤務になじまないとして、教授研究の業務は専門業務型裁量労働のリストに追加された（平15.10.22基発1022004号により、講義、実習、実験棟の時間が法定労働時間またはみなし労働時間の短い方の時間のおおむね2分の1以下が条件）。しかし、大学教員の勤務は、講義や教授会出席などの拘束的勤務時間を含まざるを得ない点で、本来、裁量労働制とは適合しないものであり、立法的解決が必要であろう。

理・サービス労働に従事する者であるが，前述したとおり，「専門業務型」は，事業所で2.1%，労働者で1.1%に適用されているにすぎない（もっとも本社における労使協定の締結と届けはあるが，当該事業場での同協定の締結・届出がないとして，専門業務型裁量労働制の取扱いが認められなかったケースとして，ドワンゴ事件・京都地判平18.5.29労判920号57頁）。

② 「企画業務型」　企画業務型の裁量労働制は，「事業の運営に関する事項についての企画，立案，調査及び分析の業務であって，当該業務の性質上これを適切に遂行するにはその遂行の方法を大幅に労働者の裁量にゆだねる必要があるため，当該業務の遂行の手段及び時間配分の決定等に関し使用者が具体的な指示をしないこととする業務」（労基法38条の4第1項1号）に，「対象業務を適切に遂行するための知識，経験等を有する労働者」（同項2号）が就く場合に採用できるものとされている。これにもとづいて出された指針では，「3年ないし5年程度の業務経験」を判断指針とし，企画業務型裁量労働制の対象業務となり得る例として，経営企画，人事，労務，財務，経理，広報，営業，生産などを担当する部署において調査・分析，計画策定等をする業務を掲げているが（但し，対象業務となり得ない例としては，会議設営，人事記録・財務諸表・会計帳簿作成・保管，給与などの計算・支払，個別の営業活動などの作業，物品の買付け等の業務を掲げている），これらの調査・分析等には顧客や部外者，他の企業等との接触等が不可欠であり，大半の感情管理労働を含むホワイトカラー労働が，これらの適用業務に該当するものといえよう。

裁量労働制の問題点　感情・サービス労働は前述したとおり，労働内容が不確定性／無定量性を持つことから，労働時間管理になじまない性質を内包しており，このような労働時間制に適合的にみえる。しかしながらこのようなみなし制が妥当するためには，当該業務が高度に専門的ないし

企画的なものであって労働時間を拘束することが労働者の能力発揮の妨げとなること，したがって当該業務遂行については高度の自律性が保障されること，それら労働者グループが割増賃金不払を補ってあまりある経済的待遇を与えられること，当該職場で年次休暇がほぼ完全に消化されることなどが必要となり，とりわけ，裁量労働制は，創造的労働のための裁量性を本質とするものであり，対象労働者がどこで，何時間，どのように業務を遂行するかの自由（自律性）を有しなければならない。

たしかに，裁量労働制にあっては，業務遂行の手段や時間配分の決定は労働者自身に委ねられるが，最も重要な意味を持つ労働の量や期限は使用者によって決定されるので，命じられた労働が過大である場合，労働者は事実上長時間の労働を強いられ，しかも時間に見合った賃金は請求し得ないという事態が生じ，それは，8時間労働制の原則を無意味にするに等しい制度といわねばならない。また，伝統的にグループ作業が中心の日本企業において，個々の労働者が真に業務遂行の手段や時間配分について裁量をもち得るかどうかも問題となる。

特に前述したとおり企画業務型は，対象業務と対象労働者が，包括的な形で規定されていたことから，立法過程において，この制度はホワイトカラー労働者の広い層について，事実上8時間労働制を無意味にするのではないかとの危惧を呼び起こし，こうした懸念を考慮して，この裁量労働制を実施するためには，労使委員会の5分の4以上の多数による決議とそれの行政官庁への届け出が必要とされ，さらに裁量労働制で労働することについて労働者本人の同意が必要とされ，労働者の同意が得られない場合には，その労働者についてはみなし労働時間制は適用されないものとされた（使用者は実際の労働時間に即して割増賃金を支払う義務を負う）。

一部の論者達はこのような厳格な要件の結果，企画業務型裁量労働制が普及しない一因となっていると主張し，また経団連も2010年以降政府に提出した「規制改革要望」の中で，同様の趣旨から裁

量労働制の拡大を雇用・労働分野の第1に挙げているが，こうした要件は，一見したほど厳格ではなく，特に労使委員会では，使用者委員は通常は使用者提案に賛成すると考えられるので，5分の4以上の賛成とは，労働者委員の間での過半数の賛成を確保し得る基準にすぎないのである[14]。

しかしながら実際には，前述したとおり一定額の手当の支給によって処理され，残業代との関わりが問題となってこよう。特に感情管理・サービス労働は前述したとおり，労働内容が不確定性／無定量性を持つことから，このような危惧はより切実なものである。とりわけ裁量労働制は，成果主義賃金制度とセットで導入された場合，残業代の一部不払いとなるいわゆる「サービス残業」の温床となり，例えば大手企業である三菱電気（2009年3月現在連結で10万6600人，子会社147社7万8124人）では，2004年4月に裁量労働制導入後，「裁量手当」として月残業35時間相当分である12万5千円程度が支払われているものの，該当者の平均残業が月80時間となっており，その結果事実上半分以上の残業代が支払われない，いわゆる「サービス残業」ということになる。さらに三菱電気労組の2005年調査によると「1週間の平均的な終業時間」は開発設計部門では「21～22時」が41.4%，「22時以降分」が26%と，7割近くの者が21時以降に退社しており，長時間労働が常態化し，その結果としてメンタルヘルス疾患が年々増加し，2006年度には全社員

[14] 日本経団連は，2010年，2011年政府に対し規制改革要望をしており，その中で雇用・労働分野では，「9-(1)企画業務型裁量労働制に関する対象業務・労働者の拡大」として，「①『事業の運営に関する事項についての企画，立案，調査及び分析の業務』という業務制限を原則撤廃し，労使委員会で決議した業務であれば同制度を適用できるようにすべきである。②平12.1.1基発1号，平15.12.26基発1226002号により『対象労働者は，対象業務に常態として従事していることが原則であること』とされているが，『常態として』を『主として』に改め，一部定型業務を行っていても大部分を裁量的業務に従事していれば同制度の対象として認めるべきである。」とし，「9-(2)」手続の見直し・簡素化」として，「①労使委員会決議の内容が同一であれば企業単位での一括届出を認めるべきである。②労働基準監督署長への定期報告書の届出義務を廃止すべきである。」と主張している。

傷病欠勤日数約3万7千日の5割以上を占めるに至っているのである[15]。

裁判例においては，労働時間の管理を受けず高額の報酬（基本給と業績賞与等）を得て自己裁量で働く専門的労働者について，時間外労働手当は基本給の中に含まれているので別個の請求はできないとしたものがあるが（モルガン・スタンレー・ジャパン事件・東京地判平17.10.19労判905号5頁），これは実質的には自己管理型労働者に関する時間外労働規制の適用除外を先取りした判断といえ，極めて問題の多いものであった。

裁量労働制は，労働時間のみなし制であって，適用除外ではなく，休日や深夜労働の規制は適用されるので，これらの日・時間に該当する労働については割増賃金の支払義務が生じる。この制度の下では，使用者は労働者の出退勤時刻を拘束することはできないが，それを把握しておくことは不可欠なのである。産業社会の高度化・情報化のなかで，知的業務に従事する労働者が十分に能力発揮するためには，現在のみなし制を自律的働き方により適合的な適用除外制度に再編成する課題が生じている。しかしながら，労働者の心身の健康問題や仕事と生活の調和が強く意識されている現況では，まず節度のない長時間労働の蔓延をなくすことが前提条件となろう。

このように裁量労働制が現実に適用される労働の大半は，いわゆるホワイトカラー層に及んでおり，前述した事業場外労働の問題点の多くがそのまま妥当することになろう。すなわち裁量労働にあっては，業務遂行の手段や時間配分の決定は労働者自身に委ねられるが，最も重要な意味を持つ労働量や期限が使用者によって決定され，その結果として，労働の不確定性／無定量性が増幅され，ここでは，使用者（若しくは使用者を介しての顧客）からの「統制」がより一層厳しいものとなろう。

何故ならば一般に裁量労働においても，顧客に対する商品やサー

---

[15] 「経済」2010年7月号37頁。

ビスの供給と関係した職務遂行であることが多く，この場合当該労働者の労働過程では，使用者（管理職）と労働者のほかに顧客がつけ加わり，しかもこれらの三者は，相互に自らの利益を追求して，他者の「統制」を求めているのである。このような「統制」関係は，多方面にわたるが，労働者に視点を据えると，前述した通り，労働者は労務提供を適切迅速に遂行することを，使用者から指揮命令という形で命ぜられて行動を統制され，それにもとづいて労働者は，使用者の履行補助者として顧客を統制しようとすることになるが，この場合労働者は労働者自身の仕事を効率化するという意味で，自身にとっても利益になる行為を追求するだけでなく，顧客からも行動を統制される関係にある。前述した通り顧客は，労働者による良質で迅速なサービス提供を望むことから，ミスや手抜きによるサービスの劣化や遅滞を許さないように労働者の行動を常時監視するものであり，この意味では労働者は客観的には，使用者のほかに顧客といういわば「追加的なボス」を持つことになり，顧客はどんなに友好的に見えようとも，いつ何時労働者に対して敵対的になるかもしれない可能性を秘めている点で，労働者にとって「潜在的脅威」をなすことにもなろう。

　このような使用者─労働者─顧客間の特質である「統制」が，感情管理を「ツール」として成立し，それらがこのような労働に従事する労働者に対して，さまざまな影響を与えることになるのであり，その結果として，本来の労働契約の履行に，さまざまな「ゆがみ」をもたらし，サービス労働の現実の履行主体である労働者の健康・安全や労働環境等にも，さまざまな「不安定要素」をもたらす大きな要因ともなっているのである。

変形労働時間制　変形労働時間制は，繁忙時に法定労働時間を超えて労働させても，閑散時に法定労働時間を下まわる時間労働させることによって，一定期間の平均労働時間が1週40時間の枠内におさまっている限り

図表3-5 変形労働時間制の有無と種類別企業数（%）

年	採用企業			
		1年単位	1カ月単位	フレックス
2005	55.7	36.4	15.3	6.8
2006	58.5	39.5	15.2	6.3
2007	55.9	38.4	13.6	6.2
2008	52.9	35.8	14.4	4.9
2009	54.2	35.6	15.5	6.1

出所：厚労省「平成21年就労条件総合調査結果」より

労基法違反とみなさないというものである。週40時間制への段階的移行を規定した昭和62年の労基法改正は、サービス化と時間短縮に対応する法定労働時間の弾力化として、従来、4週間単位のものしかなかった変形労働時間制を、企業経営上の便宜を考慮して、1カ月、3カ月、1週間単位の3種類に増加させ、さらに、平成5年改正では、1年単位の変形労働時間制を追加した。変形労働時間制においても、1日、1週の始・終業時刻は予め決めておくことが必要であり、一旦各日の労働時間が決められた後に、予定された労働時間を超えて労働させる必要が生じた場合には、36協定などの法定の要件を充足したうえで労働させ、時間外割増賃金を支払うことが必要である。

変形労働時間制は、労働者に生活の不規則化、収入の減少（従来の時間外労働が法定時間内労働となり、労働者はその分の割増賃金を請求し得なくなる）など、さまざまな影響をもたらすことから、1カ月単位を除く変形制については、労使協定の締結などの要件が定められ、また、育児・介護を行う者、職業訓練または教育を受ける者、その他特別の配慮を要する者については、育児等に必要な時間を確保できるように配慮する義務が使用者に課されている（労基則12条の6。労基法が適用される公務員のうち、非現業の地方公務員については、労使協定を必要とする変形労働時間制は適用されず、1カ月単位の変形労働時間制だけが可能である）。

変形労働時間制は、ⓐ1年単位、ⓑ1カ月単位、ⓒフレックスタ

イム制などがあり，このような時間制を採用している企業は，平成21年現在，全体では54.2％（前年52.9％）と約半数に達し，種類別にみるとⓐが35.6％（同35.8％），ⓑが15.5％（同14.4％），ⓒが6.1％（同4.9％）となっており，1年単位が比較的多く採用されている（図表3-5）。変形労働時間制もまた，感情管理・サービス労働との関わりでは，後述するとおり大きな問題をはんらんでいる[16]。

いくつかのタイプ

変形制のタイプとしては次のようなものがある。

① **1カ月単位** 1カ月を単位とする変形労働時間制については，使用者は，就業規則の作成義務がある場合にはそれによって，それ以外の場合には就業規則に準ずる規則によって，予め各日の労働時間を定めておけばよい（労基法32条の2）。変形労働時間制をとる場合でも，各日の始・終業時刻が予め特定されるのが原則であるが，臨時の必要があれば，労基法36条の手続をとり，かつ法律所定の割増賃金を支払うことを条件として，労働時間を延長することは可能である。こうした手続によって，1カ月以内の期間を平均して1週あたりの労働時間が40時間を超えない範囲で所定労働時間を定めた場合には，その期間内のある週について40時間，また期間内のある日について8時間を超えて労働させることができる。こうした限度時間内である限り，1日あるいは1週の労働時間は制限されず24時間勤務も可能であり，現に警備員やタクシー運転手などについてしばしばみられる。

---

[16] 企業規模別にみると，1,000人以上が74.0％（同74.8％）300人～999人が65.8％（同64.5％），100～299人が57.2％（同59.1％），30～99人が51.9％（同49.7％）と企業規模が大きいほど変形労働時間制を採用する企業が多く，産業別にみると，鉱業が78.9％（同67.5％）で最も高く，次いで電気・ガス66％，運輸郵便65.8％，建設63.2％，教育61％，製造56.2％，生活・娯楽54.9％，卸小売54.7％，情報通信44％，宿泊飲食48％，学術研究43％，医療福祉38％，その他サービス業40.9％となっている。さらに適用労働者数割合をみると，49.5％（前年49.3％）で，種類別にみると，ⓐは24.1％（同24.4％），ⓑは16.8％（同17.9％），ⓒは8.5％（7.0％）となっている（注(9)同資料）。

第3章 感情労働の法的分析

　感情（管理）労働が不確定性／無定量性という性質を有していることから，後述するとおり，このような変形制は長時間労働の温床となるだけでなく，ワーク・ライフ・バランスとの関連でも問題をはらむものである。

　②　**1年単位**　　季節ごとに繁閑の差が生じる業種では，1カ月単位の変形制では対応できないので，1年までの期間を単位とする変形労働時間制が認められている（労基法32条の4）。つまり，1年までの単位期間においてその間の平均週労働時間が40時間を超えなければ，各日，各週に8時間あるいは40時間を超える時間についても時間外労働とみなさないという制度である。しかし，変形の単位期間が長くなると共に，労働者に一層大きな不利益が及ぼされるおそれがあるので，使用者の一方的な意思でこの変形制を導入することはできないものとされ，労基法は，この変形労働時間制については，1カ月単位変形制にはない制約を設け，使用者は，1年単位変形時間制を導入するためには，書面による労使協定に法律が要求する一定の事項を定めたうえで，それを労働基準監督署に届け出ることが必要とされる（労基法32条の4。単位期間内の労働日数の限度，1日および1週の限度時間，単位期間中に連続して労働させる日数の限度が施行規則で定められている）。

　1年単位変形制は，1カ月や1週単位の使い勝手の悪さから使用者側の強い要請により採用された制度であり，採用している企業もそれを反映して，変形制の中では最も多く（前記調査は24.1%），他方ではとりわけ繁忙期における長時間労働が増加することになり，感情労働に従事する生活・健康に対する影響が問題となってくる。

　③　**1週間単位**　　日ごとの業務に著しい繁閑の差が生じる小売業，旅館，飲食店などで，小規模のもの（常時使用する労働者が30人未満）は，就業規則などによって予め労働時間を特定しておくのが困難なことがあり得るので，こうした事業場の便宜のために，1週間単位の非定型の変形制が定められている（労基法32条の5）。こ

の変形制の特徴は、使用者が、予め各日の労働時間を確定しておくのではなく、前の週の最後の日までに次の週の各日の労働時間を労働者に書面で通知すればよいという点にあり、しかも、「緊急やむをえない事情がある場合」には、予め通知した労働時間を変更することも可能とされており（昭63.1.1基発1号）、1日の労働時間の限度は10時間であり（32条の5第1項）、そのために「非定型」の変形労働時間制と呼ばれ、労使協定の締結と労働基準監督署への届出が必要である。

④ **フレックスタイム制**　フレックスタイム制は、労働時間を一定時間の総労働時間によって規制しようとする点で変形労働時間制と共通しているが、変形労働時間制では労働日の始・終業時刻が予め規則や協定で決定されるのに対して、フレックスタイム制は、それぞれの日の始・終業時刻を労働者自身がその都度決定できる点に特徴があり、制度の趣旨どおりに運用されれば、「時間主権」の考え方を最もよく反映し得る労働時間制となる。使用者は、この制度のもとでは、始業もしくは終業の時刻を労働者に指示することはできないが、すべての労働者が職場にいるべき時間帯（コアタイム）を定めておくことは可能であり、実際にもコアタイムを定めている例が多い（たとえば午前10時から午後3時）。

フレックスタイム制は、1987年の労基法改正で初めて認められ、労働者過半数代表との労使協定によって、1カ月以内の一定期間（清算期間）の週平均労働時間が40時間以内であれば、ある週、ある日に法定労働時間を超えて労働させることができる（32条の3。尚協定を監督署に届けることは要求されていない）。具体的な実施形態としては、1日の一定時間をコアタイムとして出勤を義務づけ、出退勤については労働者の自由に委ねるという標準型から、コアタイムも設定しない完全フレキシブル型までさまざまな形態があり得るが、法が予定するフレックスタイム制は、あくまで労働者が始・終業時刻の決定権を持つことを前提としているので、予め出退勤時刻の届

出や上司によるその承認を要するとしたり，業務上の必要があっても，使用者が特定の日の出勤時刻や退勤時刻を指定することは許されず，そうした業務命令は無効となる。フレックスタイム制については，後述するとおり，ワーク・ライフ・バランスとの関連で問題をはらむものである。

変形労働時間制の問題点

前述の調査でも，感情管理労働が多くを占める教育，医療福祉，卸小売，宿泊飲食などのサービス業では，いずれも約半数の企業が採用し，使い勝手がよいとされている1年単位の変形労働時間制が比較的多く採用されている。しかしながら前述したとおり変形労働時間制は，労働者に生活の不規則化のみならず，収入の不安定化をもたらすものであり，このことは，労働内容が不確定性／無定量性を持つ感情管理労働においては一層増幅されて現れることになり，これらの労働に従事する労働者の生活維持・健康の確保がより大きな課題となってくるのである。

裁判例でも近年，変形労働時間制の杜撰な運用が問題とされるようになってきており，例えば，業務の都合により4週間または1カ月を通して1週間平均38時間以内の範囲内で就業させることがある旨の規定では，期間内の労働日の労働時間の始業，終業時刻を特定したことにならないとされたケースや（大星ビル管理事件・最一小判平14.2.28民集56巻2号361頁），就業規則または労使協定上は変型労働時間制の基本内容と勤務割の作成手続を定めるだけで，具体的な労働時間は使用者が任意に定める制度は違法とされたケース（岩手第一事件・仙台高判平13.8.29労判810号11頁），1カ月単位の変形労働時間を採用しているスパゲティ店が，アルバイトに対して半月ごとのシフト表しか作成せず，事前に勤務日や勤務時間を定めずに就労させていたケースについて，「労基法に従った変形労働時間制の要件を導入遵守して」いないとして，残業代支払を命じたケースなどがある（日本レストランシステム事件・東京地判平22.4.7労判

3 感情労働と労働時間

1002 号 85 頁)。

また行政解釈では,一旦特定された労働時間を変更することは原則として許されないものの,予定した業務の大幅な変動等の例外的限定的な事由にもとづく場合は変更が許されるものとされているが,その場合については,変更の予測が可能な程度に具体的事由を予め定めておく必要があるとされており(昭 63.1.1 基発 1 号,平 3.1.1 基発 1 号,平 6.3.31 基発 181 号),裁判例でも,「業務上の必要ある場合」などの規定は,あまりに包括的で労働者からみて如何なる場合に変更が行われるか予測ができないものであり,それにもとづく変更命令は無効とされたケースがある(JR 東日本(横浜土木技術センター)事件・東京地判平 12.4.27 労判 782 号 6 頁,JR 西日本(広島支社)事件広島高判平 14.6.25 労判 835 号 43 頁)。

このようにサービス労働において広範にみられる変形労働時間制は,労働内容が不確定性/無定量性を持つ感情管理労働において一層増幅されることになり,また前述のとおり,感情労働が「統制」ツールとして機能し,それらがこのような労働に従事する労働者に対して,さまざまな影響を与えることになる。その結果として,本来の労働契約の履行にさまざまな「ゆがみ」をもたらし,サービス労働の現実の履行主体である労働者に対して,健康・安全や労働環境等にも,さまざまな「不安定要素」をもたらす大きな要因となっているのである[17]。

---

(17) ちなみにホワイトカラー労働者の労働時間については,経営者から規制緩和を要求する声が強い。彼らについては時間管理が難しく,賃金は時間ではなく成果で計算するのが合理的であるのに,現行法では,労働時間規制の適用が除外される「管理監督者」の範囲があまりに狭く,また専門業務型および企画業務型の裁量労働制は適用条件が厳しすぎるので,管理職前のホワイトカラー労働者について,アメリカのホワイトカラー・エグゼンプション制度(一定範囲のホワイトカラー労働者について連邦公正労働基準法による時間外割増賃金支払義務を適用しないとする制度)にならった,新たな適用除外制度を導入すべきだというのである。しかし,すでにホワイトカラー労働者の長時間労働が深刻な問題となっている状況のもとで,こうした新たな制度を導入し,もしくは裁量労働制の要件を緩和する

第3章 感情労働の法的分析

「管理職」問題

人が組織／企業において仕事をする場合，一般に労働契約に従って職務に従事することになり，この場合労働契約上特定された業務・態様で，所定の場所・勤務条件（労働時間，休憩時間，休日，休暇等）・服務規律・企業秩序に従い，使用者の指揮監督下で就労する義務を負うことになる。他方，使用者は，労働契約によって，労働力の処分権（広義の人事権）を取得し，この権限にもとづいて具体的な労務の遂行を指示し（業務命令権），指揮監督することになるが，この具体的な権限行使は一般に，使用者の履行補助者である管理監督権を有する地位にある者によってなされることになり，前述した使用者―労働者，労働者―顧客，労働者―労働者に属しているさまざまな関係において，感情管理労働に大きな役割を占めることになる。

管理監督者とは

ところでこのような使用者の具体的権限行使の履行補助者である「管理監督者」の定義について，わが国の実定法規には特段の定めがないことから，これまで解釈に委ねられてきており，行政解釈は労基法の労働時間等の法規から適用排除されている「監督もしくは管理の地位にある者」について，一貫して，労働条件の決定その他労務管理について経営者と一体の立場にある者の意であり，名称にとらわれず実態に即した判断をすべきとしてきた（昭 22.9.13 発基 17 号，昭 63.3.14 基発 150 号）。要するに，(ア)経営者と一体となって重要

ことは，ホワイトカラー労働者に一層の長時間労働を強いる結果となる可能性が高い。管理監督者以外のホワイトカラー労働者については，基本的には定時勤務制もしくはフレックスタイム制を適用すべきであり，仕事の管理の在り方は，労働時間制度とは別個に考慮すべきものといえよう。また感情管理労働が不確定性／無定量性という性質を有していることから，ホワイトカラー・エグゼンプションが長時間労働の温床となるだけでなく，ワーク・ライフ・バランスとの関連でも問題をはらむものである。

ホワイトカラー・エグゼンプションに関しては，例えば JILPT 編『諸外国のホワイトカラー労働者に係る労働時間法制に関する調査研究』労働政策研究報告書 No.36（2005 年），連合編『アメリカホワイトカラー・エグゼンプション調査団報告書』（2005 年）参照。

な職務と責任を担う職制上の役付者であること，(イ)労働時間の始期・終期や休日をとるかどうかを自己決定できること，(ウ)地位にふさわしい賃金などの待遇を受けていること，の3つの要件が充足された場合にはじめて「管理監督者」と認められることになる。すなわち「管理監督者」とは，事業主に代わって労務管理を行う地位にあり，労働者の労働時間を決定し，労働時間に従った労働者の作業を監督する者であり，このような者は，労働時間の管理・監督権限の帰結として，自らの労働時間は自らの裁量で律することができ，かつ管理・監督者の地位に応じた高い待遇を受けるので，労働時間の規制を適用するのが不適当とされたと考えられる[18]。

このように，管理監督者に該当するかどうかの判断について，行政解釈は比較的厳格であるといえるが，現実には，職責，時間管理，待遇などの実態を無視して，課長以上の者や店長などを機械的に41条該当者として扱い，長時間労働に対しても割増賃金を支払わない事例が多く見られ，この問題をめぐっては，従来から多くの裁判が提起されてきた[19]。

---

[18] ちなみに行政解釈（昭52.2.28基発104号の2，105号）は，都市銀行などの金融機関について，管理監督者とは，①取締役など役員を兼務するもの，②支店長，事務所長など事業所の長，③本部などで経営者に直属する組織の長，④本部の課またはこれに準ずる組織の長，などとする。

[19] 例えば通常の就業時間に拘束されて出退勤の自由がなく，また，部下の人事や考課に関与せず，銀行の機密事項にも関与せず，経営者と一体となって銀行経営を左右する仕事に携わることもない銀行の支店長代理（静岡銀行事件・静岡地判昭53.3.28労民集29巻3号273頁），時間管理を受けているファミリー・レストランの店長やカラオケ店の店長（ファミリー・レストランの店長につき，レストラン「ビュッフェ」事件・大阪地判平13.3.26労判810号41頁，シン・コーポレーション事件・大阪地判平21.6.12労判988号28頁），さらに，自己を含む料理人の勤務割を決定していたホテルの料理長（セントラル・パーク事件・岡山地判平19.3.27労判941号23頁）などのケースは，いずれも労務管理上の権限が不十分であり出退勤の自由もないとして「管理監督者」ではないとされ，管理監督者であると判断された例は，看護婦の募集業務に従事していた医療法人の人事第二課長（徳州会事件・大阪地判昭62.3.31労判497号65頁），総務，経理，人事，財務の全般にわたって管理的業務を行う総務局次長（日本プレジデントクラブ事件・東京地判昭63.4.27労判517号18頁）などわずかにすぎない。

第3章　感情労働の法的分析

> 「名ばかり管理職」問題

　行政解釈，判例と共に管理監督者の範囲の判断については比較的厳格であるといえるが，現実には前述のとおり，課長以上の者や店長などを機械的に 41 条該当者として扱い，長時間労働に対しても割増賃金を支払わない事例が多く見られ，近年いわゆる「名ばかり管理職」として大きな社会問題となってきている。いわゆる「名ばかり管理職」が社会問題化する契機となったのは，ファーストフード・チェーン店の店長が，アルバイト従業員（クルー）の採用，時給額，勤務シフト等の決定を含む労務管理や店舗管理を行い，自己の勤務スケジュールも決定しているものの，営業時間，商品の種類と価格，仕入れ先などについては本社の方針に従わなければならず，企業全体の経営方針へも関与していないとして，「管理監督者」とは認められないとされたケースである（日本マクドナルド事件・東京地判平 20.1.28 労判 953 号 10 頁）。

　これを受けて厚労省は，2008 年 9 月 9 日，「多店舗展開する小売業，飲食業等の店舗における管理監督者の範囲の適正化について」（基発 0909001），2008 年 10 月 3 日，「多店舗展開する小売業，飲食業等の店舗における管理監督者の範囲の適正化を図るための周知に当たって留意すべき事項について」（基発 1003001）という通達を相次いで発出し，管理監督者について，「職務内容，責任と権限」，「勤務態様」及び「賃金等の待遇」の実態を踏まえ，労務管理について経営者と一体的な立場にあるか否かを慎重に判断するべきものであることを示している[20]。

---

[20]　もっとも管理監督者の定義に関して，「経営者と一体の立場にある者」，「事業主の経営に関する決定に参画する者」をめぐっては，企業全体の運営への関与という客観的に理解する立場と企業組織の部分の運営の関与という主観的に理解する立場があり，最近①職務内容が少なくともある部門全体の統括的な立場にあること，②部下に対する労務管理上の決定権限等につき一定の裁量権を有し，人事考課・機密事項に接していること，③管理職手当などで時間外手当てが支給されないことを十分に補っていること，④自己の出退勤を自ら決定する権限があることという判断基準を提示し，後者の立場を示す裁判例（ゲートウェイ 21 事件・東京地判平 20.9.30 労判

このように，ファーストフード・チェーン店の店長等に典型的にみられるサービス産業の管理職は，いわば「接客」活動と非接客活動の接客に位置づけられ，顧客へのサービスと労働者の管理監督という二重の意味で，使用者の履行補助者の役割を担い，感情管理労働のいわばキーパーソンに位置づけられる者であり，労働条件，環境にはとりわけ慎重な配慮が必要とされているのである。

このように一般に「管理職」といわれる労働者は，とりわけサービス業においては，使用者—従業員—顧客の関係の中間に位置し，従業員に対しては使用者の履行補助者として管理監督しつつ，顧客に対しては従業員としての職務を履行することから，感情管理労働の問題点が一層増幅されて表れることになるのである。

すなわち感情管理労働においては，適切なマネジメントを誤ると，労働者自身に対してストレスを及ぼすだけではなく，かえって顧客に対して不快な感情を与え，例えば丁寧さが顧客に対して慇懃無礼なものと受けとめられたり，率直さが粗野なものと受けとめられたりすることになり，サービス提供が効果を発揮しないばかりか，反対にトラブルを発生させることにもつながるといえよう。特に対人サービス労働の職務においては，いわば労働者のサービス提供と顧客の購入活動が同時性を帯びると共に，顧客が労働者の労働時間を共有するという特徴を有しており，そこでは，労働者の労務提供は必然的に一回性となり，したがって労働者が顧客の感情管理を怠ったことによるトラブルは，サービス提供においては致命的となり，労働者は労務提供において絶えずストレスにさらされることになろう。

977号74頁。尚東和システム事件・東京地判平21.3.9労判981号21頁）が登場しており，今後の動向が注目される。

(3) ジェンダー／ワーク・ライフ・バランス

「ジェンダー」と 雇 用

このように，経済構造が製造業からサービス業中心に変動する中で，20世紀後半から女性の職場進出が急展開するようになり，とりわけサービス労働の担い手としての女性が大きな比率を占めるようになってきており，わが国では2010年現在の女性雇用者数は，2329万人と雇用者総数の42.6％を占め，過去最多となっている（うち「正規」は1046万人，「非正規」は1283万人である。内閣府「男女共同参画白書」2011年版）。例えば前述したとおり，保育所，医院，学校での保育，医療，教育活動などでは，従来から相当部分が女性で占められてきていたが，今日ではデパートやスーパー，ファーストフードやレストランなど，主として接客活動の主要部分にかぎらず，製造業の部門にも女性が進出するようになり，それに伴って企業内において，使用者の履行補助者として，一般従業員を監理監督する立場の女性も増加しつつある。

このようないわば「雇用の女性化」は，本稿のテーマである感情労働の広がりと軌を一つにしたものなのである。即ち，感情労働は対人サービス労働の中核を占めるものであり，しかもこのような対人サービス労働の担い手が，前述したとおり歴史的に女性労働者によって担われてきており，それが社会構造の変化に伴って全産業に広がる中で，感情労働の担い手としての女性労働の役割も注目を集めるようになってきたのである。

しかしながらこのような女性達が，今日まで社会的文化的性差としてのいわゆるジェンダー格差問題に苦しめられたのは周知の通りであり，雇用の現場においても，従来からさまざまな形態の差別を受けてきているが，その中でも今日とりわけ男女間の賃金格差が大きな問題となっているといえよう。男女の賃金格差は，女性一般労働者の場合，男性の69.3（男性＝100とした場合の女性の給与額）であり，短時間労働者についてみると，男性54.7，女性49.5と非常

に低い水準にとどまっている。また民間企業における女性管理職（役員を含む）の割合は，係長相当職で13.7%，課長相当職で7.0%，部長相当職で4.2%と，依然として低い水準にとどまっており，更に正規・非正規の雇用形態による賃金・労働条件の違いは，男女差別を一層見えにくいものにしているのである。それに加えて，職場におけるセクハラやパワハラなどの人格侵害行為や，妊娠・出産を理由とした不利益取り扱いなどが広範に蔓延し，女性労働者にとって，劣悪な職場環境が目立っているといえよう。

「ジェンダー」格差の要因

このような雇用の場におけるジェンダー格差については，いくつもの要因を指摘することができるが，大きな要因の一つとして，前述したとおり，「雇用の女性化」に伴って，女性が雇用の現場に進出してきているにもかかわらず，男性のライフスタイルは旧態依然としたままであり，「雇用の女性化」に対応したものとなっていないことを指摘することができよう。今日多くの国では，夫が妻の出産に際して会社を休んでも（しかも，それはインフルエンザにかかって会社を休むのと同程度の期間にすぎない），もはや驚くに値しないものとなっており，例えばスウェーデンやノルウェー等の北欧諸国では，「父親休暇」を月単位で取るよう推奨する政策がとられるに至っている。また男性の育児・家事参画も近年急上昇してきているものの，職業キャリア全般をみると，定年退職前後を除くと，男性の仕事に対する態度にそれほどの変化がみられないといえよう。

このことは，家事・育児参画における男女間の非対称の大きさを示すものであり，とりわけわが国ではその傾向は一段と大きなものとなっている。例えば育児休業取得率は，女性83.7%に比し，男性1.38%（国家公務員の場合，2010年度で1.8%）と極端に低く，しかも保育所入所も困難であり，2011年4月時点の保育所待機児童数は2万5556人に達し（厚労省・10月4日発表），このような雇用における現実が，女性の継続就労を困難にしていることは，容易にみてと

ることができるのである。その結果わが国では,今日女性労働者の62%が,妊娠・出産を契機に離職を余儀なくされ,女性の年齢階級別労働力率は,相変わらず「M字カーブ」を描いているのである。

感情管理労働の主要な担い手である女性労働者の職場環境を整備し,良好な環境の中で就労することが,良質な感情労働を実現するうえで喫緊の課題となっている所以なのである。では,そのためにはどのような方策が考えられるのであろうか[21]。

「ワーク・ライフ・バランス」(WLB)の背景

我々の社会においては,ほとんどの仕事で求められている事実上の de facto「資格」を十分に有する者は,一般に家族責任を負われないことが暗黙の前提とされてきており,この場合法制度,法規範 de jure がどれほどジェンダー中立的であっても,前述した現実の家庭中において,育児や介護などの責務を期待されている者が依然として女性である以上,仕事をめぐる競争が女性にとって男性よりも不利になりやすいことは明白であろう。この場合使用者は採用や昇進に際して,たとえ従業員のジェンダーを全く考えず,あるいは女性の能力を高く評価していたとしても,現実の就

---

[21] ジェンダーには夥しい文献があるが,近年のものでは例えば,有賀美和子『フェミニズム正義論』－ケアの絆をつむぐために 勁草書房 (2011),大沢真理編『ジェンダー社会科学の可能性 第2巻 承認と包摂へ―労働と生活の保障』岩波書店 (2011),岡野八代『シティズンシップ論再考―責任論の観点から』,日本政治学会編『廃除と包摂の政治学』木鐸社 (2007),小島妙子『職場のセクハラ』信山社 (2008),角田由紀子『性差別と暴力－続・性の法律学』有斐閣 (2001),辻村みよ子『ポジティブ・アクション』岩波書店 (2011),辻村みよ子編『ジェンダー社会科学の可能性 第3巻 壁を超える－政治と行政のジェンダー主流化』岩波書店 (2011),辻村みよ子編『かけがえのない個から』－人権と家族をめぐる法と制度／ジェンダー社会科学の可能性 第1巻 岩波書店 (2011),藤原千沙＝山田和代編『労働再審③ 女性と労働』大月書店 (2011),野崎綾子『正義・家族・法の構造変化―リベラル・フェミニズムの再定位』勁草書房 (2003),本田由紀編『労働再審① 転換期の労働と〈能力〉』大月書店 (2010),水谷英夫『ジェンダーと雇用の法』,信山社 (2008),森ます美＝浅倉むつ子編『同一価値同一賃金原則の実施システム―公平な賃金の実現に向けて』,有斐閣 (2010) などがある。

3　感情労働と労働時間

業状況において，多くの女性にとっては，仕事に関連する「資格」（例えば育児の責任からの解放）が欠けた者ということにならざるを得ないのである。この意味では，言葉の本来の意味での性差別が撤廃されるか否かは，ジェンダー中立的政策をとる以前に，家族を含めた社会の編成原理において，ジェンダーが考慮されていたか否かが決定的に重要ということになるのである。

　このことの意味するものは，家事や育児などのケア活動や実践は，単なる家族内での責任分担などというレベルの問題ではなく，納税や選挙権行使と同様に，市民としての重要な責務（＝シティズンシップ）であり，女性と同じく男性も等しく負うべき責務（→「男性の女性化」）とみなされなければならないということなのである。その上で，性的不平等を撤廃するためには，家事労働を単に（再）分配するだけではなく，公的世界と家族との峻別論を克服し，例えば育児を家族に押し込めたり，市場に放置するのではなく，「労働」世界と「生活」世界である家族とを融合する方途を見いだす必要があるのである。

　かくして「労働世界」における女性の「活用」，「生活世界」における家事・育児・介護などの「ケア」，そして両方にまたがっての性差別の撤廃という「正義」の要請が，各国では今日的テーマとして浮上することになり，その中でも我国では，依然として深刻な長時間労働の存在や高齢少子化問題等を背景として，近年ワーク・ライフ・バランス（WLB）への関心が高まってきたのである。WLBの理念は「ワーク（仕事）」と「ライフ（生活）」の「バランス（均衡）」，換言すれば「人間らしい（ディーセントな）労働と生活」を実現させるというものであり，とりわけ感情労働が不確定性／無定量性という性質を有しており，成果主義や年俸制と結び付いて長時間労働となりがちであることから，感情労働の主要な担い手である女性労働者にとって，良好な職場環境を実現するうえで，本来のWLBの

必要性は極めて高いといえよう[22]。

ワーク・ライフ・バランス実現の「鍵」は？

このような理念のもとに，わが国では2007年12月策定の「仕事と生活の調和憲章」及び「行動指針」（ワーク・ライフ・バランス推進官民トップ会議決定），2010年4月の労基法改正（時間外60時間超の50％割増，有休の時間付与など），同年6月の育児・介護休業法改正（短時間勤務制の導入，介護看護回数拡大など），WLB憲章・行動指針の数値目標化などの一連の施策が実施されており，いまやWLBは，労働関連政策や，官公庁・民間企業の人事管理における重要なキー・コンセプトとなっているばかりか，個々の労働者の人間として「生き方」を再考する契機として，今後のあるべき日本の経済社会を支える理念の一つとなっているといっても過言ではない[23]。

---

[22] WLBに関しても夥しい文献があり，近年のものでは例えば，渡辺峻・中村艶子『男女協同の職場づくり』ミネルヴァ書房（2004），首藤若菜『統合される男女の職場』勁草書房（2003），橘木俊詔編著『現代女性の労働・結婚・子育て』ミネルヴァ書房（2005），荒金雅子他編著『ワークライフバランス入門』ミネルヴァ書房（2007），大沢真知子『ワークライフバランス社会へ』岩波書店（2006），大沢真知子『ワークライフシナジー』岩波書店（2008），山口一男・樋口美雄編『論争 日本のワーク・ライフ・バランス』日本経済新聞出版社（2008），有村貞則『ダイバーシティ・マネジメントの研究』文眞堂（2007），春日キスヨ『介護とジェンダー』家族社（1997），齋藤純一『依存する他者へのケアをめぐって―非対称性における自由と責任』，日本政治学会編『「性」と政治』岩波書店（2003），山根純佳『なぜ女性はケア労働をするのか』勁草書房（2010），Kymlicka,W.（2002）千葉眞・岡崎晴輝訳『新版 現代政治理論』日本経済評論社（2005），Fineman,M.A（2004）穂田伸子・速見葉子訳『ケアの絆―自律神話を超えて』岩波書店（2009），Kittay,E.F（1999）岡野八代・牟田和恵監訳『愛の労働あるいは依存とケアの正義論』白澤社（2010）などがある。

[23] 国際的にみるとWLB政策は，家庭生活においてはジェンダーの視点にもとづく家族責任の男女平等化の方向であり，職業生活においては長時間労働克服の方向である。前者については，ILOは1965年に「家族的責任を持つ婦人の雇用に関する勧告」（123号勧告）を採択しているが，ここでは家族的責任は女性が負うことが前提とされており，男女労働者について職業生活と家庭生活の調和を達成しようとするものではなかったが，その後，1979年に国連の女子差別撤廃条約が採択され，「性別役割分業の見直し」

3 感情労働と労働時間

　WLB憲章・行動指針は，WLB実現を目指す3つの柱を規定している。第1は，「健康で豊かな生活のための時間が確保できる社会」であり，家族や友人，自己啓発や地域活動などに参加し，豊かな生活が築けるような働き方が必要であるとし，長時間労働の半減，年次有給休暇の完全取得などを目標として挙げられている。第2は，「多様な働き方・生き方が選択できる社会」であり，子育てや介護など，個人の置かれた状況に応じた柔軟な働き方が選択できることが必要

という視点が提起されたのを受けて，家族的責任を女性労働者が当然担うものとする考え方は修正を迫られ，ILOは1981年に，先述の123号勧告を改め，「家族的責任を有する男女労働者の機会及び待遇の平等に関する条約」（156号条約）および「勧告」（165号勧告）を採択し，家族的責任を有する「男女」労働者が，家族的責任と職業上の責任を調和させることができるような雇用条件を確保するためのすべての措置をとるよう批准国に求め，この条約を1995年に批准した日本においても，男性も女性と同様に平等に家族的責任を担うことが施策の基本理念とされなければならなくなった。このように国際的には，主としてジェンダーの視点からWLB導入が推進されてきたといえよう。

　また後者については，EUがその先端を走っており，例えば，現行のEU労働時間指令は，1993年に制定され2000年に改正されたが，同指令は，1）24時間につき最低連続11時間の休息期間付与，2）6時間を超える労働日につき休憩時間付与（付与条件は加盟国の国内法や労使協定で規定），3）7日毎に最低連続24時間の週休及び11時間（1日の休息期間）の休息期間付与，4）1週間の労働時間について，時間外労働を含め，平均週48時間以内の上限設定（算定期間は4カ月），5）最低4週間の年次有給休暇を付与，などを内容としている。もっとも，週48時間労働の特例規定（オプト・アウト）を設け，使用者があらかじめ労働者個人の同意を得ている場合には，4カ月平均週48時間を超えて労働させることができるとした（イギリス，マルタなどが活用）が，2005年5月，EU議会は，「制限のない労働時間制は，労働者の健康と安全だけでなく，仕事と家庭の両立に深刻な危険を及ぼす」という考えにもとづき，週48時間労働制（時間外労働を含む）の特例規定（オプト・アウト）を3年間で徐々に廃止することとし，「不活性待機時間」（労働時間と休憩時間の間に位置する待機時間のうち実際に仕事をしていない時間）は，4カ月から1年に延長する際の条件をより詳細に規定するという労働時間指令の改案を採択している（しかし2009年4月迄に欧州理事会の承認が得られず，オプト・アウトは当面存続することになっている。JILPT「海外労働事情—EU／労働時間政策とワーク・ライフ・バランス」2005年5月号，「海外労働事情—EU労働時間指令改正案，廃案に」2009年6月号）。

第3章 感情労働の法的分析

であるとし、育児休業の取得率の向上などが挙げられている。第3は、「就労による経済的自立が可能な社会」であり、仕事につくことで暮らしの経済的な基盤を確保し、結婚や子育てなどの希望を実現できる社会を創ることが重要であるとし、不安的雇用の安定化や、高齢者や女性の就業率を上昇させることなどが挙げられている。

ところで上述した意味でのWLBの理念の実現のためには、労働時間の制限、雇用（とりわけ賃金）の保障、家庭生活における育児、介護の保障を目指した戦略が必要とされるが、この点をめぐって、今日わが国の労使双方には大きな隔たりがあり、労働側は、労働時間の規制に加えて、雇用（賃金を含む）の大幅な改善を求めているのに対して、経営側は、「賃金よりは雇用重視」の観点から、コスト削減・労働の効率化により実現しようとしており、ジェンダーをめぐり、「正義」「ケア」「活用」が複雑にからみ合っているが、労働者のライフステージやライフサイクルはまず働き方に規定されることから、このような「憲章」及び「行動指針」が描く社会の実現にとってポイントになるのは、結局は第2の「多様な働き方・生き方が選択できる社会」ということになり、これがWLB政策実現の鍵になるといえよう。

即ちわが国の社会において、WLB政策のターゲットとして主として念頭に置かれている人々は、①長時間労働を強いられている（主として男性の）正社員労働者、②出産・育児などでキャリア中断を余儀なくされる（主として女性）労働者、③不安定・低賃金の非正規労働者であるが、①のフルタイム正規労働者と③の非正規労働者にとっては、「多様で柔軟な働き方」推進は、ほとんど効果を期待し得ないといえよう。

まず①についてみると、長時間労働削減、年休完全取得を柱とした時短政策は、現実には残業前提の仕事の中で、安価な残業へのインセンティブとして働くことになり、かえって平日の労働時間延長を拡大し、家族とのふれ合いの時間を減少させることになり、「生活世界」を犠牲とした「労働世界」を一層を助長するものとなっているといえよう。

3 感情労働と労働時間

　次に③についてみると，周知の通り非正規労働者の比重は傾向的に増加し，今や雇用労働者の4割に迫ろうとしており（2011年現在，38.7%，厚労省調べ），これらの労働者は，WLB前提としての安定的な「ワーク」が保障されていない状況にあり，そもそもWLBを推進する担い手となり得ないことは明白であろう。

　最後に②についてみると，育児休業等の促進による就労支援策は，現実には男性の育児休暇取得率が極端に低いこと（前述した2009年度の1.38%は，前年より0.34%低下している）や，出産を機に子育てを理由に退職する女性労働者が多数を占めていること（出産女性の就業状況を追跡調査したものによると，正規社員は出産後半数が退職し，その後

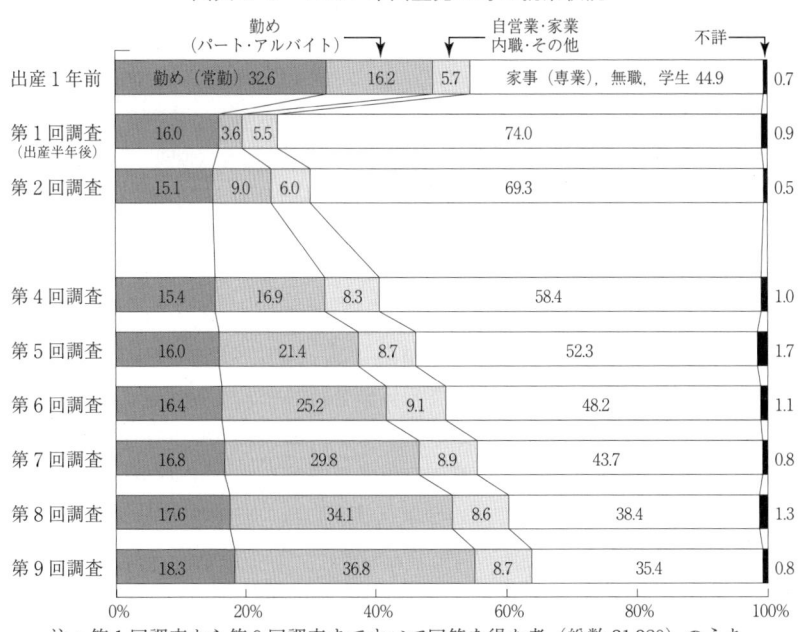

図表3-6　2001年出生児の母の就業状況

	勤め（常勤）	勤め（パート・アルバイト）	自営業・家業 内職・その他	家事（専業），無職，学生	不詳
出産1年前	32.6	16.2	5.7	44.9	0.7
第1回調査（出産半年後）	16.0	3.6 / 5.5		74.0	0.9
第2回調査	15.1	9.0	6.0	69.3	0.5
第4回調査	15.4	16.9	8.3	58.4	1.0
第5回調査	16.0	21.4	8.7	52.3	1.7
第6回調査	16.4	25.2	9.1	48.2	1.1
第7回調査	16.8	29.8	8.9	43.7	0.8
第8回調査	17.6	34.1	8.6	38.4	1.3
第9回調査	18.3	36.8	8.7	35.4	0.8

注：第1回調査から第9回調査まですべて回答を得た者（総数31,320）のうち，ずっと「母と同居」の者（総数30,847）を集計。
出所：厚労省『第9回21世紀出生児縦断調査（平成13年出生児）』（2009年）より作成

パート・アルバイト等の非正規となっていることがわかる）（図表3-6）などから，結局のところ，WLBが有効に機能しているのは，③のうちの一部である，「出産し，育児休暇を取得しつつ，フルタイムで働く女性労働者（約3割）」という人々に限定されており，今日のWLB政策は，本来の目的との関わりでは，全体として失敗しているといわざるを得ないのである。

ダイバーシティ・マネジメントの推進

何故このような状況になっているかと言えば，結局のところ，前述したWLB政策の視点とされてきた①「正義」②「ケア」③「活用」のうち，現実には多くの企業では③の「活用」の視点が重視されているが故といわざるを得ない。即ち，近年，大企業を中心に経営戦略全体との位置づけで「生産性向上，労働の効率化」としての，いわゆるダイバーシティ戦略を推進しており，例えば日立制作所のホームページ（2011年）では，「ダイバーシティを支えるワークライフバランスの実現に向けて」と題して，「多様な属性（性別・年齢・働き方など）や価値観を取り入れたダイバーシティ・マネジメントの状態を実現するためには，ワーク・ライフ・バランス（仕事と生活の調和）が実現されていることが大切になってきます。」とし，また，NTTのシンクタンクである㈱NTTデータ経営研究所のホームページ（2011年）では，「ダイバーシティとは，性別，国籍，年齢，バックグラウンド等の異なる多様な価値観を持った人々を受容することであり，ダイバーシティ・マネジメントとは，そのような人々の違いを価値として活明し，企業の競争力を向上させるという考え方であ」り，「ワーク・ライフ・バランス戦略には，制度や業務の改革といった『働き方の改革』，IT技術の活用やワークスペースといった『プラットフォームの改革』，そして，多様な価値観を持つ人々をマネジメントする上で重要なファクターとなる『ダイバーシティ（多様性の受容）』による『意識の改革』の3つが統合的なシステムとして機能する必要がある。この3つの改革を仕組みとしてスピーディに導

入することで,経営戦略としてのワーク・ライフ・バランスを実現できるのである。」と述べているのである[24]。

さらに同様の趣旨として例えば,企業経営者や管理者達から,「ワーク・ライフ・バランスは福利厚生ではない。採用を増やし,働き続ける環境を整え,企業に貢献してもらうための戦略だ。」「会社に勤務する以上,会社に貢献するのが基本。」「制度をフルに使い切るのが当然だと思っている社員が少なくない。制度は安心して働き続けられるためのもの。生活優先で働くことを推奨しているわけではな

---

[24] もともとダイバーシティ(又はダイバーシティ・マネジメント)とは,多様な人種を擁するアメリカの社会問題に端を発しているものであり,当初は1964年の公民権法により,人種差別撤廃のために企業に機会均等が義務付けられ,アファーマティブ・アクションによって,これまで差別を受けてきた少数民族や女性に対する優遇措置も義務付けられ,はじめは機会均等といういわば企業の倫理的側面からスタートした概念であった。ところが80年代以降にグローバル化に伴う市場の多様化が急速に進み,業績悪化に直面したアメリカ企業が,業績回復のために取り組んだ組織変革のひとつにダイバーシティ・マネジメントがあり,それらの企業が,ダイバーシティ推進によって,組織の柔軟性,マーケティング,問題解決能力が高まったという結果が出たために,ダイバーシティの企業戦略に関わる重要性が再認識されるようになり,多様な人材のマネジメント,すなわちダイバーシティ・マネジメントが人事戦略の課題としてとらえられるようになったものであり,現在では,アメリカ企業の経営戦略の重要な課題となっているのである。例えば90年代後半のIBMの驚異的な業績回復の背景には,ダイバーシティ・マネジメントの推進があるといわれており,このような成功例に刺激され,ダイバーシティ推進を企業戦略に位置づけている企業が増加しており,またIT産業がさまざまな国から優秀な人材を集めて成功したのも,これらの人々の多様な文化や価値観がぶつかり合い,統合されたところからダイナミックな創造性が生まれたものだといわれている。

わが国でもこのようなアメリカの動向に刺激を受けて,2000年8月,当時の日経連が「ダイバーシティ・ワーク・ルール研究会」を発足させ,そこでは「ダイバーシティ・マネジメントとは,多様な人材を活かす戦略,つまり多様な属性(性別,年齢,国籍など)や価値・発想を取り入れることで,ビジネス環境の変化に迅速かつ柔軟に対応し,企業の成長と個人のしあわせにつなげようとする戦略である」と位置づけられていたが,当初は焦点がもっぱら人事,労務管理に当てられて理解されていたが,近年では企業の経営戦略全体との位置づけにウェートが移ってきているのである。

い」「仕事と生活を両立しやすい選択肢を整えた。それをどう組み合わせて働けば最大の成果を上げられるのか。個々の事情に応じて最適な組み合わせを考えるのは社員の自己責任だ」という指摘がだされているのである（2012年6月10日付日経新聞）。

このように現実のWLB政策は，各企業ではダイバーシティー・マネジメントとして，企業全体の戦略の中で，より一層の女性の「活用」の視点で推進されており，男性のライフスタイルの転換がないまま，現実には女性は従来通り家事・育児の負担を担ったまま，職場においては男性と同様の仕事の成果を求められるということを意味し，一層の負担の増加（「男性化」）を強いられることとならざるを得ないのである。

ワーク・ライフ・バランスと感情労働

以上の通り，ジェンダーの視点に立って真のWLBを目指すためには，「労働世界」と「生活世界」両面に亘って，男女，夫婦が相互に平等に市民としての役割と責務（シティズンシップ）の同権化を求めることが必要であり，そのためには具体的には次のような政策の実現が求められているといえよう。

第1は何よりも「正義」の視点であり，「労働世界」においては前述した通り処遇の同権化が不可欠であり，同一労働同一賃金の原則，アファーマティブ・アクション，正規，非正規との格差是正等が実現されなければならない。また「生活世界」においては，長時間労働の規制による自由な生活時間の確保や，賃金，雇用の保障によるディーセント・ワークの実現が必要とされる。第2は「ケア」の視点であり，「生活世界」における家事・育児・介護等のケア活動を，単に男女の役割「負担」と捉えるのではなく，市民である男女それぞれの責務（シティズンシップ）と把捉されるべきであり，これにより性別的役割を克服すべきことが可能となろう。第3は「活用」の視点であり，「労働世界」における男女同権化をすすめ，「正義」の視点に基づき「活用」がなされるべきなのである。

そもそも労働者の自由な選択ができる限り保障されなければならず，そのためには，雇用政策や家族政策の観点から特定の就労パターンを優遇することがあってはならないし，特定の就労パターンをとることにより生じる不利益については積極的に是正するという基本姿勢が堅持されなければならない。例えば，男性も育児介護休業がとれるように，男女の待遇格差を是正することは喫緊の課題である。また，時間外労働や深夜労働免除の制度は，配偶者や他の家族が育児や介護を担える状況にあるとき免除の請求を制限しているが，そのような判断は本来権利の主体である労働者に委ねるべきだと思われる。育児・介護休業制度についても同様であり，また育児休業については，子どもが1歳をすぎても育児の継続を望む親の選択を可能とするために，休業期間の延長をはかる必要がある。育児・介護休業を請求しない場合の短時間勤務等の措置についても，できる限り多くの措置を実施するよう使用者に働きかけ，労働者の選択の幅を広げることが必要であろう。

　その意味で，職業生活と家庭生活の調和は，これからの労働法ならびに雇用政策の基本理念として位置づけられるべきテーマである。そのうえで，1日のうち労働に費やされる時間以外の部分は，労働者の家庭生活や私的生活に供される貴重な時間であり，その侵害の防止と積極的確保が，新しい時代の労働時間法制ならびに解釈論に求められているといえよう。このようにWLBは今日，感情管理労働に従事する労働者（とりわけ女性！）に対してきわめて大きな影響を与えるものなのであり，真のWLBの実現を目指すことが喫緊の課題となっているといえよう。

(4) 感情労働と職場マネジメント

　感情・サービス労働は前述したとおり，労働内容が不確定性／無定量性を持つことから，本来的に労働時間管理になじみづらい性質を内包しており，したがって使用者は，このような労働者に，自律性と裁量を与えて，「自然な」雰囲気の中で創造的なサービスを提

第3章 感情労働の法的分析

供させる必要がでてくることになり，例えば管理者が，サービス労働者の感情労働を動員して接客活動をさせる場合には，自己管理型の労働時間として裁量性のある労働時間が必要となってくる。

このようにして今日さまざまな労働時間の「弾力化」が行われ，労働の量によってではなく，質ないし成果による報酬を支払うことが可能となっている。さらには一般事務を含めた対人労働は不確定性／無定量性な労働を本来的に有することから際限のない労働時間の消費，すなわち長時間労働を指摘するものである。かくしてサービス業が中心的産業となっている先進諸国いずれにおいても，労働時間の長期化が問題となってきているのである。このような中で，先進諸国の中でも稀だった長時間労働を特徴とするわが国では，今日サービス残業を含めた長時間労働が過労死・過労自殺の原因として大きな社会問題となっているのである。

長時間労働者の特徴として，第1に前述したとおり最近の調査ではどの調査においても長時間残業者が存在していることである[25]。

第2は，従業員が全員一様に長く残業しているのではなく，残業の長さに濃淡＝偏在傾向が見られることである。業種でみると，配送・物流など非ホワイトカラー系職種もあるが，営業・販売，R&D，SE，開発設計など総じてホワイトカラー系職種に長時間労働者が多く，いずれもこれらは感情管理・サービス労働に従事する労働者であり，仕事管理，顧客管理，労働時間管理等トータルとしての職場におけるマネジメントが大きな役割を果たすことになる。

労働時間と仕事

労働時間の弾力化等の規制緩和や，WLB政策等の法規制などが仕事や職場の性格にどのような影響を与えているかを，前述した調査

---

[25] 平均残業時間をみると，例えば電機連合（2007）では男性35時間12分，日本能率協会（2005）が28.8時間，JILPT（2005）が31.6時間であるが，長時間労働者と呼べる者は，電機連合（2007）では「在社時間13時間以上の者」（男性・残業するもの）が29.7%，日本能率協会（2005）では19.2%，JILPT（2005）では26.4%存在している（**図表3-7 ①，3-7 ②**）。

3 感情労働と労働時間

図表3-7① 残業時間・長時間労働者の特徴—アンケート調査結果の整理

電機連合（2007）	日本能率協会（2005）	JILPT（2005）
平均残業時間： 　男性35時間12分 　女性15時間18分	平均残業時間：28.8時間	平均残業時間：31.6時間 （男性36.9；女性20.8）
長時間労働者の特徴 ①在社時間13時間以上の者と9時間未満の者とに偏在②男性・開発設計職では在社13時間以上の者が29.7%。	長時間労働（残業月50時間以上が19.2%）者の特徴①業種・職種では卸売・小売・飲食店（30.3%）と運輸（33.7%）；配送・物流（33.2%）；営業・販売（31.2%）で多い②管理職からみて長時間残業者は責任感が強く、協調性ある者が多い。	長時間労働（残業月50時間以上が26.4%）者の特徴①男性30歳代では33.1%② 営業・販売33.5%；RD・SE31.6%と多い。

（電機連合）にもとづいて見てみよう（図表3-7③）。

第1に，フレックスタイム制適用者や裁量労働制（以下「弾力的労働時間制」）適用者と始終業時間一定勤務制（以下「通常勤務制」）適用者と比較してみると，弾力的労働時間制適用者は，「仕事のやりがい感」は高いが，WLB満足度は低い者が多い。つまり「仕事のやりがい感」は，企画業務型裁量労働制（70.4%），専門業務型裁量労働制（69.6%），フレックスタイム制（67.6%），通常勤務制適用者（60.7%）の順に小さくなるが，WLB満足度をみると，専門業務型裁量労働制（30.4%），企画業務型裁量労働制（37.8%），フレックスタイム制（40.4%），通常勤務制適用者（42.4%）の順に大きくなる。

第2に，弾力的労働時間制適用者の労働時間関連指標をみると，残業時間は長く，退社時刻も遅い者が多い。つまり退社時刻，残業時間をみると，専門業務型裁量労働制，企画業務型裁量労働制，フレックスタイム制，通常勤務制の順で退社時刻が遅く（残業時間は長く）なる傾向がある。すなわち，弾力的労働時間制適用者は，仕事のやりがい感は高いが，時間が長く，WLBに不満を持つものが少なくない。その意味でそれぞれの勤務形態者が従事している仕事や職場の性格と関連していることを示唆している。

調査結果から指摘できる第3点目は，弾力的労働時間制適用者の

第3章　感情労働の法的分析

図表3-7②　残業の発生理由―アンケート調査の結果

電機連合調査（2007）	JILPT調査（2007）	日本能率協会調査（2005）
・所定内労働時間では片付かない仕事量　56.0	・所定内労働時間では片付かない仕事量　57.2	・予定外の仕事が突発的に飛び込んでくるから　86.4
・自分の仕事をきちんと仕上げたいから　34.1	・突発的な業務がしばしば発生する　45.9	・仕事の量が多いから　76.9
・要員が足りない　27.9	・人員削減で人手不足　20.3	・仕事の締切や納期にゆとりがないから　72.1
・所定外でないとできない事がある　13.4	・取引先と時間を合わせる必要がある　18.8	・仕事の内容や目標が変更されるから　57.1
・業務をこなせる人材が少ない　11.9	事業活動の繁閑の差が大きい　16.5	・業務の繁閑が激しいから　58.5
・事業活動の繁閑の差が大きい　9.9	・仕事の進め方に無駄が多い　10.3	・後輩の指導を担当しているから　24.7
・手当を増やしたい　6.1	・より高い成果を上げたい　8.2	・非正規の指導や育成を担当しているから　16.4
・上司がいて先に帰りづらい　4.1	・上司や同僚がいて先に帰りづらい　6.2	・あなた自身の能力が不足しているから　16.2
・進め方に無駄が多くダラダラ残業する　3.6	・手当を増やしたい　3.5	
・残業が評価され，査定に影響する　3.3	・長時間働く方が評価される　1.8	
・仕事と自己啓発の時間も兼ねている　2.4		
・定時で帰るより働いている方が楽しい　0.8		

(注1) 電機連合調査は，2006年6月，傘下組合員5000人対象に実施（回収率87.2%），出所①。
(注2) JILPT調査は，2007年1月，全国1万社の10万人を対象に実施（回収率7.2%），出所②。
出所：①佐藤厚「仕事管理と労働時間」『日本労働研究雑誌』No575，2008年。
②労働政策研究研修機構『経営環境の変化の下での人事戦略と勤労者生活に関する実態調査』，2007年。

WLB満足度に対して，「仕事量の裁量度」という要因が強い影響を与えているという点である。この点を明確にするために，フレックスタイム制と裁量労働制の適用者それぞれにつき，仕事量の裁量度とWLB満足度との関係を分析してみた。フレックスタイム制適用者，裁量労働制適用者でWLBに満足している者の場合，60.3%

3 感情労働と労働時間

図表3-7③　勤務形態と「仕事のやりがい感」「仕事・生活バランス満足度」

(単位は%)

	仕事の やりがい感	仕事・生活 バランス 満足度	労働時間関連指標： 上段：退社時刻 下段：残業時間
通常勤務制	60.7	42.4	退社時刻：6.6 残業時間：4.1
フレックスタイム制	67.6	40.4	退社時刻：8.0 残業時間：5.0
専門業務型裁量労働制	69.6	30.4	退社時刻：9.3 残業時間：6.2
企画業務型裁量労働制	70.4	37.8	退社時刻：8.8 残業時間：6.0

注：1)　数値は「非常に感じている」＋「ある程度感じている」の計。
　　2)　「感じている」を「満足」に置き換えると1)と同じ。
　　3)　退社時刻の単位は時刻や時間数ではなく，以下のカテゴリ番号を示す。
　　　　1　16時～16時半前　　　2　16時半～17時前　　　3　17時～17時半前
　　　　4　17時半～18時前　　　5　18時～18時半前　　　6　18時半～19時前
　　　　7　19時～19時半前　　　8　19時半～20時前　　　9　20時～21時前
　　　　10　21時すぎ
　　4)　残業時間の数値は，労働時間ではなく，以下のカテゴリ番号を示す。
　　　　1　なし　　　　　　2　10時間未満　　　3　10～20時間　　　4　20～30時間
　　　　5　30～40時間　　　6　40～50時間　　　7　50～60時間　　　8　60～70時間
　　　　9　70～80時間　　10　80～90時間　　11　90～100時間　　12　100時間以上

(61.0%)は仕事量を自分で決められると回答し，「決められない」と回答する者39.7%(39.0%)を大きく上回っている。逆に，WLBに満足していない者では，65.4%(60.3%)は仕事量を自分で決められないと回答し，「決められる」と回答する者34.6%(39.7%)を大きく上回っている。このことは，WLBの満足度が高い者には，仕事量の裁量度が与えられているケースが多いこと，またフレックスタイム制や裁量労働制の適用者であっても，仕事量の裁量度がない場合には，WLBの満足度の向上に寄与しないことを示しているといえる。

　以上の分析結果を踏まえると弾力的労働時間制の運用の適正化には，職場のマネジメントの在り方が重要と思われる。つまり，弾力的労働時間制適用者の仕事のやりがいは高いが，WLB満足度は「仕

事量の裁量度の有無」によって異なる。また仕事量の裁量度が「ある」者に比べ「ない」者はWLBに不満を持つ傾向がある。したがってWLB満足度を高めるには，単に制度を導入するだけでなく，社員に仕事量の裁量度を付与するような職場マネジメントの在り方が重要となってこよう。とりわけ感情管理・サービス労働に従事する労働者としては，対人サービスによるストレス負荷に対して良好な職場環境を整備するうえで重要な視点といえよう。

職場マネジメントの必要性

前述したとおり，長時間労働・残業発生の主因が仕事量の多さなど仕事要因にあり，この解決のためには作業量，人員の規制が必要である。このような規制は作業量や作業時間とを標準化しやすいいわばブルーカラー主体の職場では導入しやすいものの，ホワイトカラー，とりわけ不確定性／無定量性を内包する感情管理労働中心の職場では，それに加えて仕事管理を中心としたマネジメントが必要とされよう。

すなわち仕事管理は第1に，仕事特性と個人の労働者の遂行能力との組み合わせが必要であり，管理職にはこのような仕事管理（＝マネジメント）が要請されることになる。仕事量と労働時間が決まったとしても，管理者が仕事をどう管理するか，その業務遂行方法が非効率であったり，そもそも労働時間の把握が十分でないと労働時間は長くなるからである。第2に職場における社員（管理職，部下を含む）の意識や行動様式を把握し，これらを適切に把握した対策をたてる必要が出てこよう。例えば管理者の行動様式や意識も部下の労働時間に影響を及ぼし，「終業後も長時間在社する」「残業時間の長さを部下評価に考慮する」といった行動がみられると労働時間は短くならない。「出世志向が強い」「上司が退社するまで帰宅しない」「残業代を生活費に組み込む」といった社員の仕事意識があれば，やはり労働時間は短くならない。

したがってまずは仕事管理の適正化とそのうえでの複数の働き方

のニーズに沿った時間管理が必要となり，第1には，職場マネジメントとその前提をなす仕事管理への労組の発言であり，第2は，こうした前提にもとづく時間制度の多元化である。具体的には，時間にとらわれずに成果を追求したい者それぞれのニーズを尊重した働かせ方のルール作りである。さらに仕事管理の適正化は，家事や育児・介護などと両立しながら就業継続を希望する者，自己啓発や自立的なキャリア形成を志向する者にとっても重要となろう。仕事管理を適正化し，働き方のニーズにあった「節度ある」多元的時間管理を行うことが急務である。具体的にはワーク・ライフ・バランスが極めて重要であり，仕事と生活の両立が可能となることで，社員（多くは女性）の継続就労が可能となる点に求められよう。

　すでに述べたとおり，今日問題となっている長時間労働やそれに伴うストレス等のメンタルヘルス問題は，職場のマネジメントに関わるものが重要であり，とりわけ，不確定性／無定量の性格を有する感情管理・サービス労働従事においては，しばしば語られる「手当を増やすため」とか「定時に帰るのが憚れる」などという労働者個々人の事情よりは，仕事の責任と範囲の不確定性／無定量，異常なまでの業務量の多さや人手不足など，企業経営，マネジメントの現実に問題があり，この点が感情管理・サービス労働と深く関わっていることを指摘できよう。したがって労働時間の法的規制と共に，このような感情管理労働の不確定性／無定量に関わって，仕事量・人員配置など職場のマネジメント変革が課題となるべきであるといえよう。

4 感情労働と賃金

(1) 労働契約と賃金

　経済のグローバル化やサービス産業化は，賃金形態に変容を迫ると共に，賃金の中での感情労働・管理の役割を増大させている。とりわけ1990年代以降，世界的規模での市場競争の激化の中で，各国の企業は賃金管理の面で対抗しようとする傾向を強めており，わが国でも経済成長が鈍化し高度成長時代のような賃上げが不可能となった今日，人事賃金制度の役割や重要性が大きくなってきている。

　このような中で，今日わが国の企業では，正規社員の間では目標管理と結び付いた仕事・役割・貢献度を基軸とした賃金制度が広がっており，人事評価・査定に際しての感情管理の役割・要素が重要視されるようになってきている反面，急速に増大する非正規労働者の間では，使用者の一方的な決定にもとづく職務給としての「時間単位」給で占められ，しかもこれらの非正規労働者の相当部分が感情労働管理を必要とするサービス労働に従事しているにも関わらず，賃金決定に際しては，このような要素が評価の対象から除外されているのである[26]。

　そもそも賃金は労働契約の本質的要素であり，労働者の労働義務が履行されると一定額の賃金の請求権が発生することになる。賃金は，労働者にとって自己および家族の生活を支える唯一のものとし

---

[26] 賃金に関しても夥しい文献があるが，成果主義，感情労働との関連での近年の文献として，例えば，遠藤公嗣『賃金の決め方』ミネルヴァ書房（2005），佐久本朝一『能力主義管理の国際比較』東京図書出版会（2010），社会政策学会編『社会政策学と賃金問題』法律文化社（2004），OECD編著／平井文三監訳『世界の公務員の成果主義給与』明石書店（2005），守屋貴司『日本企業への成果主義導入』森山書店（2005），小越洋之助『終身雇用と年功賃金の転換』ミネルヴァ書房（2006），本田由紀編『転換期の労働と〈能力〉』大月書店（2010年）など。

4 感情労働と賃金

て、雇用の継続と共に最大の関心の的であり、したがって労働組合も早くから賃金問題を中心的な課題としてきたし、各国の労働保護立法も、最低賃金法をはじめ賃金保護のための各種の措置を講じてきている。わが国でも、労基法11条は「賃金とは、賃金、給料、手当、賞与その他名称の如何を問わず、労働の対償として使用者が労働者に支払う全てのものをいう」と規定しているが、これは民法の雇用にいう「労働に従事すること」(623条)に対する反対給付を指すといってよく、それゆえ各種の手当、賞与、退職金等およそ労働の対償として使用者が支払うものは、全てここにいう賃金に含まれることになる。

感情労働と賃金

賃金の額は、上述した法律の規制(最低賃金法や労基法など)の枠内で、労働協約、就業規則もしくは労働契約にもとづき、労使対等決定の原則(労基法2条1項、労契法3条1項)に則って決定されることになるが、とりわけ感情管理を中核とするサービス労働においては、その内実が、顧客の要望する有用効果の実現に役立つ一定の労働の機能ないしは労働過程であり、供給者と顧客と労働対象との相関関係の中で規定されることから、サービス労働提供主体の能力・成果の評価が賃金決定の要素として反映されやすく、賃金の最終的決定が使用者の手に委ねられている場合が多くなる。また賃金決定における時間と期間についてみると、労働と時間が不可分であることからすれば、時間を単位とする賃金が計算の原点であるにも関わらず、上述した能力・成果が賃金決定の要素として反映されやすくなると、時間ではなく仕事の成果によって賃金を決定する傾向が一層強まってくることになる(反対に前述したとおり、非正規雇用で採用されている「時間単位」給は能力、評価が賃金決定の要素に含まれていない賃金制度である)。

特に日本においては、伝統的に年功的賃金体系が支配的であったが、後述するとおり1960年代後半以降アメリカからの影響により、

労働者の能力評価（賃金査定・人事考課）を加味する方法が広がるようになり，さらに，人事考課・査定制度が実際には年功的に運用されてきたとの反省から，1990年頃より本格的な「能力主義」の実施が叫ばれ，また労働者の潜在能力ではなく，達成された成果を基準にする賃金決定方法である「成果主義」が広く普及してきた（ここでいう「成果主義」と「能力主義」の区別は，後述するとおり実際にはさほど明確ではない）。具体的には，年俸制の導入，職能資格制度から職務等級制への移行，年功給の廃止ないし削減，賞与・退職金の計算方法の変更などである。成果主義は通常は目標管理と結び付いており，そこでは，労使協議にもとづく目標を前提とし，その達成度の評価を基準として賃金が決定され，年俸制は，こうした方法で賃金を年単位で決定するものであり（もっとも支払いは各月ごとになる。労基法24条2項），賃金が個人ごとに決定される点と賃金額の大幅な変動もあり得る点に大きな特徴がある。

「成果主義」と感情労働

成果主義賃金は，本来は労働者の個人ごとの成果が客観的に計測しうる分野（例えば営業関係）になじむものであるが，実際には，能力・成果の客観的評価が困難であり，評価者の主観が混入しやすいという問題は，新たな能力・成果主義においても基本的に払拭されていない。特に日本では，個人ごとの職務分担が明確でなく職場の共同作業がなお重要な位置を占めているが，能力・成果の評価は個人ごとになされるという矛盾もあり，さらに，業務によって成果達成の容易さが異なる場合には，職務配置そのものが賃金の格差を生み出すことになる。こうして，能力・成果主義が組合所属，性別，思想差を生み出し，差別の温床になり，また労働者の不公平感の原因にもなる。とりわけ感情管理を中核とするサービス労働においては，供給者の顧客と労働や対象との相関関係の中でサービスの内容が規定されることから，賃金はそれによって大きく異なることになり，賃金格差が拡大する傾向が一層顕著になる。

そこで本稿では感情労働と賃金の問題を論ずることにするが，その前に，賃金制度の概略を説明しておく必要がある。何故ならば賃金制度においては，成果主義や年功制等の賃金管理に関する基本ポリシーと，職務給，業務給や職能給の賃金体系，年俸制や時間給等の賃金支払形態とがしばしば混同され論じられるからである。例えば，前述した日本におけるいわば成果主義ブームの原初的な現れでもある年俸制は，賃金支払形態の一種であり，賃金管理手法としては目標業績管理を行い，その達成が評価され処遇が決定されるという成果主義にもとづくものでもあるからである。

(2) 賃金制度

　賃金は前述のとおりの労働の対償であるが，これは抽象化された理論概念であり，現実には何らかの指標にもとづいて賃金決定・支払がなされることになり，賃金制度はそれぞれの社会特有の雇用慣行やその時代の社会経済状況に密接に関連することになる。このような観点からみた場合，従来，欧米社会では主として「職務給」と呼ばれる，労働者の従事する「職務」の性質・価値や成果に着目した賃金形態をとり，日本では主として「属人給」と呼ばれる，職務に従事する労働者の「属性」である年齢，勤続年数などに着目した賃金形態をとってきていたといえよう。このように賃金の支払対象に着目した場合さまざまな賃金形態があるものの，それ自体は依然として抽象的な労働の対象にすぎず，具体的な賃金決定方法が必要となるが，この点についてみると前述したとおり，正規社員については一般に人事評価・査定にもとづく各人の賃金決定がなされ，その際に感情労働に関する評価の比重が高くなってきているが，非正規社員については一般に人事評価・査定制度によらない，いわゆる「時間単位給」であることから，これらの労働者の多くが感情管理を必要とするサービス労働に従事しているにも関わらず，感情労働に関する評価が含まれないという問題点を指摘できよう。そこで，以下に「職務給」と「属人給」の概略を述べたうえで，人事評価・

第3章 感情労働の法的分析

査定制度における感情管理の問題点を述べることにしよう。

職 務 給

職務給には,前述したとおり「職務の性質・価値」に着目した形態(職位,職責,役割給など)と,「職務の成果」に着目した形態(業績給,成果給など)とがあり,具体的には,各人の能力に応じた組織上の職務配置(職位＝ポスト)に対して支払われる「職位給」,組織上の職責(仕事の守備範囲や困難度など)に対して支払われる「職責給」,職責に加え,設定目標に対する役割期待度に対して支払われる「役割給」,役割のレベルに加えて役割達成度に応じて支払われる「業績給」,業績に加えて長期間の貢献度に対して支払われる「成果給」などと呼ばれるものが典型であり,各企業ではこれらを組み合わせた賃金体系をとることになる。このような職務給においては,人事評価査定制度における職務分析(職務分担,職務分類,職務評価の一連の手続)を通して(但し,後述する「時間単位」給はその例外である),「単位時間」(ちなみに,実際の単位時間は,「時」から「年」まであり,年単位が「年俸制」と呼ばれることになる)あたりの賃金額,すなわち賃金「率」が確定することになる。このような意味から,職務給の中でも,職務の性質・価値に支払われる職位,職責,業績給などは,人事評価によって,賃金「率」の確定が比較的容易であり,したがって雇用労働のほぼ全部の形態で採用することができ,古くから世界各地で最も普及してきた賃金形態となっている[27]。

(27) 職務給の中でも時間単位給は,人事評価制度によらないものであり,欧米社会や日本でごく普通にみられる賃金形態であり,このような賃金形態は労働者の雇用形態と相関関係が強く,パートタイマー,アルバイト,派遣社員などの大多数の非正規社員や低熟練の職務につく労働者に支払われる賃金形態といえよう。時間単位給を採用する職務は,定型的または低熟練かつその職務についての労働市場が競争的であることが多いために,職務分析を行うコストの負担を使用者側が好まず,職務分析も行われることなく,欧米社会では労働協約賃金ないしその拡張適用も受けないことから,結局のところ,人事評価制度をとることなく,使用者が一方的に決定するか慣習的に決定され,しかも低水準におさえられてきているといえよう。

現代日本の賃金形態における変化でもっとも激しいのは,このような時

他方職務の成果に支払われる業績給・成果給などは，成果の定義を明確にする必要（例えば歩合給，出来高給などは「成果」の定義が明確にできる）だけではなく，その評価を客観的で公正にする必要があることから，人事評価査定の困難さとも相俟って，少数にとどまらざるを得なかった。業績・成果給が90年代以降，わが国でも声高に叫ばれるようになったにもかかわらず，今日十分に企業に普及しないのは，このような「業績・成果」の明確性，評価の困難性が大きな要因となっているのである。ちなみにこのような職務給の価値・特質の評価は，労働組合運動の強弱や労使の力関係にも左右されており，一般に欧米社会においては労使の団体交渉を経た労働

> 間単位給が急速な量的拡大をみていることであり，その大多数が，いわゆる非正社員の賃金形態である。周知のとおり，今日の日本では近年非正社員が急速な量的拡大をみており，2010年迄の10年間で正社員が1割減少し，非正規労働者は1.5倍に増加し，3人に1人が非正規労働者になり，その中でも年収200万円未満の労働者が今や5人に1人になっており，非正規労働者の増加がワーキングプアの増大につながっている。その理由の1つがこのような非正規労働者の時間単位給という賃金形態にあり，しかもそこでは，前述したとおりサービス労働に従事している非正労働者の大半は，感情管理が重要な役割を占めているにも関わらず，このような賃金形態の中で，感情管理能力は何ら職務評価の対象とされることなく労務提供をしているといえよう。その結果として，今日非正規労働者の平均時給は約1,000円であるが，年収で正労働者を100とすると，男性65，女性70と著しい格差となっている。このような非正規労働者に広がる「時間単位」給の拡大は，賃金形態の質的変化でなく量的変化によるものであり，社会全体への影響は「成果主義賃金」より大きいといえよう。すなわち，「成果主義賃金」が実際にどれほど普及しているかは，必ずしも明白でないにも関わらず，非正社員への時間単位給の普及は，それに特有の雇用慣行がすでに普及してしまったことを明白に意味するのである。
> 　ちなみにこのような賃金形態の変化は，わが国の雇用慣行において部分的にせよ，「同一価値労働同一賃金」原則への展望を開く可能性を持つものでもある。非正社員の時間単位給はいわば「職務の価値」給であり，この原則を行うことが容易であり，他方，正社員の賃金形態もまた職務の成果，業種給などへの移行が主張されており，それらは多少なりとも「職務の価値」給化するといえる可能性を持つものであり，この場合，非正社員と正社員に共通して，「同一価値労働同一賃金」原則を行う可能性を切り開くものであり，それは社会全体の構造や在り方へ大きく影響するものといえよう。

第3章 感情労働の法的分析

協約の賃率にもとづき,他方わが国では,もっぱら使用者主導による人事査定によって決定される傾向にあるのはこのような労使関係の反映といえよう。

属人給

次に労働者の属性に着目した賃金形態についてみると,いわゆる「年功給」と「職能給」とを指摘できよう[28]。

① 「年功給」は純粋な基本形態としては,人事考査制度ぬきの年齢のみに着目した賃金形態であるが,現代においては多くの場合これに勤続年数や学歴,さらには男女や人種,国籍などが加わっており,過去には公式制度として,現在でも非公式に,欧米諸国では主として人種,国籍が,わが国では男女が差別的賃金体系を形成し,これに対して数多くの訴訟が提起され,是正が図られつつあることは周知のとおりである。わが国では戦後,産業界が壊滅的な打撃を受けたことにより,この時代の経営者や労働者にとっての関心事は,もっぱら生活の安定に向けられ,生活をベースとした賃金体系の整備が早急に進められることとなり,その具体的な例が労組の要求で実現したいわゆる「電産型賃金体系」と呼ばれるもので,本人の年齢で決まる「本人給」と,家族の数に応じて支給される「家族給」とを合わせた生活保障給が賃金全体の7割弱を占め,経験や技能にもとづく「勤続給・能力給」が2割強を占めるといった賃金体系を作り上げた。この年功色の強い賃金体系は,企業側にとっては,労働力の定着化に大いに機能を発揮し,また労働者にとっては,年齢の上昇と共に生計費等の必要経費が増加する傾向にあることから双方にとって望ましいものと考えられ,以後最近に至るまで日本の賃金体系の根幹をなしてきたのである。生活保障給としての「本人給」はこのようなものであったが,このような人事考課・査定を含まな

---

[28] 同一価値労働についての優れた文献として,森ます美『日本の性差別賃金』有斐閣(2005年),森ます美・浅倉むつ子編『同一価値労働同一賃金原則の実施システム』有斐閣(2010年)がある。

い年功給においては、感情／サービス労働の特質を評価する余地は
なく、またこのような特質が自覚されていない時代の残滓でもあっ
たといえよう。

次に人事査定付の年功給についてみると、年功給に付加された人
事査定制度は、第二次世界大戦前の米国で開発されたものであり、
その特徴は、労働者の「性格的特徴（trait）」を主要に評価するこ
とであり、当然ながら職務分析制度と無関係であり、職務と人事査
定の関係を意識しないことであった。前述した「電産型賃金体系」
の中で「勤続給・能力給」は、わが国で最初の人事査定制度を伴っ
たものであり、「性格的特徴」についての評価要素を大きく取り入
れたものであるが、「性格的特徴」の評価に客観的な評価基準を設
定することはほぼ不可能であり、査定者が主観的に評価せざるを得
ないことになり、評価のバラツキは避けられず、しかも、評価の違
いがどれほど昇給・昇格に影響するかは労働者にとって曖昧で不明
ということになる。その結果として個々の労働者は、査定つき年功
給による労働者管理とインセンティブ付与に、他の労働者よりもよ
い評価を受けることを目標とするようになった。例えば、転勤すな
わち転居が必要な配置転換の内示があれば、それが自分と家族に
とってどれほどの負担であろうとも、「OJTによる能力養成」であ
り昇進の可能性の拡大と信じて、喜んで応じる態度を上司にみせな
ければならず、難色を示すなどはもってのほかであり、それがよい
評価につながる可能性を大きくするのであった。労働者のいわゆる
「会社人間」化も、労働者間競争の促進と表裏で理解することがで
きよう。それは長時間労働などで労働者が会社への客観的なコミッ
トメントを深化させることばかりでなく、労働者の価値観が使用者
の価値観を受容し同化していくことでもある。

例えば「経済小説」のジャンルを確立したといわれる城山三郎が、
高度成長期に執筆した小説に次のような一節がある[29]。

---

[29] 城山三郎『うまい話あり』光文社（1972年、後に角川、文春文庫）。

第3章 感情労働の法的分析

「君,サラリーマンというのは,だるまと同じなのだ。手をもがれ,足をもがれて行くうちに,最後に円満になって落ち着く。辛抱して,だるまさんになるんだ」。これは,大手企業の子会社の課長が,ともすれば正論を吐きがちな部下である主人公を諭す言葉である。

このように,査定つき年功給による労働者管理とインセンティブ付与に労働者が適応する過程は,同時に,「会社人間」化の過程でもあったと理解することができよう。査定つき年功給は,1950年代末から現在に至るまで,民間企業で支払われる月給の中で,基本給ないし本給を構成する重要な賃金部分を占め続けてきており,今日においては減少傾向にあるものの,企業規模を問わなければ,査定つき年功給は日本でもっとも普及している賃金形態の1つといえよう。このような査定につき年功給においては,対人サービスにおいて,感情管理の遂行が査定の対象とされることで,大きな威力を発揮してきたことは論を俟たないであろう。

② 次に職能給は,「不特定の職務についての(労働者の)能力」を「労働者の属性」とみなし,それに対して支払う賃金形態であり,ここでの職務概念は,抽象的に想定され融通無碍に変わり得るものであり,しかもこのような「不特定の職務についての(労働者の)能力」は顕示的に存在するものではなく,いわば労働者の「潜在能力」を意味し,むしろ職能給では,職務の概念がないというのが適切であるといえよう。そもそも特定された職務についての能力でも,前述したとおりその査定に主観が入るが,「不特定の職務についての(労働者の)能力」においては,客観的かつ一義的に決まらず,使用者による人事査定が不可欠となり,その査定は,年功制以上に評価者の主観に依存する部分が大きくなる[30]。

---

[30] 人事査定制度は後述するとおり,職務分析とペア関係にある。人事査定は,その職務につく労働者がどれほど職務を達成したかを評価することを意味し,査定結果にしたがって,個々の労働者に支払われる賃金金額が決定され,査定結果は労働者に通知されることが,欧米社会では当然とされて

職能給は，1970年前後から1990年代初めまで，民間大企業でもっとも普及し重視された賃金形態であり，多くの場合，査定つき年功給と職能給とは並列して設定され，両者の構成比率をどの程度にするかが，当時の賃金管理実務者による大きな関心であった。職能給は，その出自も建前も，査定つき年功給とは異なるものであり，賃金体系上，性格的特徴（＝情意）を重視する年功制と，能力を重視する職能給とは明確に区別されてはいるが，両者は外観ほどの違いはなく，賃金形態としてはむしろ類似しており，両者ともにその性格は，「労働者の属性」に対して支払う「属人給」なのである。すなわち，査定つき年功給は「性格的特徴」に支払い，職能給は「能力」に支払い，さらに，この「能力」は「不特定の職務についての（労働者の）能力」であるから，年齢または勤続年数の増加と共に，能力もまた向上すると考えるのが自然であり，職能給が年功給的になるのは，その運用を間違ったのではなく，本質的に当然のことであったといえよう。とりわけ職能給における評価要素とされる「成績」「能力」「情意」は，いずれも感情管理の要素となってくることになる。

　例えば大手デパートである「伊勢丹」は，従業員約4,000名（2008年現在，男性1,800名，女性2,200名），平均勤続約18年（平均年齢約40歳）であり，入社1〜2年目の接客業務に従事する従業員の昇給に際しての能力評価要素として，「販売係員として必要とされる能力」があり，それは（図表3-8）のとおりであるが，「自ら進んで仕事に取り組んでいる」「常に問題意識をもって社内外の情報に注目し，創意工夫に心がけているか」等は，客観的指標というよりも，評価者の主観に左右される要素が大きいことは論を俟たないであろう[31]。

　　いる。もっとも，人事査定の書式における評価要素は主観的評価に依拠せざるを得ないものを含むから，人事査定の主観性は完全には排除されていない。このような職務評価制度の中では，当然のことながら感情管理も，職務分析の一内容として，賃金要素に含まれることになる。
[31]　日本経団連出版編『最新・成果主義型人事考課シート集』（2003年）52頁

第3章 感情労働の法的分析

図表3-8 能力評価要素；昇給（1級S用）

	評価要素		評価項目	評価ウェート	評 価
販売係員として必要とされる能力	意欲	1. 自ら進んで仕事に取り組んでいるか	・常にお客様の動きに目を向け，声をかけ，積極的にアプローチしている ・指示された仕事はすぐに実行している ・常にお買場内の整理，整頓に心がけ，きれいで買いやすいお買場づくりに努めている ・常に自己啓発に努め，担当の仕事のなかに活かすように努めている	20	S A B C D
		2. 常に問題意識をもって，社内外の情報に注目し，創意工夫にこころがけているか	・常に問題意識をもってお客さまの声に耳を傾け，情報をSMに報告するとともに，時にはその対応を提案している ・担当の仕事についてよりよい方法を工夫している	10	
	能力	3. すぐれた販売の技術知識をもち，成果に結びつけているか	・いつもニコニコ，キビキビ，ハキハキと笑顔で親切な接客をしている ・素早くお客さまの要望をつかみ，正確で迅速な販売をし，お客さまに満足していただいている ・自らの力で売上げ目標をつくるため，「何を」「いくつ」「だれに」「どのように」販売するか工夫し，実行している ・担当商品のセリングポイントをつかみ，お客さまに満足していただける説明をしている ・日々の接客を通してIカード会員を獲得し一人でも多くの固定客をつくるよう努めている	30	S A B C D
		4. お客さまの購買意欲をそそるような商品のみせ方，並べ方，陳列をし，その維持に努めているか	・陳列の基本を理解し，担当商品の特徴を的確にとらえ，効果的なみせ方，並べ方，陳列に努めている	10	S A B C D
		5. 販売に付帯する業務は素早く正確に行われているか	・ストック商品はきちんと整理され，品出しを迅速に行っている ・金券，クレジット，各種伝票，進物品などの基本的な知識をもち，正確な販売に活かしている ・指示された付帯業務は素早く，正確に処理し，より多くの販売時間をつくり出している ・担当商品についてのお客さまのご要望，売れ筋商品，欠品商品などを正確にSMに報告している	10	S A B C D
	マナー・チームワーク	6. 正しいルールとマナーを身につけ，よいチームワークを保ち職場を明るくしているか	・仕事を進める上でのルールや就業規則などを正しく守っている ・身だしなみ，服装は清潔・健康的で節度があり，私語・雑談もなく，礼儀正しい話し方でお客さまによい印象を与えているか ・チームのなかでの自らの立場をよく考え，よいチームワークを保つよう努めている	20	S A B C D

出所：日本経団連編『最新・成果主義人事考課シート集』（2003年）

(3) 「成果主義賃金」制度

賃金制度の「改革」

1990年代以降における先進工業国のいずれであっても，様々な新しい動向をみることができる。いわゆるグローバリゼーションにより，世界的規模での市場競争の激化に各国の各企業が賃金管理の面で対応しようとした結果，現行の賃金形態を批判し，別の賃金形態を採用すべきであるとの提唱とその部分的実践である。

米国では，新動向は「新賃金（new pay）」と総称され，1つの方向は，「変動給（variable pay）」の方向であり，もう1つの方向は「人に支払え，職務に支払うな（Pay the Person, not the Job）」のスローガンに集約される方向である。

日本では，感情管理労働を含む主としてホワイトカラーを中心とした賃金改革の新動向は，「成果主義賃金」改革と総称してよいであろう。日本企業は，バブル経済期までは，職能給こそが日本企業が好業績である理由の1つとさえ主張していたが，バブル経済の崩壊後，特に1998年前後に日本を代表する大企業でさえ経営破綻（例えば山一証券など）や経営危機（例えば日産自動車など）に陥った後になると，日本企業のそれまでの競争優位が失われたことが強く意識され，それまでの職能給賛美から一転して，職能給批判・否定を強め，「成果主義賃金」志向を強めたのである。職能給を批判・否定する論点は多様であったが，結局のところ，職能給とそれに密接に関係する「日本的雇用慣行」すなわち「長期勤続」「雇用保障」「内部昇進」「配置転換」「OJTによる能力養成」「新規学卒採用」「長期勤続を前提とした労働者間「能力」差による昇進競争」などは，1990年代に市場における企業間の競争条件が急激かつ質的に変化した後には，競争優位の理由にならなくなったのではないかという懐疑であった。そして，この懐疑のもとに，職能給とこれら「日本的雇用慣行」を大幅に変更し，変化した市場の競争条件に対応できるようなものに変え，日本企業に新たな競争優位をもたらすことを

願望し、この変更を象徴表現する用語が「成果主義賃金」改革であり、感情管理労働もこれと共にクローズアップされることとなってきたのである。

このような近年の「改革」の特徴は、いずれにせよさまざまなレベルでの既存の属性基準賃金の改革を指向するものであり、第1には、民間企業における、「年俸制」や「役割業績」給の強調に代表される職能給からの包括的な改革志向であり、第2には、人事評価における目標管理制度などの導入であり、第3には、公務員の賃金制度改革であり、第4として、前述した非正社員における時間単位給の急速な量的拡大といえよう。

年俸制

「年俸制」が「成果主義賃金」の代表例といわれることが多いが、前述したとおり年俸制は賃金支払形態の1つであり、「年という時間を単位にとる賃金」支払形態であり、様々な賃金形態や賃金関連制度を特定して意味するわけではない。年俸制とは、前述したとおり通常1年間を単位に、賃金の重要部分につき、労働者と使用者の間の合意により個別に設定された目標の業務達成度・業績の評価を通して成果を測り、賃金額を個々人ごとに決定する賃金制度を指し、さまざまなタイプがあるが、わが国では年俸額の一部(基本年俸の一部と賞与)が業績評価にもとづいて確定される制度(年俸額が算定期間始めに予め確定している、いわゆる確定型)が最も普及しているといえよう。

年俸制などの成果主義賃金が最近普及している背景としては、前述したとおり、グローバル化した大競争時代に企業の競争力を回復させる方法の1つとして、人件費総額を抑制しつつ、同時に労働者の勤務業績を引き上げるべく、賃金を労働者個々人ごとに決定するいわゆる賃金管理の個別化が進行している点を指摘できよう。ここでは賃金額が個々人ごとに交渉され決定されるので、総人件費は使用者主導で管理しやすく、この動きは人事管理の個別化の一環でも

ある。感情管理労働を中心とするサービス産業の比率が高まるという産業構造の変化，裁量性の高い仕事が増えてきたという業務内容の変化，さらにはIT化の中で情報技術の修得や活用に年齢差が出やすいために，青年層が特に年功的賃金に不満を感じ，個々人ごとに異なった処遇をすることを肯定する労働者意識の高まりや，労働者の年齢構成からみると，団塊の世代が中高年になってきて，従来型の賃金管理では企業にとって人件費が高くつくという一時的な事情も重なっているといえよう。

　ところで年俸制が広く普及するためには，職能給など属性基準賃金に密接に関係する雇用慣行，すなわち職務の概念が存在せず，担当すべき仕事の内容が融通無碍に変化するような雇用慣行が修正され，それぞれの「役割」が多少とも明確に定められる必要がある。「役割」が明確に定められなければ，個々の労働者の能力を発揮することはできないからである。それと同時に労働者に対する「配置転換」が，労使間に摩擦をうむ可能性をはらむことになろう。何故ならば労働者にとって，自分の能力を発揮できないところへ「配置転換」され，そのままに低く評価されることは納得し難いことだからである。したがって，従来からの雇用慣行が修正されない場合には，結局のところ，職能給と役割・業績給の違いは不明確になってしまうことになる。成果主義賃金制度を導入しようとした日本企業のうちに，制度をさんざん検討したあげく，職能給との違いを明確にできなかったと反省する企業が存在するのは，主にこの理由のためであろう。なお年俸制といっても，実質上は，従来からの月給とボーナスを合算したにすぎず，もとになった月給は査定つき年功給や職能給とか，「年俸制」の名称ばかりを宣伝するにも関わらず，その内容を明らかにしない企業もある。このように，当該の年俸制と呼ばれるものが賃金形態として何であるかは，その内容をあらためて考察しなければ識別できないことはいうまでもないことのなのである。

　年俸制の問題点は改めて後述することにしよう。

第3章　感情労働の法的分析

定期昇給・諸手当の廃止

成果主義賃金制度においては，定期昇給を停廃止し，それをボーナスという変動給的な制度修正に連関させていることが共通した特徴となっている。1990年代後半のいくつかの代表的日本大企業は，業績が極度に不振になって定期昇給の原資すらなくなって，定期昇給を行えなくなり，その後，業績が回復し定期昇給の原資ができても，定期昇給を再開せず，定期昇給の原資分だけボーナス額に振り向ける傾向を強めた。定期昇給があることは年功給であることとほぼ同一の意味であることから，実際上は年功給の否定になり，この価値観の変化は極めて大きなものであった。

さらにどのような属性基準賃金であっても，いわゆる諸手当が付加給として数多く存在するが，それら諸手当のうち，扶養家族手当や住宅手当など生活関連手当の廃止が実行されていった。これらの廃止は「生活給」ないし「家族賃金」思想の否定であり，この意味で，属性基準賃金から離脱する試みといえ，それだけ，感情管理労働を含む職務給の比重が高まることを意味しよう。

役割・業績給

「成果主義賃金」制度においては，「特定された役割」と「それに対する業績」である「役割・業績給」が強調される点に特徴があるといえよう。役割・業績給では，まず第1に「特定された役割」が強調され，これによって職能給を否定する機能を果たすことになり，第2に「業績」が強調されるようになったが，「特定された役割」との関連が不明確であることから，結局のところ「職務の価値」給に近づくこととなった。このような「役割，業績」給でも，感情管理労働の比重が増している。例えば製造業である石川島播磨重工業（従業員約8,700人，男性8,000人，女性約700人）の一般職員の人事評価においては，「特定された役割」である対象職区分別の評定着眼点の定義と行動例が具体的に記載されているが，その内で「対人関係力」の理由では，表現力，レスポンス，交渉力など感情労働を本

質とする項目が評価対象とされている（図表3-9）。ここでも感情管理が重要な業績評価の対象とされているのである[32]。

人事評価・査定制度

「成果主義賃金」改革は，人事評価・査定制度にも変更を迫っており，まず三大評価要素である「情意」「成績」「能力」間の相対的比重の変更を指摘できよう。すなわち査定つき年功給にとって重要な評価要素であった「情意」の比重が縮小し，かわりに「成績」の比重が高まっていることである。

さらに従来からある目標管理ないし自己申告の機能強化を指摘でき，成果主義においては，「知能や技能」は前述したとおり「特定された課業・役割を達成する知識や技能」であり，成果の達成に直結した能力でなければならないが，特にホワイトカラーにおいては，営業職等の一部の職務を除いて，これらを満たすことはほとんどできない。そこで，これらを満たすことができなくても，「職務の成果」給を実現するために活用されることとなったのが，従来からの目標管理ないし自己申告制度である。目標管理ないし自己申告制度によれば，「成果」とは何かを定義することも，達成した成果はどの程度かを決定することも，労働者自身の自己申告および当該労働者と査定者である上司との協議によって行われることになる。実際にはそれは成果の客観的な定義でもなければ，数値測定された成果でもないにも関わらず，「自己申告」と「協議」の形式によって，それらに代替できると考えられたのである。

目標管理制度ないし自己申告制度は，1960～70年代から日本企業に導入されてある程度は定着してきたが，それが年俸制ないし「成果主義賃金」に関連する制度として，1990年代に新たな機能を得たのである。もっとも，本当に代替できるのかの疑問は，消えることはないのであり，その問題点も後述しよう。

---

[32] 同上注[25] 222頁。

第3章　感情労働の法的分析

図表3-9　対人関係力

項目	対象職区分	定　義	行　動　例
理解力	全職区分	相手の立場や意見を尊重し，相手の真意を理解する力	相手の立場に立って話を聞き，相手の言葉の背景にあるものを理解している／他部門の担当者と積極的にかかわりをもち，さまざまな考え方や意見を理解している／関係者の声に積極的に耳を傾け，自分への期待や要望をとらえている／先入観をもたずに大きな度量をもって反対意見にも耳を傾けている
レスポンス	全職区分	相手からの要望に対し，迅速に対応し，解決策を提示していく力	相手からの要望に対し，素早く迅速に対応している／深く考えすぎることなく，まずは相手からの要望に応えようとしている／社内外の要望や投げかけを放置せず，スピーディに対応策を打ち出している／要望に応えるための解決策を考え，相手に提示している
表現力（口頭・文章）	全職区分	相手の立場や状況を踏まえ，自己の考えを明確に伝える力	相手の立場や状況を考慮しわかりやすく話をしている／相手が理解しやすい順序・言葉で話をしている／企画書や提案書を相手にわかりやすい表現で作成している／正確な業務知識にもとづき論理的かつ明確なプレゼンテーションを行っている／相手に対し必要な情報（図・データ・文章）を活用して，効果的なプレゼンテーションを行っている
交渉・折衝力	E, S1, F, HT, T, CG, HG, G	異なる利害を調整しながら合意点を見出し，社内外の相手を説得する力	交渉にあたっては論理的かつ冷静に自らの意思を伝えている／論点や意見の食い違いを明確にしながら交渉を進めている／信頼関係を損なうことなく社内外の関係者に自部門の意向を理解してもらっている／相手と利害が対立しても安易に妥協することなく，ねばり強く合意点を見出している／経営的視点をもち，前社利益の最大化をめざして利害調整を行っている
指導・育成力	F, HT, T, CG, HG, G	部下やメンバーの特性を把握し，計画的に指導することにより職務遂行能力を向上させる力	率先した行動により部下やメンバーの規範となっている／部下の能力や特性に適合した作業計画・指導方法をとっている／部下の仕事の結果や報告を十分にチェックし，適切な指導を行っている／部下の悩みをよく聞いてやり，適切なアドバイスをする
チームワーク	全職区分	自己の利害にとらわれずに周囲と協力し，新しい価値を生み出す力	好き嫌いの感情によらず他者と接し，自己の利害にとらわれずに周囲と協調している／関係者の理解や協力が得られるよう，日頃のコミュニケーションを通じて信頼関係を構築している／より高い成果を生み出すために関係者との意識・情報の共有をはかり，協力体制を築いている／周囲との協働作業によって，新しい価値を生み出している
リーダーシップ	E, S1, F, HT, T, CG, HG, G	部下やメンバーへの期待を明らかにし動機づけ，目標達成に向けて自発的な行動を促進させる力	部下やメンバーに対し，期待や要望を明確に自分の言葉で伝えている／業務の意義を部下やメンバーに理解させ，しっかりとした動機づけを行っている／目標達成に向けて部下やメンバーを統率している／部下やメンバー一人ひとりの長所を引き出し，成長を支援している

出所：図表8と同じ。

公務員の賃金形態

最後に公務員の賃金形態をみると公務員の従来からの賃金形態は、形式上は職務給であるが、実質上は無査定の年功給であり、現在の改革の動きは人事査定制度を伴う賃金形態を導入しようというものであり、いわば、公務員の賃金形態を民間企業の賃金形態に変更しようとの企図にもとづくものといえよう。使用者（国、自治体）側の企図は、端的にいえば、人事査定制度の導入が主眼目であり、属性基準賃金であることを改革しようというものではない。したがって、その改革の志向は、無査定の年功給から職能給への改革と理解すべきである。例えば2000年4月から東京都教員へ導入された人事査定制度は、三大評価要素をはっきりと残し、主観度が高い評価要素「情意」「能力」の比重が大きく、第一次査定は絶対評価であるが最終結果は相対評価となり、最終結果を教員に通知せず、最終結果について教員が持つ不満を解決する仕組みはない。こうした査定制度を伴う賃金形態は、職能給ではあるものの、査定つき年功給に傾いた形態と考えられる。しかもこれらの査定制度においては、いわゆる業績評価が重要な要素として含まれ、公務労働においては公務サービスが大きな役割を占めていることから、このような改革は当然のことながら感情管理が人事査定に含まれることになってくるであろう。

成果主義賃金制度と人事査定制度

成果主義賃金制度においては、前述したとおり年俸制や役割・業績給、さらには自己申告にもとづく人事評価査定制度の導入などによって賃金制度が大幅に改変されるようになり、感情管理労働の比重が高まっているが、このような「制度」の問題点は後述するとおり、とりわけ導入に際しての「合理性」の評価をめぐって顕在化することになる。

そもそも成果主義賃金制度においては年俸額は個々人ごとに決められ、その際業績評価が直接に賃金額を左右する点で、使用者によ

る評価が大きな比重を占め，集団的賃金決定システムの場合とは大きく異なる。すなわち，集団的な賃金決定方式では組合との団体交渉を通して賃金体系や賃金額が決定され，そのうえで使用者が評価して労働者をいずれかの職位・賃金等級に格付けしているが，個別的な賃金決定方式では，個別交渉が行われることが不可欠である。何故なら，仮に組合員に年俸制が適用され，年俸制が労働協約により規整されるとしても，その規整対象はせいぜい年俸制の制度枠組みにとどまり，年俸制が適用される労働者個々人の最終的な年俸額を組合が労働者に代替して交渉し決定することはないからである。

このような年俸制に代表される成果主義賃金は，賃金を個々人ごとに決定するのであるから，従来からのわが国の賃金決定方式の大幅な変更を意味する。そこでは個別の労使交渉が重要になり，これが組合員に適用される場合には，組合の団体交渉の役割は大きく低下する。個別交渉では目標設定および目標達成度評価で労使が対等な立場で交渉することが予定されているが，他社からスカウトされるような市場価値の高い労働者は対等交渉を行い得るとしても，実際にはそうではない労働者のほうが遥かに多い。そこで，労使間における優劣関係が交渉に反映し，高目に目標を設定することに労働者が応じざるを得ない事態が生じやすい。その場合に，結果として目標達成度が低くなった場合には，達成度が低いのは本人の責任であるとして低目の年俸額が正当化されることになりがちである。制度趣旨としては目標の達成度を個人ごとに評価するという絶対評価を原則としても，実際には総人件費による制約から，最終的には相対評価にならざるを得ない場合が多くなろう。

また，年俸制では年俸額が減額されることがある。減給は生活が苦しくなるにとどまらず，労働者にとっては，「あなたはうちの企業には要りません」と通告されるようなものであり，中高年労働者がそれを契機に不本意ながらも退職することが少なくないであろう。そして，日本の労働市場構造では，まだ自発的な転職（中途採用）は不利な処遇をもたらすことが多いという事情は労働者側に不利に

作用することになる。この点では，組合員に年俸制が適用される場合には，組合として個別交渉をサポートする手続（例えば，労働者が希望すれば組合役員が交渉に同席することを認める）を整備することが望まれる。目標管理制度とリンクさせる場合には，評価可能な目標・評価基準を設定しておかないと，業績評価をめぐる労使紛争が頻発することが予想され，すでに富士通のように，このような不都合を感じて年俸制の制度設計を見直している事例もある。

さらに成果の測定は主観性を伴う定性的評価によるから，例えば前述の評価着眼点の「対人関係力」についてみると，「レスポンス」である「相手からの要望に対し，迅速に対応し，解決策を提示していく力」の具体例として挙げられている，「相手からの要望に対し，素早く迅速に対応している／深く考えすぎることなく，まずは相手からの要望に応えようとしている／社内外の要望や投げかけを放置せず，スピーディに対応策を打ち出している／要望に応えるための解決策を考え，相手に提示している」などは，いずれも行為者や相手方の主観が入りやすい行為であり，同じく「表現力」や「交渉，折衝力」に挙げられている具体例にもあてはまることである（図表3-8）。これらの項目で評価を上げようとして，必要以上に顧客におもねたりすることによりトラブルとなったり，いわゆるモンスター・カスタマーに対する処理を誤る一因となる可能性が指摘できよう。また，使用者側にとっては，この制度は実績を上げた労働者には高い年俸額で報いて勤労意欲を喚起するのに役立つ反面，年俸制が適用される労働者が業務ノウハウを他の労働者に教えたがらなくなったり，目立つ仕事に就きたがるなどのマイナス傾向が指摘されていることに留意する必要がある[33]。

---

[33] 成果主義の導入は，通常は就業規則や労働協約の変更によって行われ，同期・同学歴の労働者間に大きな格差をもたらすことから，実際には就業規則変更の「合理性」の問題として争われることが多い。裁判例では例えば，能力・成果主義の賃金制度そのものは時代の要請であるとか（ハクスイテック事件・大阪高判平13.8.30労判816号23頁），労働者の自己研鑽によって昇格・昇給する平等な機会を保障している（ノイズ研究所事件・東

第3章 感情労働の法的分析

公正評価義務

年俸制では、評価基準が個人ごとに異なることが多く、年俸額は業績や目標達成度の評価によって確定されるので、業績が客観的かつ公正に評価されることが強く求められる。また、評価基準・手続きが客観的であれば、使用者が「公正に評価した」ことがそれだけ容易に裏付けられる。成果によって評価されることが妥当な職種・職位に適しており、そうでない職種・職位に適用するときには限定的に解する必要がある。

年俸額確定のために使用者が労働者の業績・目標達成度を評価する行為は、人事考課とは異なり、それによって年俸額が直接に左右されるという大きな影響を持つので、使用者には、制度趣旨に即して労働者の業績を公正または適正に評価する義務が生じる。能力や業績の評価にもとづいて賃金額を決める場合には一般にいえることである。それを如何に法律構成するかにより、法的性格、法的根拠等において相違が生じるのである。

使用者が労働者の業績を評価し年俸額を確定するにあたり、使用者に求められる配慮・注意は、評価の後に最終的に年俸額を決定するのが使用者単独か、それとも労使合意によるかによって違いが生じる。その理由は、後者であれば、労働者の同意なしには年俸額が決定されないので、評価行為に不備があっても、それが労使交渉で治癒される可能性があるからである。したがって、最終的に使用者が決定権を有する場合に比べ、労使は、合意決定手続きではミニマムな要件で足りると解される。

京高判平 18.6.22 労判 920 号 5 頁)などの理由により、一般的には制度導入自体の合理性を認める傾向が強いが、他方では、それによって高齢労働者の犠牲のうえに賃金総額が削減されるような場合や(キョーイクソフト事件・東京地八王子支判平 14.6.17 労判 831 号 5 頁)、新賃金制度によって実質的に賃金低下がもたらされる労働者について、その影響を軽減・緩和するための経過措置がとられなかった場合(ノイズ研究所事件・横浜地川崎支判平 16.2.26 労判 875 号 65 頁、同・東京高判前掲は合理性を肯定)、変更の合理性を否定するにとどまっているといえよう。

この点につき，労働者の業績を使用者が公正に評価する義務を労働契約上の付随義務として理解する見解がある。すなわち，業績評価により直接に賃金が確定されるという評価行為の意義に照らして，その行為を公正に行うことは賃金支払義務に付随するとして，①公正かつ客観的な評価制度の整備・開示（具体的には，目標管理制度を含めた双方向的制度，透明性・具体性のある評価基準，評価の納得性・客観性を保つための評価方法，評価を処遇に反映させる明確なルールなど），②それに基づいた公正な評価（具体的には，労働者の能力に即した目標設定の適切さ，能力発揮のための環境整備の有無，評価者の評価能力など），③評価結果の開示・説明責任（具体的には，評価結果をフィードバックして労働者の納得を得る），④労働者が評価に不満を抱いた場合の整備等が主張されている。この場合とりわけ③④が重要であり，例えば③では，目標・評価基準の客観度が低いときには，使用者により詳しい説明が求められたり，④では，年俸額が確定しない場合に備えて，使用者の評価手続きに不備やミスがあれば，当事者間の交渉で調整を行うことなどである。このような制度構築により，交渉に先立つ使用者の評価行為では，年俸額が確定されるわけではないので，労働者の意見も反映させる双方向的評価手続を整備すること，透明性・具体性のある評価基準を整備して開示すること，評価結果を本人に開示・説明する必要性が求められることになり，このような制度作りが，公正評価義務を担保することになろう。感情管理労働が無定量な性質を有しており，査定・評価に際して使用者側の主観が入りやすいことから，とりわけ公正評価が求められているといえよう[34]。

---

(34) 毛塚勝利「賃金処遇制度の変化と法」労働法89号（1997年）19頁以下，唐津博「使用者の成果評価権をめぐる法的問題」季労185号（1998年）45頁以下，石井保雄「人事考課・評価制度と賃金処遇」21世紀講座（5）132頁以下，盛誠吾「人事処遇の変化と労働法」民商119巻4・5号（1999年）513頁以下，土田道夫『労働契約法』有斐閣（2008年）258頁以下など。

第3章　感情労働の法的分析

| 成果主義と
| 感情労働

目標管理による競争と業績査定で賃金・処遇を決める成果主義の個別管理の強化は，査定評価の恣意性・主観性が差別や不公平をもたらす。これは職場のチームワークや助け合いを乱すと共に，開発した技能，技術は自分の成果として他人に伝えなくなることで，技能・技術の伝承が阻害される。目標設定も，短期に成果が出て評価されやすいものに集まり，開発が難しく長期にわたる基盤技術などは敬遠されることで企業の開発力の低下につながっていく。その上，雇用・就業形態の多様化で，雇い主も作業形態も異なる労働者が職場に混在してくる中で，相互の連絡・コミュニケーションの欠落が能率の低下を招いたり，重大事故を引き起こすなど，かえって経営の基礎を揺るがすおそれさえ生じてきた。

日本経団連もこれに危機感を持ち，「現場力」の低下として，行き過ぎた雇用の流動化・多様化と成果主義への手直しを提起せざるを得なくなった。「2004年版経営労働政策委員会報告」では，次のように問題点を認めている。※

　　※「企業としては，この問題を単に規律の問題としてでなく，『現場力』，すなわち現場の人材力の低下の反映であると，危機感をもって認識する必要があろう」。「現場力を高めるためには報酬や懲罰だけでは不十分であり，……雇用と労働条件に対する安心感，仕事に対する充実感や組織に対する帰属意識を涵養することによって，企業活動に対する責任感を，組織レベルと個々レベルの双方で高めて行く努力が必要となろう」（66～67頁）。

　成果主義に対し見直しを進めている企業も増えている。日本能率協会が2009年8～9月に行った調査（回答706社）でも38.8％が見直しを，2.4％が廃止したと答えている（「朝日新聞」2010年8月31日付）。日本経団連も『仕事・役割・貢献度を基軸とした制度』への見直しを提起している。しかしその狙いは「チームワークの醸成で長期的視点に立った企業業績の向上」であり，評価制度の見直し

も「短期の個人業績に偏ることなく，チームワークや人材育成などの視点をバランスよく取り入れることや評価のフィードバック，評価者との日々のコミュニケーションを充実させることで納得性を高める」(「2010年版経営労働政策委員会報告」58頁)というだけで，成果主義の基本的性格をかえるものではない。

このように近年の成果主義や裁量労働制等の導入による賃金制度の変化は，とりわけ感情労働を中枢とするサービス労働において，その労務提供内が不確定／無定量性ゆえに，労働契約の履行における「ゆがみ」を増幅させているといえよう。すなわち，前述したとおり今日の労働現場においては，サービス労働を提供している労働者に自立性と裁量を与えて，「自然な」雰囲気の中で創造的なサービスを提供させる需要がますます強くなっており，したがって，例えば管理者がサービス労働者の感情労働を動員して接客活動をさせる場合には，このような労働形態が不可欠となってこよう。かくして，いわば「自己管理」型の労働形態が必然化してくるのであり，その結果として，賃金と労働時間との乖離が顕著となり，しかも労使の非対等な力関係（交渉力や情報の格差等に起因する）を背景として，労働者は強いストレスの下で労働提供を余儀なくされているといえよう。

❺ 感情労働と職場環境

(1) 感情労働と職場環境

雇用契約においては，すでに述べたとおり，労働者は所定の服務規律や企業秩序にしたがって，使用等の指揮監督下で「労働に従事する」義務（民法623条＝本来的義務）を負うと共に，このような義務の履行に伴って，企業の社会的にみて保護に値する利益を不当に侵害してはならないという信義則上の付随的義務を負うことになり

第3章 感情労働の法的分析

(民法1条2項,労働基準法2条2項など),他方使用者は,「報酬を与える」という雇用契約上の本来的義務(民法623条)を負うと共に,雇用契約における信義則上の付随的義務として,労働者に対して,物理的,精神的に良好な状態で就業できるように職場環境を整備する義務(=職場環境配慮義務)を負っている(民法1条2項)。2008年3月施行の労働契約法も,この趣旨を明らかにして,「労働者及び使用者は,労働契約法を遵守するとともに,信義に従い誠実に,権利を行使し,及び義務を履行しなければならない」「労働者及び使用者は,労働契約に基づく権利の行使に当たっては,それを濫用することがあってはならない」(3条),「使用者は,労働契約に伴い,労働者がその生命,身体等の安全を確保しつつ労働することができるよう,必要な配慮をするものとする」(5条)と規定しているのである。

したがって使用者は,このような義務にもとづいて,労働者の就労を妨げるような障害(例えば職場での暴行,パワハラやセクハラなど)を就業規則などの服務規律で禁止して発生を防止すると共に,これらの非違行為が発生した場合には直ちに是正措置を講ずべき義務を負っており,使用者はかかる義務を怠った場合には,損害賠償等の法的責任を負うことになる。しかも今日職場では,いわゆるメンタルヘルス(心や精神の健康)不全の悪化が世界な規模で問題とされ,例えばアメリカでは就労可能な成人の10人に1人がうつ病に罹患しているとされており,日本でも勤労者の疲労等による疾患のトップが精神疾患で占められ,これらの大半が業務に起因したものといわれている。

とりわけ感情労働が,前述したとおり強いストレスにさらされていることからみても,使用者は労働者が遂行する労務について,適切な感情管理を行う良好な職場環境を配慮する義務を負っているのである。

(2) 職場環境の実態

　感情管理労働は前述したとおり，絶えずストレスにさらされており，その結果，近年職場においてはストレスによる疾患が急速に増加し，深刻な問題となりつつある。このようなストレスによる被害は，まず感情労働の担い手である労働者自身の身体，精神に影響を与え，さらには被害者をとりまく人間関係に職場環境全体へと影響を広げていくことになるが，近年強まっているいわゆる自己責任論や精神的被害に対する当事者らの無自覚や無知が，被害を拡大している面が少なくないといえよう。例えば内閣府自殺対策推進室調査によると（平成20年2～3月実施），「ストレスや悩みを感じたときに誰かに相談したり，助言を求めること」を「恥ずかしい」と思う者が，男性で約2割に達し（女性で約1割），年齢別でも40代以降は年代が高くなるほどこの割合が上昇している（図表3-10）。

　またサービス業を中心とした感情労働では，顧客からの理不尽な要求や上司からのパワハラ等の不当な攻撃が加えられた際，個々的にみると些細なことでも，そのような行為が継続する中で，当該労働者の心身に強いストレスを与え精神疾患をもたらすことになっても，上記のような事情から使用者や当該労働者が被害に対して無自覚であることがしばしばある。これに加えてデカルト以来のいわゆる心身二分説の影響もあり，目にみえる身体的被害に比し，労働者自身がうつ病等の精神的被害の重大さに対する無自覚と無知が被害の拡大の一因となっているともいえよう。

ストレスの増大

　さらにこの間のリストラなどで従業員が減少したことによる仕事量の増大や，使用者からの際限ない業務命令に従わざるを得ないという職場の環境を背景として，長時間の過重な労働による過労やストレスを増大している大きな要因ともいえよう。例えば，過労死研究で著名な上畑鉄之丞氏と天笠崇氏が2005年に行った過労自殺と思

第3章 感情労働の法的分析

図表3-10 助けを求めることは恥ずかしいことか

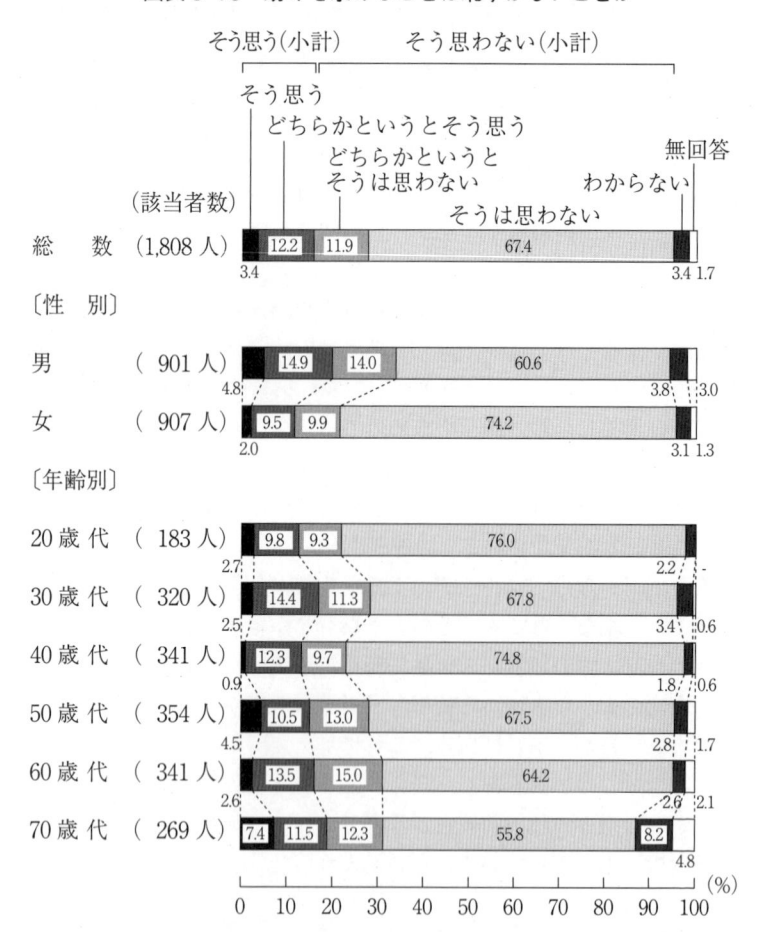

	(該当者数)	そう思う	どちらかというとそう思う	どちらかというとそうは思わない	そうは思わない	わからない	無回答
総　　数	(1,808人)	3.4	12.2	11.9	67.4	3.4	1.7
〔性　別〕							
男	(901人)	4.8	14.9	14.0	60.6	3.8	3.0
女	(907人)	2.0	9.5	9.9	74.2	3.1	1.3
〔年齢別〕							
20歳代	(183人)	2.7	9.8	9.3	76.0	2.2	-
30歳代	(320人)	2.5	14.4	11.3	67.8	3.4	0.6
40歳代	(341人)	0.9	12.3	9.7	74.8	1.8	0.6
50歳代	(354人)	4.5	10.5	13.0	67.5	2.8	1.7
60歳代	(341人)	2.6	13.5	15.0	64.2	2.6	2.1
70歳代	(269人)	7.4	11.5	12.3	55.8	8.2	4.8

出所：内閣府自殺対策推進室　自殺対策に関する意識調査（2008年度）
〈http://www8.cao.go.jp/jisatsutaisaku/survey/report/2-2.html〉

われる事例の調査結果によると，精神疾患を発症したり自殺に至るまでの出来事として，第1は「長時間労働」(81%)，第2は「想定外の重大な仕事の要求」と「ハラスメント」(43.2%) が占め，さら

4 感情労働と賃金

図表3-11 仕事におけるストレスフルな出来事

仕事上の出来事のストレス強度

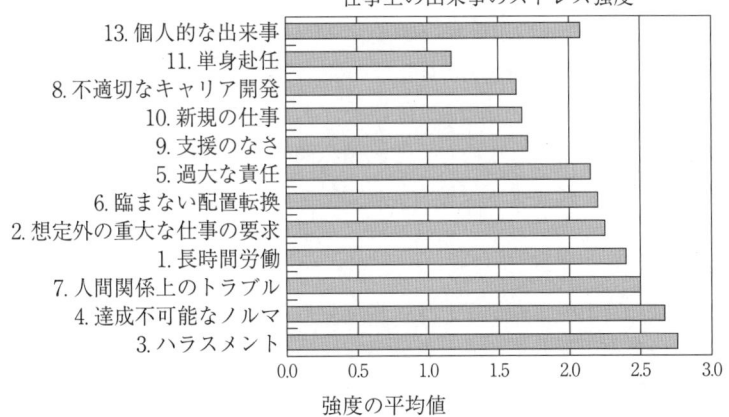

- 13. 個人的な出来事
- 11. 単身赴任
- 8. 不適切なキャリア開発
- 10. 新規の仕事
- 9. 支援のなさ
- 5. 過大な責任
- 6. 臨まない配置転換
- 2. 想定外の重大な仕事の要求
- 1. 長時間労働
- 7. 人間関係上のトラブル
- 4. 達成不可能なノルマ
- 3. ハラスメント

強度の平均値

注．1:強い，2:非常に強い，3:極めて強い として著者らが評価した。

出所：天笠崇『現代の労働とメンタルヘルス対策』，66頁

図表3-12 精神障害の労災申請・認定状況

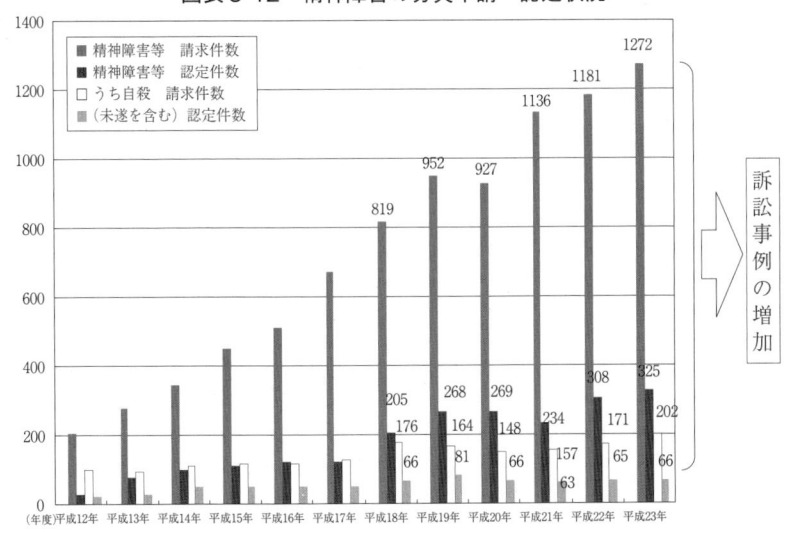

年度	精神障害等 請求件数	精神障害等 認定件数	うち自殺 請求件数	(未遂を含む) 認定件数
平成12年	205			
平成13年				
平成14年				
平成15年				
平成16年				
平成17年				
平成18年	819	205	176	66
平成19年	952	268	164	81
平成20年	927	269	148	66
平成21年	1136	234	157	63
平成22年	1181	308	171	65
平成23年	1272	325	202	66

⇒ 訴訟事例の増加

出所：厚生労働省労働基準局

に「達成不可能なノルマ」(40.5%),「過大な責任」(35.1%) などが続き,また「仕事上の出来事のストレス強度」についてみると,「ハラスメント」「達成不可能なノルマ」「人間関係上のトラブル」「長時間労働」「想定外の重大な仕事の要求」などが,労働者に強いストレスを与えることが明らかとされており,これらの調査結果からも,対人サービスを中心とする感情労働の従事者が,強いストレスの中で労務の提供をしていることがわかろう(図表3-11)。

このような中で近年,感情労働に従事する労働者を含め多くの労働者の中で,仕事上のストレス等によるうつ病やPTSDなどの精神障害による労災補償が急速に増加するようになり,その数は毎年過去最多を更新している。とりわけ医療等,社会福祉,介護,小売業等の主として感情労働に従事する人々の請求件数が多数を占めていることが注目され,ここでも感情労働従事者が強いストレスの中で就労している実態が明らかになってきているといえよう。(自殺も含む。図表3-12)。

これらの職場における精神疾患の蔓延が,感情労働に従事する労働者の身体,精神的被害をもたらすばかりでなく,職場環境全体への被害も与えることは明らかであろう。

(3) 職場環境の変化と感情労働

前述したとおり今日職場における労働者達は,大なり小なりストレスを抱えながら職務に従事しており,とりわけ対人サービスを中核とする感情管理労働においてはこの傾向は一層顕著といえ,その背景としては,前述したさまざまな要因に加えて近年のいわゆるグローバリゼーションの広がりの中で,近年のアメリカ流のグローバル/新自由主義により,短期的企業収益を目指した成果主義が職場に導入され,職務に対する要求レベルの異常な高さを生み出してきたことで拍車がかけられてきたといえよう。

さらに1990年代後半以降の派遣法の原則自由化(1999年)や,それに先立って1995年日経連(経団連の前身)が提唱した「新時代

の日本的経営」では,雇用形態を3層に分け,第1層の「長期蓄積能力活用型」→管理職,総合職で正規社員,第2層の「高度専門能力活用型」→企画,営業,研究など専門職で契約,派遣社員,第3層の「雇用柔軟型」→一般,販売員などでパート,有期契約,派遣社員からなるヒエラルキー型の雇用システムの導入の提唱であった。以後,このような経営・雇用システムはわが国の雇用社会に急速に導入され,派遣,契約,パートなどの非正規社員化が猛烈な勢いで進展し,今日,労働人口の3割,1780万人に達して,これらの人々が「金融危機」の中で「高速派遣契約切り」の対象となっていることは,周知の事実である。

　そればかりか,これらの雇用形態のヒエラルキーは固定化され,事実上,職場における「身分制」化していることである。すなわち職場では,管理職従業員→一般職→パート,有期,派遣という階層／身分ヒエラルキーが形成され,このようなヒエラルキーにもとづく上司からの指揮命令が,部下に対する強いストレスとなってゆき,労働者個々人が,精神疾患等に罹患し,PTSDや自殺の遠因となっているといえよう。

職場環境の変化

特に今日のわれわれの社会は,フリーターやニートという言葉に代表されるように,パートタイムや派遣・下請等の非正規・不安定雇用がますます増え,「勝ち組」と「負け組」の二極分をもたらしており,このような「負け組」の存在と増加は社会の一部に下降傾向をもたらすことにもなり,社会の中の下層傾向の存在・増大は,従来の長期雇用を背景に作り上げられてきた組織内の対人関係に歪みをもたらし,働く人は個性を奪われて使い捨てとみなされるようになり,このような環境の中で,従業員は絶えず「使い捨て」(それは「失業」であったり,「負け組」への「転落」を意味する)の恐怖と闘うことを余儀なくされ,何とかこれを回避しようとした場合,いわば職場という「閉ざされた政治空間」から「逃亡の自由」が事実

第3章　感情労働の法的分析

上閉ざされていることを意味することになる。このような「使い捨て」の恐怖との闘いの中で，事実上「逃亡の自由」が奪われるというパラドックスが成立している職場において，強いストレスから精神疾患等に罹患する労働者が増加しているといえよう。

その結果は業績不振などが原因となって職場の中には過剰なストレスがたまり，人間関係のもつれも多くなっており，そのため，部下や少数者，性格的に弱いとみなされた人や後ろ盾のない人などが，上司や多数者である周囲の人たちからいじめの対象とされたり，いわゆるスケープゴートとされたりすることになる。

例えば，企業における成果主義の進展の中で，能力のある部下が高い評価を得られないように業務の完成直前に配置換えされたり，稟議書の中のミスを本人には故意にそれを告げず上司の前で恥をかかせるなど，特定の人間（主に上司）が特定の人間（主に部下）をいびりぬく場合があり，また，上司や同僚との意見の食い違いなどがどんどんエスカレートしていくうち，職場の少数派として「職場八分」の状況に追い込まれてしまう場合もあり得るのである。

このように現代の資本制社会においては，企業や多くの組織では効率性が重視され，従業員は会社の単なる人的資源もしくはコストと位置づけられ（＝「労働の商品化」！），その結果として従業員の人格や人間性の尊厳等がしばしば無視される事態が発生している。

今日ではこれに加えて，過度の結果志向や不十分な伝達経路，管理指導能力・紛争解決能力・チームワーク・多様性教育等の不足あるいは欠如などの不適切な経営管理が蔓延しており，これらが従業員に強いストレスを与えることになっているといえよう。

「企業風土」の改革

職場におけるストレスの広がりに着目した場合には，職種や業種によっても違っており，特に第三者と接触することの多い医療職やサービス業など，総じて仕事に対する要求度が高くしかも個人の裁量の範囲が狭く，結果として高レベルのストレスや不安を生じるよ

うな職場では，ストレスによる心身の疾患の頻度が高い傾向を示している。このような慢性的にストレスの激しい環境では，課せられた要求についていけない従業員たちはあらゆるレベルで心身の疾患をきたす可能性を有しているといえるであろう。

　すでに述べたとおり，人々が所属し生活する社会の道徳観，規範意識や社会構造，人々の考え方などが組織の体質に大きな影響を与えており，例えば，今日わが国の「勝ち組，負け組」に代表されるような，経済的価値にウェートが置かれる社会では，働く人を単なるコストや消耗品とみなす考え方が助長され，これらの価値規範が組織内での人々の意識に大きな影響を与えていくことになろう。会社組織が個々の人間労働によって構成されているという事実に思い至るまで金銭か技術のごとく考えられ，自己実現を目指して仕事を達成する創造的人間とはみなされていないのである。

　しかも産業構造のサービス化の中で社会の中核的部分を占めるようになってきたサービス部門の仕事は，人間相互の関係に重きを置くいわゆる「気遣い・感情労働」の典型であり，さらには今日強まってきているいわゆる自己責任論により，救済を求めたり，求められたりすることを困難としており，これらの被害に拍車をかけているといえよう（毎年の自殺者が3万人超となっている）。

　したがってこのような事態は，あらゆる職種やタイプの職場で発生する可能性があり，これらを解決するキーワードの1つは，従業員の人格や人間性を尊重する企業行為であり，具体的には職場における適切でオープンなコミュニケーション，意思決定への従業員の参加，多様性や個々のアイディア，人間性の尊重と評価等によるチームワークの涵養等により組織内での対立や従業員のストレスの発生を未然に防止することが必要となってくるのである。

(4) 感情労働と労災

　このような中で近年，感情労働に従事する労働者を含め多くの労働者の中で，仕事上のストレス等によるうつ病やPTSDなどの精

神障害による労災補償が急速に増加するようになり，その数は毎年過去最多を更新している（自殺も含む。**図表3-2**）。

認定の新基準

ところでストレスによるうつ病等の精神疾患が発症した場合，労基法は施行規則で，業務上の疾病となる要件を規定し（35条，別表第1の2），業務と疾病の関係について，いわゆる「ストレス―脆弱性論」を採用したうえで，精神障害の認定については，①精神疾患（WHO国際疾病分類第10回修正版［ICD―10］のうち，主としてF2〜F4）を発症していること，②発症前概ね6カ月間に，業務による「強い」ストレス（心理的負担）があったこと，③業務以外にストレスや個体側の発症要因がないことを要件とし，特に「ストレス」強度については度重なる運用基準の改訂によって判断基準を示してきていた[35][36]。

---

[35] 「ストレス―脆弱性理論」は，業務と精神疾患との間の相当因果関係につき，環境由来のストレスと，個体側の反応性・脆弱性との関係で精神破綻が生じるかどうかで決まるものとし，それを前提として，業務による心理的負荷が，社会通念上精神障害を発症させる程度に過重であれば，当該精神障害の業務起因性を認めるべきとしている（横浜南労基署長（東京海上横浜支店）事件・最一小判平12.7.17労判785号6頁）。尚「社会通念上」の判断にあたって，どのような労働者を念頭に置くかについて，同種業務に従事する平均の労働者を基準とするもの，平均的労働者を基準としつつその最下限を含むとするもの，同種労働者の中でその性格傾向が最も脆弱な者とするものなどがあるが（ただし，同種労働者の性格傾向の多様性として通常想定される範囲内の者），「平均的」の意味を，数学的平均ではなく，通常の勤務につくことが期待されている者（基礎疾病等を有する者を含む）と理解する限り，その相違は大きなものとはならないであろう（名古屋南労基署長（中部電力）事件・名古屋高判平19.10.31労判954号31頁，国・静岡労基署長（日研化学）事件・東京地判平19.10.15労判950号5頁）。

[36] 厚労省は1999年，うつ病や自殺が業務上の心理的負荷が原因か否かの判断に際して，ストレス強度の評価項目として，「病気やケガ」「重大なミス」「仕事の内容の変更」などの31項目の具体的な出来事の有無を，それぞれストレス強度Ⅰ，Ⅱ，Ⅲに振り分け，これらを判断材料にして総合評価で，「強」の場合に労災にあたるとし（平成11年9月14日基発第544号「心理的負荷による精神障害等に係る業務上外の判断指針について」），さらに2009年4月には労災認定基準を見直し，新たにストレス強度評価項目を

しかしながらその後も、前述したとおり精神疾患を理由とした労災申請が増え続け、しかも判断基準が抽象的であり、調査方法についても、精神科医の専門部会で全件協議し、業務以外の要因について詳細な調査を行う等していたことから、長時間の審査を要し（平均8.6月間）、批判が強まっていたことに応え、厚労省は2011年12月、ストレスによる精神障害に関して新基準を策定し、審査の効率化と迅速化をめざしている（平成23年12月26日基発1226第1号「心理的負荷による精神障害の認定基準について」）。

新基準では上記②について、「強」のストレスに対応する出来事などを具体的に示しており、例えば仕事内容にかかわるものとして、達成困難なノルマ、顧客や取引先から無理な注文やクレームを受けたこと、大きな説明会や会議の場での発表を強いられたこと、仕事内容や仕事量の大きな変化、長時間残業や連続勤務、勤務形態や仕事のペースの変化などがあげられており、また、対人関係に関わるものとして、パワハラ、セクハラ、トラブル等が詳細に規定されており、これらはいずれも、サービス／感情労働に関連するストレスといえるものである。

(5) 職場環境と法的責任

感情管理労働に従事する労働者が労務遂行中に何らかの心身の変調をきたした場合、前述したとおり使用者が負担する職場環境配慮義務が問題となる。一般に使用者の負う労働者に対する責任は法的責任に限られるものではなく、経営責任等いわば非法的なものから民事、刑事等の法的なものまでさまざまであり、とりわけ職場環境、労働者の健康・心身の安全等についてはその境界は不分明なことが多い。例えば職場においてパワハラ・いじめが発生し、使用者の責

12項目追加―「ひどい嫌がらせ、いじめ、又は暴行」（負荷強度Ⅲ）、「違法行為の強要」（同Ⅱ）、「多額の損失を出した」（同Ⅱ）、「顧客や取引先から無理な注文を受けた」（同Ⅱ）していた。もっとも、これらの基準でも慢性的ストレスや発症的出来事は評価されず、また、評価対象を発症前6カ月に限定している等の批判を受けていた。

任が問題となる場合でも、使用者のリスクマネジメント等の経営・社会的責任にとどまるものから、民事、刑事等の法的責任を負うものまで多様であり、使用者の法的責任が争いとなるのはこの「境界」をめぐってのものであり、しかもそれは時代や社会による人々の意識に左右されることが多いのである。このように使用者の「責任」が問題となる「境界」において、一定の範囲のものが法的責任を問われることになるのである。

> さまざまな
> レベルの責任

感情労働は、前述したとおりコミュニケーションを中心とした顧客に向けられた提供者自身の感情に関わる問題であり、他者に向けた感情のコントロールが使用者による指揮命令の対象とされることは、労務遂行者である労働者にストレスを与え、またこのような感情管理労働が適切に行使されないばかりか、反対にこれらを濫用・悪用して顧客に被害をもたらすこともあろう。このように感情労働に従事する人々は、使用者や顧客さらには同僚らの言動により、さまざまなストレスを受けながら職務提供を行っているのであり、これらの言動が社会的にみて相当性を欠くだけでなく、法的にみても違法不当な行為と評価される場合、刑事、民事等の法的責任が問題とされることになり、このようなものが裁判例などとして登場することになる。職場における人間関係は継続的であるから、このような言動が慢性的かつ執拗にくり返される場合、被害者は精神的に大きなダメージを受け、その結果、PTSD等の精神疾患や自殺に追い込まれる等深刻な被害が発生している。これを法的責任の性質にしたがって分類すると、①当該個人の刑事責任が問われたもの、②当該個人が企業秩序違反として懲戒処分等の対象とされたもの、③当該個人もしくは使用者の民事責任（不法行為もしくは契約責任）が問われたもの（労災も含む）に分類することができよう。

すなわち職場におけるこれらの言動が、法的にみると個人の身体や名誉、プライバシー等の人格権や職場秩序に対する侵害になり、

それが著しく社会通念を逸脱している場合，当該加害者は名誉毀損，暴行，傷害，脅迫，強姦，侮辱罪等の刑罰として処罰されることになる。また，企業や大学等の構成員が，他の構成員やそれ以外の第三者に対する言動により「被害者」の人格的利益や職場（教育研究）秩序を侵害した場合，職場秩序違反等としての懲戒処分が課されることがある。

さらに，加害者は，民事上不法行為責任を問われることになり，その際の不法行為責任の成立要件としては，加害行為の違法性，損害の発生と行為の因果関係，加害者の故意または過失が必要とされることになるが，精神的被害においては，これらはいずれもが激しく争われることになる。特に加害行為と損害との因果関係については，とりわけ自殺に至った場合，因果関係の有無が争われることになる。なぜならば，例えば加害行為→うつ病・心因反応・PTSDなどの精神疾病→自殺というプロセスを辿る場合，一般に加害行為→うつ病・心因反応・PTSDなどの精神疾病の症状の発生可能性と，うつ病・心因反応など→自殺の発生可能性が同じでないと理解されていることから，加害行為→うつ病・心因反応→自殺というプロセスの因果関係が問題とされることになり，裁判例ではこれらを，通常損害に関するものと把握するか，特別損害に関するものと把握するかで損害の範囲が異なることになる。

また加害行為は，主として被害者の精神的自由に対する侵害であることから，「誰」の違法性判断を基準とすべきかが問題となるが，被害者個人の主観を違法性判断の原則としつつ，例外的に被害者本人が加害行為を認識していない場合などには，「第三者」の客観的判断を加味していくことになろう。

刑事責任 　職場における加害行為は，法的にみると，個人の身体や名誉，プライバシー等の人格権や職場秩序に対する侵害であり，それが著しく社会通念を逸脱している場合，名誉毀損，暴行，傷害，脅迫，強姦，

侮辱罪等の刑罰として処罰されることになる。加害行為が直接的な暴行，傷害等の加害行為の場合は当然，言葉や態様による加害行為の場合も，刑事責任はその行為が長期にわたって継続した場合などに，主として暴行・傷害罪や脅迫罪，威力業務妨害罪などの刑事責任が問われてきたのである。したがって職場のトラブルなどが暴行以外の手段による場合でも，それが長期にわたったり，執拗になされる場合などは，心理的ストレスを生じて精神的障害を生じさせる現実的危険性があるものとして，傷害罪等の刑事責任が問題とされることになるのである。

職場の加害行為は，長期かつ執拗に行われることが多いことから，このような慢性的かつ執拗にくり返される加害行為によって，被害者は精神的に大きなダメージを受け，その出来事が無意識下にも抑圧され，それが長期にわたって心の傷として残存するようになり，このような心の傷である心的外傷（トラウマ）によって種々なストレス傷害を引き起こす疾患は，今日一般に心的外傷後ストレス傷害（Post-traumatic stress disorder, PTSD）と呼ばれている。歴史的には，1960年代のアメリカのベトナム戦争従事者の後遺症害の調査研究や，近年の性的暴力や家庭内暴力（ドメスティック・バイオレンス）による心的外傷研究等によって，明らかとなってきた知見である。

懲戒処分

一般に労働者は，労働契約を締結することにより所定の服務規律や企業秩序にしたがって，使用者の指揮監督下で「労働に従事する」義務（民法623条＝本来的義務）を負うと共に，このような義務の履行に伴って，企業の社会的にみて保護に値する利益を不当に侵害してはならないという，信義則上の付随的義務を負っている（民法1条2項，労働基準法2条2項，労働契約法3条4項・5条など）。具体的には，労働者は企業の運営や職場におけるチームワークを乱したり，他の労働者の就業を妨害してはならない等の企業秩序・職場秩序を遵守する義務（＝職場秩序遵守義務）を負っており，このような義務に

違反した労働者に対し，使用者は非違行為の是正，将来の発生の防止を目的とした懲戒処分をなし得ることになるのである。

　他方使用者は，労働契約における信義則上の付随的義務として，労働者に対して，物的に良好な作業環境を形成すると共に，精神的にも良好な状態で就業できるように職場環境を保持する義務（＝職場環境保持義務）を負っている。使用者はこのような義務にもとづいて労働者の就労を妨げるような障害（労働者が他の労働者に対して職場内で暴言，暴行，ひわいな言動，いじめ，「職場八分」等）を服務規律で禁止して，その発生を防止すると共に，これらの非違行為が発生した場合には，直ちに是正措置を講ずるべき義務を負っており，使用者は当該責務にもとづいて定立されている服務規律違反を理由として懲戒処分をなし得ることになるのである。これらの非違行為が発生した場合，使用者は直ちに是正義務を負うことから，これを放置ないし黙認すれば，後述するとおり，職場環境保持義務としての債務不履行責任を問われることになる。

民事責任　職場における加害行為の民事責任は，「加害者」本人の不法行為責任（民法709条）と使用者責任（民法415条・715条など）が問題とされる。前者については，当該行為が不法行為として違法性を有するものか否かの判断がなされることになり，後者については，使用者の不法行為責任（民法715条等）と契約責任（民法415条）が考えられ，どちらのアプローチをとるかについては，その法的処理の妥当性とも相俟って，今日まで学説・判例で議論がなされてきているが，大半の裁判例においては，いずれのアプローチをとっても同様の結論を導いてきたといってよいであろう。

　ところで，職場においてはすでに述べたとおり，感情労働に従事する人々は，使用者や顧客さらには同僚らの言動により，さまざまなストレスを受けながら職務提供を行っているのであり，これらの言動が社会的にみて相当性を欠くだけでなく，法的にみても違法不

第3章 感情労働の法的分析

当な行為と評価される場合，法的責任が問題とされることになり，かつ，職場での加害行為は，長期かつ執拗に行われることが多いことから，このような慢性的かつ執拗にくり返される加害行為によって，被害者は精神的に大きなダメージを受けることになる。

この点について，「一般に，人に疲労や心理的負荷等が過度に蓄積した場合には，心身の健康を損なう危険があると考えられるから，他人に心理的負荷を過度に蓄積させるような行為は，原則として違法であるというべきであり，（中略）例外的に，その行為が合理的理由にもとづいて，一般的に妥当な方法と程度で行われた場合には，正当な職務行為として，違法性が阻却される場合があるものというべきである。」と判示する裁判例がある（海上自衛隊事件：福岡高判平20.8.25判時2032号52頁）。

このような行為が，法的にみて違法不当とされる場合，当該行為を行った者（＝加害者）は，民事上不法行為責任を問われることになり，その際の不法行為責任の成立要件としては，ⓐ主観的要件として，加害者の故意または過失，ⓑ客観的要件として，加害行為の違法性，損害の発生と行為の因果関係が必要とされることになる。

ところで，このような加害行為の判断は「誰」を基準とすべきなのであろうか？　職場の加害行為が，被害者の身体的自由のみならず精神的自由に対する侵害の場合，「誰」の違法性判断を基準とすべきかが問題となるのである。すなわち，生命，身体の侵害や身体的自由（監禁など），名誉，氏名，肖像，プライバシーなどに関する権利（利益）は，その侵害の程度，態様，損害について客観的評価が可能であることから，「第三者」を基準とすることで妥当な解決が図られてきた。しかし精神的自由（例えばいやがらせ，いじめ，共同絶交）や性的自由（セクハラなど）などは，その違法性判断が，被害者の主観的判断と密接に結び付いていることから，困難な問題が生ずることになる。

例えばいじめは一般に，いじめる側の動機についてみても，からかいやいたずら等を契機とするものから，明確ないじめの目的意識

をもったものまで千差万別であり，また第三者等の観察についても，とりわけ軽微ないじめの場合などは，被害者の受け止め方とそれ以外の者による認識の仕方にズレが生じたりすることがあり，このようなさまざまな要因によって，とりわけ「いじめ」の端緒段階などにおいては，「いじめ」を「みえにく」いものとしている。しかも職場のいじめの場合，業務命令や人事権行使に関連して行われることが多いことから，いじめを陰湿なものとし，さらにいじめが判明しても，加害者側が自らのいじめの動機を隠したり正当化しようとしたり，またいじめを偽装したりして，周囲からいじめと思われないような手口を用いたりすることになるのである。

しかし「いじめ」は，言語・非言語，あるいは加害者の自覚・無自覚，さらには当事者・第三者の判断に関わらず，「加害者」が「被害者」に対して一方的に苦痛を与えるものであることから，「いじめ」の有無・程度等の判断基準としては，「いじめ」の「被害者」がどのように受け止めたかという「主観性」を前提としつつ，第三者の判断等の「客観性」を加味することによって判断がなされるべきである。したがっていじめの判断に際しては，被害者個人の主観を違法性判断の原則としつつ，例外的に被害者本人が職場いじめを認識していない場合には「第三者」の客観的判断を加味していくことになろう（事例5参照）。この点では，セクハラに関して，人事院規則10-10や厚労省通達も参考となろう。

職場環境配慮義務の根拠，性質

前述したように，2008年4月施行の労働契約法が安全配慮義務として「使用者は，労働契約に伴い，労働者がその生命，身体等の安全を確保しつつ，労働することができるよう，必要な配慮をするものとする」と規定（5条）しているのは，使用者または履行補助者（上司等）が，従業員の人格的利益や職場環境を侵害した場合には，使用者は契約違反（債務不履行）の責任を問われることになるとする考え方によるものである。すなわち，このような考え方は，すでに

判例によるいわゆる「安全配慮義務」法理の蓄積の中で形成されてきたものであり，使用者が必要な施設や妥当な指揮をしなかったために被用者が負傷した場合のように，「ある法律関係に基づいて特別な社会的接触に入った当事者間において，当該法律関係の付随義務として，当事者の一方又は双方が相手方に対して信義則上負う義務として一般的に求められるべきもの」(陸上自衛隊事件)である。この義務は元来，労働者がその義務として労務を提供するためには，その一身が使用者の指揮・命令に服さざるを得ず，したがって，労務者の生命・身体の安全も，使用者の配慮いかんによっては深刻な影響を受けざるを得ないことから認められる義務である。

このような義務は雇用関係の他，国と公務員との関係や請負関係においても，実際上それが雇用関係に類似した従属労働ないし指揮命令関係がある場合に認められ，さらに元請企業や派遣先企業と下請企業や派遣元企業の被用者との間のように，法的には直接の契約関係のない場合にも，実際には雇用に類似した指揮命令の関係が存するときには，元請企業や派遣先企業の安全配慮義務の存在が認められ，これらの労働者の救済が図られているのである。したがって，これを契約当事者間に一般化した場合，契約上の相手方の保護義務ということになり，逆に言えば，一般的な相手方保護義務が，継続的契約関係の当事者につき濃縮されたものということができ，かかる義務は，いわば「契約上の義務と不法行為法上の義務との中間的なものだ」，ともいえよう。

したがって同様の義務は，人間のなす債務を対象とした継続的関係である教育の場（＝在学契約）においても妥当することになり，学校当局が在学契約上負う「教育・研究環境配慮義務」の一内容をなす義務として，「学生（生徒）の教育・研究条件環境が，他の学生・教職員等の健康・生命・身体等に危害が加えられないように，防止・配慮すべき義務」と定義することができよう（例えば「アカハラ」はこのような意味で理解されるべきものである）。

ところでこの場合，使用者が負う職場環境配慮義務違反の立証責任はどこにあるのだろうか？　立証責任の所在は，実務上重要となってくる。この問題は，職場環境配慮義務としてどのような義務を観念するかに関わるものであり，従来安全配慮義務の内容をめぐって学説・判例において激しく争われてきた。判例においては，安全配慮義務の具体的内容は，労働者の職種，地位，および安全配慮義務が問題となる具体的状況等によって異なることから，結局のところ，同義務の内容を特定しかつ義務違反に該当する事実を主張・立証する責任は，原告（労働者）にあるとされてきている（航空自衛隊航空救難郡芦屋分遣隊事件：最二小判昭 56.2.16 民集 35 巻 1 号 56 頁，判時 996 号 47 頁）。

　このように，使用者の職場環境配慮義務違反を債務不履行と構成しても，実際上は不法行為構成と比して証明責任はあまり軽減されないことになり，資料を持ち得ない労働者が，義務内容やその懈怠の事実を証明することは容易なことではない。このような観点から，学説では，安全配慮義務を絶対的（結果債務的）義務と通常（手段債務的）義務に区別したうえで，安全配慮義務は，絶対的もしくは結果債務的な義務と捉える立場がある。このような考え方に立つと，使用者はおよそ雇用契約上，労働者に対して良好な職場環境の維持確保をなすために十全の措置を講ずる義務を負っており，労働者は，前述した抽象的な職場環境配慮義務の存在を主張・立証すれば足り，これに対して使用者側は，事実上不可抗力ないしこれに準ずる事由の立証をしない限り免責されないことになろう（岡村親宜「使用者・事業者の民事責任」日本労働法学会編『現代労働法講座第 12 巻』304 頁）。しかし，このような義務区分は，債務不履行一般に及ぶべきものであり，また雇用契約において，使用者は安全配慮義務を含む良好な職場環境（それ自体抽象的）の確保そのものを請け負っているとまではいえず，その目標のために諸々の措置（手段）を講ずる債務を負担していると考えるべきものと思われる。

したがって，被害を受けた従業員は，抽象的なものではなく，当該状況に適用した場合の具体的な職場環境配慮義務の内容を特定し，使用者がなすべきであった具体的な義務違反を主張・立証することになるが，具体的状況に応じ，一応職場環境配慮義務の内容を特定したときは，その義務を尽くしたことの主張・立証責任は使用者が負うとみていくのが，証明責任の分配の問題としては妥当なものといえよう。例えば，人事院規則 10-10 の通達や，改正男女雇用機会均等法・「セクハラ指針（「事業主が職場における性的な言動に起因する問題に関して雇用管理上講ずべき措置についての指針（平成 18.10.11 厚生労働省告示 615 号）」）などに規定された，事業主の「措置義務」の具体的項目の多くは，使用者の職場環境配慮義務の内容を構成するものと考えられ，少なくともこれら事項の違反が使用者側にある場合，契約上の義務違反が推定されることになろう。

このように，原告（労働者）が，使用者の職場環境配慮義務違反に該当する事実を主張・立証しなければならないとしても，使用者の職場環境配慮義務については，今日までの裁判の蓄積によって，使用者には，相当程度に高度の予見義務もしくは回避義務が課されるものとされており，主張・立証における原告の負担はそれほど重いものとはならないものと考えられる（なお，2007（平成19）年4月1日施行された改正男女雇用機会均等法では，セクハラについての事業者の「配慮義務」は「措置義務」と規制が強化され，また，「妊娠又は出産後1年以内の解雇」は，妊娠などを理由とするものでないと事業者が証明しない限り無効とされ，立証責任が転換されている）。

このことを前提として，次に「職場環境配慮義務」の具体的内容を，これまでの判例，学説で問題とされた事例を中心に検討していくことにしよう。

侵害される利益

職場における違法行為は，被害者のさまざまな権利（利益）を侵害し，損害を発生させることになるが，それらを権利の種別に類型化

するとおおむね人格権（利益）侵害と職場環境侵害の2つに分類することができ，それぞれ違法性判断に際して微妙な差がでてくる場合がある。

人格権侵害は，職場環境配慮義務違反の大半で問題とされる権利侵害の類型であり，身体の安全，行動の自由や性的自由，名誉，プライバシーなどの人格権侵害が不法行為を構成することは異論のないところである。ところで人格権は一般に人格的属性を対象とし，その自由な発展のために第三者からの侵害に対して保護されなければならない諸利益の総体を意味するものとされており，日本の民法はこのことを，個人の尊厳という言葉で表現していると解されている（民法2条，憲法13条）。すなわち個人は身体的利益であろうと精神的利益であろうとを問わず，一人間たる尊厳にかかわる人格的利益の帰属主体として保護されており，その侵害は当然に違法とされ，侵害者に故意または過失がある限り不法行為責任を問われることになる。

裁判例に現われたいくつかの典型例として，①名誉，プライバシー等の人格権の侵害は，当然に不法行為責任を構成することになり，セクハラ・パワハラなどがその典型といえよう。②職場における自由な人間関係を形成する権利の侵害は人格権侵害を構成する。人は誰でも，自らが所属する職場や学校，地域等の「集団・共同体」において，自由な人間関係を形成する権利を有しており，「職場八分（または「村八分」）」などはこのような権利の侵害行為の典型といえよう。また③職場において公正な処遇を享受する権利もまた人格権侵害となる。企業は，企業目的に沿った活動を展開するために，個々の従業員をその役割・能力に応じた任務・責任を与え，労働契約にもとづいて当該従業員を有機的に企業組織に結び付ける権能（=「人事権」）を有している。すなわち人事権の範囲は，従業員の採用にはじまり，教育訓練，異動，昇進，昇（降）格，賃金，労働時間，懲戒，退職・解雇等従業員の企業における活動全体に及んでおり，このような人事権の行使の前提としての従業員の評価（=「人事考

課・査定」）については，その目的，活動に沿ったものとして，使用者は広範な裁量権を有しており，それが合理性を有し，裁量権の逸脱がない限りその効力を否定されたり，違法評価をされることはない。しかし他方，使用者は，労働契約の信義則上の義務として，前述した労働者の配置等に際して，合理的で公正な評価と手法にもとづいた処遇をすべき義務（＝「公正評価義務」）を負っており，このような義務にもとづいて，その結果を昇進・昇格・賞与などの処遇および能力開発等に反映させるべきこととされている。したがって使用者は，人事考課に際して公平な査定にもとづいて従業員の能力評価をしなければならないのである。これらは労働者を不当に差別するものであり，人間の尊厳を侵害するものとして，人格権侵害に該当するものであることは明らかといえよう。

　職場環境侵害についてみると，職場において，労働者は人的・物的に良好な職場環境で労務を提供する権利を有しており，これに応じて，使用者は，労働契約における信義則上の付随的義務として，労働者に対して，物的に良好な作業環境を形成すると共に，精神的にも良好な状態で就業できるように職場環境を保持する義務（＝職場環境保持義務）を負っている（労働契約法3条・5条など）。使用者はこのような義務にもとづいて労働者の就労を妨げるような障害（労働者がほかの労働者や第三者から職場内で暴言，暴行，ひわいな言動，いじめ，「職場八分」等）をされる可能性を除去し，これらの非違行為が発生した場合には，直ちに是正措置を講ずるべき義務を負っており，義務に違反して漫然とかかる事態の発生を放置した場合，労働契約上の契約責任もしくは不法行為責任を負うことになろう。

　ところでここに述べた良好な職場環境を享受する利益は，前述した労働者個々人の人格権を侵害されない権利であると共に，職場において従業員集団が共有する共同利益を侵害されない権利でもあり，このような「共同利益」は，労働者固有の人格的利益として個々人に帰属しているもの（＝人格権）とは異なり，労務提供という他者との共同作業において，相互にある程度妨害される蓋然性を有する

ものであることから、現実に損害が生じても、社会通念上一定の限度を超えない限り各人はそれを受忍することが期待され、上記を超えた場合に、加害者に故意または過失がある限り、違法な侵害として不法行為を構成するとすべきものとされよう。このような例としては、たとえばヌードポスターを壁に貼付して、その結果女性社員たちに不快感を与えている場合、その種類や大きさ、期間などにより、社会通念上一定程度を超えた場合に違法な加害行為とされることになろう。また職場におけるトラブルに伴って私生活の平穏を妨害する行為も、この類型の不法行為を構成することになろう。

このように職場いじめは、その被侵害利益の内容により違法性判断に差が出てくることになるが、大半の職場いじめは人格権侵害としてそれ自体違法なものと判断されることになるのである。

損害の発生

職場において、違法な加害行為が認定された場合、当該加害行為の発生を意図（＝故意）していたか、もしくは当該行為を予見していたにも関わらず、不注意のために予見しないで行為に及んだ（＝過失）場合には、行為者は不法行為責任を負うことになり、この場合の過失の基準は、一定程度の職業なり地位なりに置かれた通常人が、具体的な状況の下で期待される注意（＝抽象的軽過失）であり、例えば職務に関して裁量を有する上司の注意義務は、他の同僚と比してより高いものが要請され、かかる義務違反の場合、不法行為責任を負うことになろう。

ところで、職場における違法行為の特殊性の1つは、多くの場合職務命令等の人事権行使の外形をとることから、故意・過失の判断が微妙なものとなることがあるという点である。すなわち人事権行使を通して行われる場合、人事権行使には使用者に一定の裁量があるとされていることから、違法性の判断が微妙な場合がある。しかし前述したとおり、使用者は、労働力の評価（人事考課）について裁量権を有するものの、人事考課は公平無私に行われるべきであっ

て，上司が部下に対する個人的な感情に左右されたり，職務と無関係な事項につき自己の意の沿わぬことに報復するなど，不当な目的で低い査定をしたり，配置換えにつき使用者に不利益な意見を具申すること等は許されず，このような行為の結果，経済的損害ないし精神的苦痛を与えた場合には，裁量権の濫用として少なくとも過失（場合によっては故意）が認定され，不法行為責任を負うことになろう。

違法行為により，被害者がうつ状態・心因反応やPTSD等の精神的被害が発生した場合，損害の内容・程度が問題とされることになる。

違法行為と損害との因果関係については，とりわけ自殺に至った場合，因果関係の有無が争われることになる。なぜならば，例えば，いじめの場合，いじめ→うつ病・心因反応・PTSDなどの精神疾病→自殺というプロセスを辿る場合，一般にいじめ→うつ病・心因反応・PTSDなどの精神疾病の症状の発生可能性と，うつ病・心因反応など→自殺の発生可能性が同じでないと理解されていることから，いじめ→うつ病・心因反応→自殺というプロセスの因果関係が問題とされることになり，裁判例ではこれらを，通常損害に関するものと把握するか，特別損害に関するものと把握するかで損害の範囲が異なることになる。

しかしながら，今日「うつ病に罹患したことにより，正常の認識，行為選択能力が著しく阻害されて，又は自殺行為を思いとどまる精神的な抑制力が著しく阻害されて，自殺に至ることは，今日の精神医学において広く認められているところであ」り，少なくとも，いじめ→うつ病等の精神疾患→自殺のプロセスに事実的因果関係が認められる場合には，相当因果関係を認めるべきであろう。

次に過失相殺の（類推）適用についてみると，過失相殺を適用するにあたって，本人の性格が通常予想される範囲を外れるものでない限り，損害額の算定において斟酌できず，家族の対応も減額事由とならないとするのが判例であり（損害額の3割について過失相殺を認めた控訴審判決を破棄した電通過労死事件・最二小判平12.3.24民集

54巻3号1155頁，労判779号13頁がある），いじめと自殺との関係についても同様の法理が適用されることになる。

使用者責任の態様

使用者が上記の職場環境配慮義務に違反して法的責任によって分類した場合，(ア)使用者の意思にもとづく場合と，(イ)使用者の意思とは無関係に職場の上司や同僚などによって行われるもので，使用者責任の根拠や範囲に違いが出てくることになる。

(ア) 使用者の意思にもとづく違法行為としては，パワハラや労働組合に対する不当労働行為や，思想・女性差別，リストラの一環としての退職強要など，使用者の意を受けた管理職や上司，同僚などによる職場ぐるみの形態をとることに特徴がある。このような場合，現実に違法行為を行った上司や同僚らが不法行為責任を負うと共に（民法709条)，使用者は，当該行為が使用者自身の行為と評価される場合には，自ら不法行為責任（同条）を問われ，使用者意思にもとづき，管理職を通して行ったとされる場合には使用者責任（民法715条）が問われ，いずれの場合にも使用者は労働契約上の職場環境保持義務を怠ったとして，契約上の債務不履行責任を負うことになる（民法415条）。

(イ) 使用者の意思には関わりなく，職場における上司や同僚らによる人格権侵害行為の典型は，セクハラや人間関係のもつれ，好き嫌いなど個人的事情等にもとづき行われる「いじめ」であり，このような場合，当該行為を行った上司や同僚が不法行為責任（民法709条）を負うことは当然として，一定の場合には使用者が不法行為責任や債務不履行責任（民法709条・415条）を負うことになるが，具体的には，「履行補助者」による違法行為と，それ以外の者による違法行為に分けて検討する必要がある。なぜならば使用者の職場環境配慮義務は，使用者が信義則上労働者に対して負う契約上の義務であり，この義務を怠ったことに帰責事由がある限り債務不履行

もしくは不法行為責任を負うことになるが、この義務を使用者のいわば手足となって履行する「履行義務者」が違法行為を行った場合と、それ以外の者の行為とでは違いが出てくるからである。

　使用者は、前述したとおり「報酬を与える」という雇用契約上の本来的義務（民法623条）を負うと共に、雇用契約における信義則上の付随的義務として、労働者に対して、物理的、精神的に良好な状態で就業できるように職場環境を整備する義務（＝職場環境配慮義務）を負っている（民法1条2項）。したがって使用者は、このような義務にもとづいて、労働者の就労を妨げるような障害（例えば職場での暴力、パワハラやセクハラなど）を就業規則などの服務規律で禁止して発生を防止すると共に、これらの非違行為が発生した場合には直ちに是正措置を講ずべき義務を負っており、使用者はかかる義務を怠った場合には、損害賠償等の法的責任を負うことになる。

　しかも今日職場では、いわゆるメンタルヘルス（心や精神の健康）不全の悪化が世界的な規模で問題とされ、とりわけ感情労働が、前述したとおり強いストレスにさらされていることからみても、使用者は労働者が遂行する労務について、適切な感情管理を行う良好な職場環境を配慮する義務を負っているのである。

❻ 感情労働とメンタルヘルス対策

(1) メンタルヘルス不全の現況

　今やメンタルヘルス（心や精神の健康）不全が、世界各国の職場や学校など社会の隅々で深刻な問題となってきており、例えばアメリカでは就労可能成人の10人に1人がうつ病患者といわれ、日本でも勤労者の罹患する疾患のトップをうつ病等の精神疾患が占め、厚労省の調査でもうつ病を含む気分障害の患者は100万人を超え、「最低でも250万～300万人」に達していると推計されるに至って

いる（2010年2月7日付日経新聞）。またこのような職場におけるメンタルヘルス不全に伴う精神疾患は，そのほとんどが何らかの形で業務に起因して発生しているとみられ，その結果は従業員の健康を蝕むばかりか，人材の疲弊による企業組織の機能不全をもたらすことになる。特に感情管理労働は前述したとおり，絶えずストレスにさらされており，その結果，近年職場においてはストレスによる疾患が急速に増加し，深刻な問題となりつつある。

例えば，JILPT（独立行政法人労働政策研究・研修機構）が2010年に実施した「職場によるメンタルヘルスケア対策に関する調査」では，約6割の職場でメンタルヘルスケア不全の社員がおり，特に，医療・福祉（76.6%），情報通信（73%）で多く，また1カ月以上の休・退職者がいる職場は，情報通信で55.8％と，いずれもサービス／感情労働に従事する労働者の多い職場で高くなっており，しかも，メンタルヘルス不全の社員のいる企業の約9割で，事業効率や

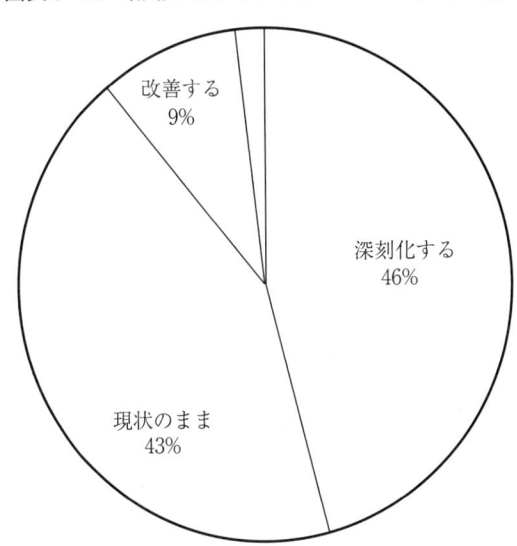

図表3-13　職場におけるメンタルヘルス不全の状況

- 改善する　9%
- 深刻化する　46%
- 現状のまま　43%

出所：「JILPT調査」より

生産性の低下などを招いており、約半数の企業では、メンタルヘルス問題が今後より深刻化すると予測しているのである（図表3-13）。

(2) メンタルヘルス対策

> メンタルヘルス
> 対 策 の 現 状

このように、職場におけるメンタルヘルス不全のケースが増加し、これらの問題が労働者の雇用管理に深刻な影響を与えるようになってきていることに対して、この間行政当局も見過ごしていたわけではない。厚労省は2000年以降、「事業場における労働者の心の健康づくりのための指針」(2000年)、「労働時間の適正な把握のために使用者が講ずべき基準について」(2001年通達)、「過重労働による健康障害防止の総合対策」、「新ＶＤＴ作業のガイドライン」(2002年)、労働者の疲労蓄積度チェックリストの公開ならびに「心の健康問題で休業した労働者の復職支援の手引き」(2004年)、「心の健康づくり指針」の改定（2006年）等と、矢継ぎ早にメンタルヘルス対策関連の「通達」や「指針」を公表してきた。さらに、2006年4月より、改正安衛法が施行され、いわゆる「長時間労働者面接」が、50人以上の事業所に義務付けられるとともに、衛生委員会の審議事項に、過重労働対策とメンタルヘルス対策の樹立が新設され、2008年4月からは、50人未満の小規模事業所においても、長時間労働者面接が義務付けられ、現在、わが国の事業所のすべてに義務付けられるに至っているのである。

これに対して、企業におけるメンタルヘルス対策の進捗状況は遅々たるものであり、前述のJILPTの調査でも、何らかのメンタルヘルスケア対策に取り組んでいる企業は、50.4％と約半数にとどまっており、45％の企業では全く取り組んでおらず、とりわけ生活関連サービス・娯楽業(70.4％)、宿泊・飲食サービス業(63.5％)、卸・小売業(54.3％)などと、サービス／感情労働に関連する企業での取り組みがいずれも遅れているのである。

メンタルヘルス対策は，従業員の精神や身体の健康，ひいては生命に関わるものであり，これらを規制する最低限の基準である法令順守が基本であるにもかかわらず，例えば前述したとおり法定義務とされている長時間労働者面接でも，厚労省の「労働者健康状況調査」（2007年）によると，長時間労働者面接の実施割合は，わずかに12.2%にすぎず，しかも，事後措置内容は，労働時間の短縮，深夜業の回数の減少，作業転換といった，面接対象者に対する対応に限られているのである。また，メンタルヘルス対策の取り組み内容も，相談対応の体制整備（59.3%），労働者への教育研修（34.5%）などにとどまっており，安衛法に規定された，労働者安全管理体制（同法第2章）の基本である衛生委員会での調査審議は，わずか17.6%にすぎない現状にある。

　このような状況の中で，近年新たな動きがでており，前述したとおり厚労省は，2011年には精神障害等の労災認定に関して新基準を定めているが，2010年から，「職場におけるメンタルヘルス対策・職場復帰支援の充実」を重点施策とし，2010年1月，「自殺・うつ病対策のプロジェクトチーム」は，①労安法に基づく定期健康診断において，効果的にメンタルヘルス不調者を把握する方法についての検討，②メンタルヘルス不調者の把握後，事業者による労働時間の短縮，作業転換，休業，職場復帰等の対応が適切に行われるよう，メンタルヘルスの専門家と産業医を有する外部機関の活用検討，等の提言を行った。これを受けて同年9月，「職場におけるメンタルヘルス対策検討会」が報告を行い，これに基づいて労安法改正が国会に上程されるに至っている。法案では，①事業者に対して，医師又は保健師による労働者の精神的健康の状況を把握するための検査の義務付け，②労働者に対して，事業者が行なう当該検査受診の義務付け，③当該労働者に対して，医師又は保健師からの通知並びに，労働者の同意なき検査結果の事業者への提供禁止，④労働者からの申出による，医師による面接指導実施の事業者への義務付け，⑤不利益取扱の禁止，⑥作業の転換，労働時間の短縮その他の適切な就

第3章 感情労働の法的分析

業上の事業者への措置義務等，メンタルヘルス対策の充実・強化をめざすものとなっている。

メンタルヘルス対策と感情労働

使用者は，前述したとおり「報酬を与える」という雇用契約上の本来的義務（民法623条）を負うと共に，雇用契約における信義則上の付随的義務として，労働者に対して，物理的，精神的に良好な状態で就業できるように職場環境を整備する義務（＝職場環境配慮義務）を負っており（民法1条2項），しかも今日職場では，メンタルヘルス不全の悪化が世界的な規模で問題とされ，とりわけ感情労働が，前述したとおり強いストレスにさらされていることからみても，メンタルヘルス対策は，このような使用者が負う職場環境配慮義務の一部を構成しているものなのである。このような視点からみた場合，改正労安法を含め国が進めようとしているメンタルヘルス対策においては，非正規を含めた全ての従業員への予防強化が重視されなければならない[37]。

---

[37] 周知のとおり，わが国では，非正規労働者に関する賃金，年金，社会保障等の基本的労働条件や差別禁止を定めたILO第175号（いわゆるパートタイム）条約が未だに批准されておらず，また，第一次産業従事者，自営業者，国家公務員に対しても，明文化した法規定が不備なために，産業保健サービス全般に亘って提供される体制の整備が，遅れているといわざるを得ない。今後，非正規や10人未満の零細な事業所の労働者，自営業者，農業などの第1次産業従事者，国家公務員などを含め，産業保健サービスがすべての労働者に提供されるよう，産業保健サービスの対象者，制度，活動内容を見直し，拡大する必要がある。

我が国では，ILO第161号（いわゆる職業衛生機関に関する）条約（1985年採択）が未だ批准されていないが，「職業衛生機関」は，労使から独立性を保ち，職場での安全かつ健康な作業環境の確立と維持，および労働者の健康を考慮してその能力に作業を適合させることについて，使用者および労働者に助言する責任をもつ機関のことであり，条約は，一般原則で，加盟国は最も代表的な労使団体と協議して，職業衛生機関に関する一貫した国の政策を策定，実施かつ定期的に見直すとともに，公共・民間両部門の全労働者のために，全産業，全企業において，こうした機関を発展させることを求めている。同じくILOの安全衛生に関する基幹条約である第155号（職業上の安全及び健康並びに作業環境に関する）条約も未批准で

そもそもメンタルヘルス対策は，法令順守が大前提であるにもかかわらず，法で義務化された各種規程が多くの職場で広範に未実施であり，労基監督官の増員等による監督態勢の強化が必要であり，さらにメンタルヘルス不全予防についてみると，労働者個々人に対する，定期的なストレスチェック（モニタリング）等の予防強化が必要である。

　このような意味で，2011年4月に公表された日本学術会議の提言（「労働・雇用と安産衛生に関わるシステムの再構築を」）が，法システムとして，①過重労働と過労死，過労自殺を防止するための法整備，②非正規雇用労働者の待遇改善に向けた法整備，③すべての就業者に安全衛生に関する法制度を運用する体制強化，④職場の危険有害環境を改善するための法整備，⑤中小零細企業での労働安全衛生防止のための施設等の充実，⑥メンタルヘルス対策のための有効な施設やプログラムの立案，⑦産業保健専門職による質の高い産業保健サービスを実施するための法制度普及確立，⑧安全衛生に関する研究調査体制の充実を提言しており，これらはいずれも前述した使用者に求められる職場環境配慮義務の内容をなすものといえよう。

　現行法では，自殺対策基本法（2006年）が，「事業主は，国及び地方公共団体が実施する自殺対策に協力するとともに，その雇用する労働者の心の健康の保持を図るため必要な措置を講ずるよう努めるものとする」（5条）とし，また，労働契約法（2007年）は，「使用者は，労働契約に伴い，労働者がその生命，身体等の安全を確保しつつ労働することができるよう，必要な配慮をするものとする」（5条）として，いずれも，労働者に対する事業主・使用者の安全および健康に配慮する義務に関する規定をしており，これらの条項はいずれも使用者の職場環境配慮義務の内容であり，これらの条項を経営者に遵守・履行させる必要がある。

　このように，サービス／感情労働のもつ不確定性／無定量性は，

あるが，すべての職場の働く人の労働安全と健康障害の予防が図られるシステムを作るためには，早急な批准が必要である。

今日労働時間などの労働条件や労働環境などにさまざまな歪みを生みだし，労働者に対してそれに伴うストレス等のメンタルヘルス不全をもたらしており，このような問題の解決のためには，労働時間や労働環境の法整備が徹底されるべきであり，さらにはこのような感情管理労働の無定量・不確定性に関わって，仕事量，人員などの良好な職場環境作出に向けてのマネジメントが課題とされるべきである。

　良好な職場環境の提供は，働く者の人間としての尊厳に関わるものなのである。

終　章
良好な職場環境を目指して

終　章　良好な職場環境を目指して

(1) 感情労働と職場環境

すでに述べたとおり労働は，一個の人間の頭脳，身体，感情，知性等の人間労働の総体が提供されるものであり，従来は知的側面や身体的側面が重視される傾向にあったが，サービス労働の深化に伴い，今日では，従来軽視されてきていた感情的側面が重視されざるを得なくなってきており，それが今日「感情管理労働」が注目されるようになってきている背景となっており，このような感情労働は，さまざまな特徴を有していることが明らかとなった。

まず第1に，感情管理労働の広がりは，労働におけるコミュニケーションの領域の拡大を意味しており，このような労働が，その担い手である人間に対してさまざまな影響を与えていることを指摘できよう。すなわち感情労働は，顧客に向けられた提供者自身の感情に関わる問題であり，他者に向けた感情のコントロールが使用者による指揮命令の対象とされることから，労務遂行者である労働者にストレスを与え，うつ病等の精神疾患の誘引となってきていることを指摘でき，従来，かかる認識は不足していたといえよう。今日メンタルヘルス対策が叫ばれるようになってきており，長時間労働やサービス残業の改善というそれ自体は当然のことが強調されることが多いが，サービスとりわけ感情管理労働においては，このような労働の量的側面のみではなく，労働の質的側面，労働場面そのものの検討が不可欠である。低成長時代に入っている中で，近年世界各国では，いわゆる燃え尽き症候群といわれる「バーンアウトシンドローム」に典型的にみられるように，一見普通に仕事をしていた労働者（こそ）が，ある日突然「燃え尽きたように」意欲を失ったり，うつ病に罹患して働けなくなり，休職，離職，転職に至る事案が数多くみられるが，これは仕事の目標を失ったサラリーマンが，サービスのやりとりの中で消費される情緒的エネルギーの枯渇した状態ともいえよう。感情管理労働においては，その成果・効果は，労働の量と直接関わりを持たず，しかも数量化しにくい特質を有してお

り，他方では労働の対価が支払われるのはサービス提供そのものであり，その成果が，性質上サービス提供者によって保証され得ないものである場合には，この傾向は一層増幅されることになろう。

　第2に感情管理労働においては，その成果・効果は，労働の量と直接関わりを持たず，しかも数量化しにくい特質を有しており，他方では労働の対価が支払われるのはサービス提供そのものであり，その成果がサービス提供者によって保証され得ない性質を有しているということである。このような感情労働は，自己もしくは他者の感情管理を中核とする労働であることから，その労務提供の内容は，無限定，無定量性を帯び，量的評価ではなくむしろ質的評価になじむものでありしたがって労務提供の対価である賃金，報酬決定や職業訓練においては，このような感情という労働の質を，どのように評価しスキルアップを図るかが問題とされることになり，さらには，労働時間管理に際しては，感情管理・コントロールが労働者に与える影響を考慮することが必要となってこよう。

　第3にこのように感情労働が，量的評価ではなく質的評価になじむものであるということは，賃金・報酬・決定が，一方では労務提供そのものの社会的評価，ひいては労務提供者に付着した社会的地位や評価と結び付きやすいということを意味し，それ故，これらを利用濫用してさまざまな問題が発生してきているのである。このように感情管理労働のマネジメントは，マニュアル化が容易な職種から，困難な職種までさまざまであり，これらの適切なマネジメントを誤ると，労働者に対してストレスを及ぼすだけではなくかえって顧客に対して不快な感情を与え，サービス提供が効果を発揮しないばかりか，反対にトラブルを発生させることにもつながるといえよう。特に対人サービス労働の職務においては，いわば労働者のサービス提供と顧客の購入活動が同時性を帯びると共に，顧客が労働者の労働時間を共有するという特徴を有しており，そこでは，労働者の労務提供は必然的に一回性となり，したがって労働者が顧客の感情管理を怠ったことによるトラブルは，サービス提供においては致

終　章　良好な職場環境を目指して

命的となり，労働者は労務提供において絶えずストレスにさらされることになろう。さらにこのような感情管理労働が適切に行使されないばかりか，反対にこのような感情管理に関わる職種によっては，これらを濫用悪用して顧客に被害をもたらすこともあろう。

　その結果，第3章で述べたように今日，職場の6割を超える労働者が「仕事に関して強い不安やストレスを感じている」と指摘されており，これらはいずれも職場における労働の在り方に関わるものであり，職場における労働者の健康問題が，労働安全衛生から職場の労働環境・労働の質へとシフトしつつあることを示しているといえよう。とりわけ感情労働が，前述したとおり強いストレスにさらされていることからみても，使用者は労働者が遂行する労務について，適切な感情管理を行う良好な職場環境を配慮する義務を負っているのである。

　またサービス業を中心とした感情労働では，顧客からの理不尽な要求や上司からのパワハラ等の不当な攻撃が加えられた際，個々的にみると些細なことでも，そのような行為が継続する中で，当該労働者の心身に強いストレスを与え精神疾患をもたらすことになっても，上記のような事情から使用者や当該労働者が被害に対して無自覚であることがしばしばあり，これに加えてデカルト以来のいわゆる心身二分説の影響もあり，目にみえる身体的被害に比し，労働者自身のうつ病等の精神的被害の重大さに対する無自覚と無知が被害の拡大の一因となっているともいえよう。したがって，感情労働に伴うメンタルヘルス不全に対しては，これらの要因分析に即したものであることが必要なのである。

(2)　「ディーセント・ワーク」——職場を安心・安全な環境に

　アメリカ発のグローバリゼーションが世界中を席捲し，「労働の商品化」を進展させ，いわばサービスエコノミーが主流を占める今日の職場においては，物の製造・販売だけでなく，人間を相手とするコミュニケーション労働の重要性が飛躍的に高まっており，ここ

でH．アレントが『人間の条件』で述べたように，仕事の「有用性（utility）」と有意味性（meaningfulness）」という二価的な価値の矛盾がより深刻になり，多くの働く者は，職場における生きがい・やりがいを急速に失いつつある。本来職場においては，例えば先輩から後輩への仕事の伝授がなされ，仕事の学びを通して，同一集団に所属する者同士の尊敬や配慮等が生ずるものであるが，これらの欠如がコミュニケーションの不在・欠如やモラルの崩壊を招いている一因であろう。したがって，職場における「ディーセント・ワーク」すなわち「労働の人間化」を目指したマネジメントが必要であり，公正な職務評価処置，適切な教育訓練等により，良好な職場環境を目指すことが必要なのである。

　したがってこのようなディーセント・ワークが保障されている職場は，J．ボウルビィがいう「安全基地」が確保されている職場ということにもなり，従業員は，使用者との信頼関係にもとづいて，自らが，人間としての尊厳や良好な労務の提供が確保・保障されているとして，職場において安心して活動をすることが可能ということになろう。ここでは，「ディーセント・ワーク」そのものが安全基地として，職場におけるいわば「内部環境」としての機能を果しているのであり，仕事の成果などは，いわば「外部環境」としての機能を果たしていることになるのである。すなわち「安全基地」があると，従業員は探索活動というチャレンジが活発に行われ，逆に「安全基地」が保証されなければ，そのような活動ができないというわけである。職場においてもこの安全基地が必要であり，これによって従業員はチャレンジングな活動ができ，仮に仕事が失敗に終わっても原因を徹底的に分析することや，次なるステップへの模索を八方手分けして議論する模索活動が可能となろう。しかし現実の職場においては，成果主義に代表される自己防衛的・守勢的スタイルの原理が浸透しており，多くの従業員は，失敗を恐れるばかりに，目標から回避し，そこでは失敗さえ生まれてこず，小さくまとまるしか手立てはなく，先にあるのは収束のみということになりか

ねないのである。例えば「納期に追いまくられている」とか,「競合相手との熾烈な戦い」などといった「仕事の実際」にまつわる環境は,安全基地という名で呼ばれる環境とは別次元にあり,いうならば外部環境であり,職場における安全基地は,従業員にディーセント・ワークが保障された内部環境であり,良好な職場環境は,このような意味のディーセント・ワークとされる内容を備えたものといえ,このような職場環境の整備が,良好な職場環境へとつながるのである。

(3) コミュニケーションの豊かな職場環境を！

社会経済生産性本部が2006年7月に発表した「メンタルヘルスの取り組み」のアンケート調査結果によると,最近3年間に,個人で仕事をする機会が増えたとする企業は7割近くになり(67.0%),また職場でのコミュニケーションの機会が減ったとする会社は約6割(60.1%)に達し,さらに,職場での助け合いの機会が少なくなったという企業は5割近くに達しており(49.0%),成果主義や目標管理制度を導入する企業が増え,個人で仕事をする機会が増えていることなどがコミュニケーションや職場での助け合いが少なくなる傾向と関係するものと結論づけている。

しかもこのような職場環境の変化と最近3年間の心の病の増減傾向との関係についてみると,「職場でのコミュニケーションの機会の減少」「職場での助け合いの減少」「個人で仕事をする機会の増加」が最も深く関係していると指摘している。すなわち職場でのコミュニケーションの機会が減少したという企業においては,心の病の増加した割合が71.8%にのぼり,そうでない企業において心の病が増加した割合は46.0%と,25.8%の差があり,また,職場での助け合いが減少したという企業においても,心の病の増加した割合が72.0%で,そうでない企業との差は20.6%になっており,また,個人で仕事をする機会が増加している企業においても,心の病の増加した割合は67.1%で,そうでない企業との差は17.8%になっており,

このようにコミュニケーションや助け合いの機会が減少している企業の現状は，1人当たりの仕事量が増え，職場でのゆとりがなくなっていることを反映しているものと結論づけている。さらに同調査は，「心の病」の増加傾向を抑えていくためには，職場における横のつながりの回復と，責任と裁量のバランスがとれるような仕事の仕方の改革，そしてそれらを含めた意味での1人ひとりの働きがいに焦点を当てた活力ある風土作りが喫緊の課題と指摘している。

また労働政策研究・研修機構が2008年3月に発表した「第5回勤労生活に関する調査」結果によると，「職場の人間関係がよい会社」で働きたいと回答した者がトップを占めている（職場の人間関係が「重要と思う」が63.4%，「最も重要と思う」が31.7%。となり，男性の55.8%，女性の69.9%であった。なお第2位は，「仕事と家庭生活の両立支援を行っている会社」と回答する者で，男性で35.3%，女性が55.6%であり，第3位は，「賃金が高い会社」が，男性で47.2%，女性で35.8%である）。

ここからみえてくることは，職場におけるコミュニケーションの不足若しくは劣化であり，この改善こそが良好な職場環境につながり，ひいては企業運営の効率にも資することになろう。とりわけ職場マネジメントの必要性が強調されるべきである。サービス労働のもつ不確定性／無定量制を内包する感情管理労働中心の職場では，仕事管理を中心としたマネジメントが必要とされ，それは第1に，仕事特性と個人の労働者の遂行能力との組み合わせの必要性であり，管理職にはこのような仕事管理（＝マネジメント）が要請され，第2に，職場における社員（管理職，部下を含む）の意識や行動様式を把握し，これらを適切に把握した対策をたてる必要が出てくることになろう。そのための方策としてはまず，職場マネジメントとその前提をなす仕事管理への労組の発言（voices）が強調されるべきであり，次に，こうした前提にもとづく働き方の多元化であり，それぞれのニーズを尊重した働き方，働かせ方のルール作りが必要であり，さらに仕事管理の適正化は，家事や育児・介護などと両立し

終　章　良好な職場環境を目指して

ながら就業継続を希望する者，自己啓発や自立的なキャリア形成を志向する者にとっても重要であり，具体的にはワーク・ライフ・バランスが極めて重要であり，仕事と生活の両立が可能となることで，社員（多くは女性）の継続就労が可能となる点に求められよう。

　職場におけるマネジメント改革においては，仕事の効率・能率化のみならず働く者一人一人の人間性の尊重が求められているのであり，そのことが感情労働によって提起されている問題なのである。

　私達の社会において仕事や労働をすることは，それが職場においてであれ職場外であれ，人間労働を本質とし，そこには個人の人格が発露されるものであるが，このような人間労働は，理性的なものに統御された感情，または感情的なものに裏打ちされた合理的な思考を前提としたものでなけれならず，それによってこそ価値創造的で生き生きとした仕事／労働が可能となろう。感情労働の提起している問題は深くて広いものなのである。

参考文献

本書作成に際しては,新聞記事を始め様々な文献を参照しましたが,本文中に注などで引用したほか,下記の文献を掲げておきます。

第1章　感情労働とは何か

- ヴェブレン,T.(小原敬士訳)『企業の理論』勁草書房（1904,訳1965,新装版2002）
- 岡原正幸他『感情の社会学——エモーション・コンシャスな時代』世界思想社（2002）
- カールソン,J.(堤猶二訳)『真実の瞬間——SASのサービス戦略はなぜ成功したか』ダイヤモンド社（1985,訳1990）
- キテイ,E.F.(岡野八代・牟田和恵監訳)『愛の労働あるいは依存とケアの正義論』白澤社（1999,訳2010）
- 行場次朗・箱田裕司編著『知性と感性の心理——認知心理学入門』福村出版（2000）
- コーネリアス,R.R.(齊藤勇監訳)『感情の科学——心理学は感情をどこまで理解できたか』誠信書房（1996,訳1999）
- ゴールマン,D.(土屋京子訳)『EQ——こころの知能指数』講談社（1996,訳1998）
- 崎山治男『「心の時代」と自己——感情社会学の視座』勁草書房（2005）
- 渋谷望『魂の労働——ネオリベラリズムの権力論』青土社（2003）
- 末田清子・福田浩子『コミュニケーション学——その展望と視点』松柏社（2003）
- 大坊郁夫・永瀬治郎編『講座社会言語科学【第3巻】関係とコミュニケーション』ひつじ書房（2009）
- 高橋雅延『心理学入門コース2 認知と感情の心理』岩波書店（2008）
- 高橋由典『感情と行為——社会学的感情論の試み』新曜社（1996）
- 武井麻子『ひと相手の仕事はなぜ疲れるのか——感情労働の時代』大和書房（2006）

参考文献

- 種村完司『コミュニケーションと関係の倫理』青木書店（2007）
- ハーバーマス, J.（藤沢賢一郎他訳）『コミュニケーション的行為の理論〔中〕』未來社（1981，訳 1986）
- ハー, P.（斎藤彰悟監訳）『プライマルマネジメント――組織は感情で動く』翔泳社（2009，訳 2009）
- ビーチャム, T.L. ＝ ボウイ, N.E. 編（加藤尚武，梅津光弘，中村瑞穂監訳）『企業倫理学 1～3（第 5 版）』晃洋書房（初版 1977，第 5 版 1993，訳 2001～2005）
- ポランニー, M.（高橋勇夫訳）『暗黙知の次元』ちくま学芸文庫（1966，訳 2003）
- フィリオザ, I.（浅岡夢二訳）『心のインテリジェンス――感情に振りまわされないために』PHP（1997，訳 2008）
- 藤田和生編『感情科学』京都大学学術出版会（2007）
- ホックシールド, A.R.（石川准・室伏亜希訳）『管理される心――感情が商品になるとき』世界思想社（1983，訳 2000）
- 宮城まり子『産業心理学――変容する労働環境への適応と課題』培風館（2009）
- 宮原哲『新版 入門コミュニケーション論』松柏社（2006）
- 湯川進太郎編『怒りの心理学――怒りとうまくつきあうための理論と方法』有斐閣（2008）
- リッチモンド, V.P. ＝ マクロスキー, J.C.（山下耕二編訳）『非言語行動の心理学――対人関係とコミュニケーション理解のために（第 5 版）』北大路書房（初版 1995，第 5 版 2003，訳 2006）
- ルロール, F. ＝ アンドレ, C.（高野優訳）『感情力――自分をコントロールできる人できない人』紀伊國屋書店（2001，訳 2005）
- 若林満監修・松原敏浩・渡辺直登・城戸康彰編『経営組織心理学』ナカニシヤ出版（2008）
- Benson, S.P. "COUNTERCULTURES: Saleswomen, Manager, and Customers in Ameican Department Stores, 1890-1940" University of Illinois Press（1986）
- Benson, S.P. "Household Accounts:Working-Class Family Economies

- in the Interwar United States" Cornell University Press（2007）
- Cameron, Z. & Moss,P."Care Working in Europe:Current understandings and future directions" Routledge（2007）
- Glazer, N.Y."Women's Paid and Unpaid Labor:The Work Transfer in Health Care and Retailing" Temple University Press（1993）
- Gutek, B.A."The Dynamics of Service:Reflections on the Changing Nature of Customer/Provider Interactions" Jossey Bass Pubilishers（1995）
- Gutek, B.A. & Welsh,T."The Brave New Service Strategy:Aligning Customer Relatinships,Market Strategies, and Business Structures" AMACOM（2000）
- Korczynski, M. & Macdonald,C.L.（ed），"Service Work:Critical Perspectives" Routledge（2009）
- Leinder,R."Fast Food, Fast Talk:Service Work And The Routinization Of Everyday Life" University of California Press（1993）
- Steinberg, R.J. and Figart, D.M.（ed），"Emotional Labor in the Service Economy" THE ANNALS OF THE AMERICAN ACADEMY OF POLITICAL AND SOCIAL SCIENCE vol.561（1999）

第2章　感情労働の諸相

〈介護労働〉

- 石川恒夫・吉田克己・江口隆裕編『高齢者介護と家族――民法と社会保障法の接点』信山社（1997）
- 石田一紀『介護福祉労働論』萌文社（2004）
- 伊藤周平『介護保険法と権利保障』法律文化社（2008）
- 岩村正彦編『福祉サービス契約の法的研究』信山社（2007）
- 上野千鶴子他『ケア　その思想と実践①～⑥』岩波書店（2008）
- 上野千鶴子・中西正司編『ニーズ中心の福祉社会へ――当事者主権の次世代福祉戦略』医学書院（2008）
- 大守隆他『介護の経済学』東洋経済新報社（1998）

参考文献

- 奥川幸子『身体知と言語――対人援助技術を鍛える』中央法規出版（2007）
- 長田浩『医療・看護の経済論』勁草書房（2002）
- 春日キスヨ『介護問題の社会学』岩波書店（2001）
- 川本隆史編『ケアの社会倫理学――医療・看護・介護・教育をつなぐ』有斐閣（2005）
- 佐藤博樹他『ヘルパーの能力開発と雇用管理――職場定着と能力発揮に向けて』勁草書房（2006）
- 篠﨑良勝編著『どこまで許される？ ホームヘルパーの医療行為』一橋出版（2002）
- 清水谷諭・野口晴子『介護・保育サービス市場の経済分析――ミクロデータによる実態解明と政策提言』東洋経済新報社（2004）
- 高城和義『パーソンズ――医療社会学の構想』岩波書店（2002）
- 立岩真也『不動の身体と息する機械』医学書院（2004）
- 塚田典子編著『介護現場の外国人労働者――日本のケア現場はどう変わるのか』明石書店（2010）
- 筒井孝子『介護サービス論 ケアの基準化と家族介護のゆくえ』有斐閣（2001）
- 西村洋子・太田貞司編著『介護福祉教育の展望――カリキュラム改正に臨み』光生館（2008）
- ノディングズ, N.（立山善康他訳）『ケアリング――倫理と道徳の教育――女性の視点から』晃洋書房（1984, 訳1997）
- 広井良典『ケアのゆくえ 科学のゆくえ』岩波書店（2005）
- ブラウネル, P. & カール, S. 他（多々良紀夫・塚田典子監訳）『世界の高齢者虐待防止プログラム――アメリカ，オーストラリア，カナダ，ノルウェー，ラテン・アメリカ諸国における取り組みの現状』明石書店（2003, 訳2004）
- 堀田聰子『訪問介護員の定着・能力開発と雇用管理』RSI Research Paper Series No.11 東京大学社会科学研究所人材ビジネス研究寄付研究部門（2008）
- 水谷英夫『介護福祉職 働き方のルール』旬報社（2001）

- 三井さよ『ケアの社会学──臨床現場との対話』勁草書房（2004）
- 三井さよ・鈴木智之編『ケアとサポートの社会学』法政大学出版局（2007）
- 三好春樹『介護の専門性とは何か』雲母書房（2005）
- 森村修『ケアの倫理』大修館書店（2000）
- ローチ, M.S.（鈴木智之他訳）『アクト・オブ・ケアリング──ケアする存在としての人間』ゆるみ出版（1992，訳1996）
- （財）介護労働安定センター『──介護労働ガイダンスシリーズ──平成21年版 介護労働の現状Ⅰ 介護事業所における労働の現状』（2009）
- （財）介護労働安定センター『介護労働者のストレスに関する調査報告書』（2005）
- 老人保健福祉法研究会編『高齢者の尊厳を支える介護』法研（2003）
- OECD編（牛津信忠他監訳）『ケアリング・ワールド──福祉世界への挑戦』黎明書房（1999，訳2001）
- 季刊 労働法228号『特集 介護労働と法の現在』労働開発研究会（2010）
- 現代思想 vol.37-2『特集…ケアの未来──介護・労働・市場』青土社（2009）
- Bumagin,V.E.=Hirn,K.F."Caregiving:A Guide for Those Who Give Care and Those Who Receive It" Springer Publishing Campany（2001）
- Daly,M.(ed),"Care Work:The quest for security" Geneva,International Labour office（2001）
- Noddings,N."Starting at Home:Caring and Cosial Policy" University of California Press（2002）

〈保育労働〉

- 浅井春夫・神田英雄・村山祐一他編『保育の理論と実践講座（第1～4巻）』新日本出版社（2009）
- 伊藤周平『保育制度改革と児童福祉法のゆくえ』かもがわ出版（2010）
- 全国保育団体連絡会・保育研究所編『保育白書 2010年版』ひとなる書房（2010）

参考文献

〈看護労働〉

- ウルフ, K.A. 編(日野原重明監訳, 山本千紗子翻訳)『看護の力 女性の力――ジョアン・アシュレイ論文・講話選集』日本看護協会出版会(1997, 訳2002)
- 加野芳正編『看護の人間学 癒しとケアの時代に向けて』世織書房(2001)
- キューブラー・ロス, E.(川口正吉訳)『死ぬ瞬間 死にゆく人々との対話正, 続』読売新聞社(1969, 続1975, 訳1971, 続1977)
- スミス, P.(武井麻子・前田泰樹監訳)『感情労働としての看護』ゆみる出版(1992, 訳2000)
- 高木和美『新しい看護・介護の視座 看護・介護の本質からみた合理的看護職員構造の研究』看護の科学社(1998)
- 武井麻子『感情と看護――人とのかかわりを職業とすることの意味』医学書院(2001)
- チャンブリス, D.F.(浅野祐子訳)『ケアの向こう側――看護職が直面する道徳的・倫理的矛盾』日本看護協会出版会(1996, 訳2002)
- トゥームズ, S.K.(永見勇訳)『病の意味――看護と患者理解のための現象学』日本看護協会出版会(1992, 訳2001)
- ナイチンゲール, F.(湯槇ます他訳)『看護覚え書――看護であること・看護でないこと――(改訳第6版)』現代社(1860, 訳1968, 第6版2000)
- フリードソン, E.(進藤進・室月誠訳)『医療と専門家支配』恒星社厚生閣(1970, 訳1992)
- ベナー, P. =ルーベル, J.(難波卓志訳)『現象学的人間論と看護』医学書院(1989, 1999訳)
- 保坂隆著・横山章光イラスト『ナースのストレス』南山堂(1994)
- メイヤロフ, M.(田村真・向野宣之訳)『ケアの本質――生きることの意味』ゆみる出版(1971, 訳2001)
- 季刊 ナースアイ『特集 医療従事者のメンタルヘルスケア』季刊第24号 2010 Vol.23 No.1, 桐書房(2010)

第3章 感情労働の法的分析

・天笠崇『現代の労働とメンタルヘルス対策』かもがわ出版（2008）
・有村貞則『ダイバーシティ・マネジメントの研究――在米日系企業と在米国企業の実態調査を通して』文眞堂（2007）
・五十嵐仁『労働再規制――反転の構図を読みとく』ちくま新書（2008）
・石井まこと・兵頭淳史・鬼丸朋子編著『現代労働問題分析――労働社会の未来を開くために』法律文化社（2010）
・石田眞・大塚直編著『早稲田大学21世紀COE叢書：企業社会の変容と法創造（第6巻）労働と環境』日本評論社（2008）
・遠藤公嗣『シリーズ・現代経済学② 賃金の決め方――賃金形態と労働研究』ミネルヴァ書房（2005）
・大野正和『過労死・過労自殺の心理と職場』青弓社（2003）
・大野正和『自己愛化する仕事――メランコからナルシスへ』労働調査会（2009）
・大野正和『まなざしに管理される職場』青弓社（2005）
・貝谷久宣・不安・抑うつ臨床研究会編『非定型うつ病』日本評論社（2008）
・クーパー, C.L.＝デューイ, P.（大塚泰正他訳）『ストレスの心理学――その歴史と展望』北大路書房（2004, 訳2006）
・熊沢誠『働きすぎに斃れて――過労死・過労自殺の語る労働史』（2010）
・クリーガー, L. 他（川崎修他訳）『権威と反抗』平凡社（「叢書 ヒストリー・オブ・アイディアズ」1968, 1973, 訳1988）
・小杉正太郎編『朝倉心理学講座19 ストレスと健康の心理学』朝倉書店（2006）
・小越洋之助『終身雇用と年功賃金の転換』ミネルヴァ書房（2006）
・ゴッフマン, F.（佐藤毅・折橋徹彦訳）『ゴッフマンの社会学② 出会い－相互行為の社会学』誠信書房（1961, 訳1985）
・佐久本朝一『能力主義管理の国際比較』東京図書出版会（2010）
・坂本直紀・深津伸子・EAP総研編著『職場のメンタルヘルス対策の実務と法―― EAPによる企業の対策も含めて』民事法研究会（2009）

参考文献

- 佐藤俊樹『自由への問⑥ 労働——働くことの自由と制度』岩波書店（2010）
- 佐藤博樹・佐野嘉秀・堀田聰子編『実証研究 日本の人材ビジネス——新しい人事マネジメントと働き方』日本経済新聞出版社（2010）
- 新川敏光・篠田徹編著『シリーズ・現代の福祉国家③ 労働と福祉国家の可能性——労働運動再生の国際比較』ミネルヴァ書房（2009）
- 田尾雅夫・久保真人『バーンアウトの理論と実際——心理的アプローチ』誠信書房（1996）
- 田端博邦『グローバリゼーションと労働世界の変容——労使関係の国際比較』旬報社（2007）
- ドーア, R.『誰のための会社にするか』岩波新書（2006）
- ドラッカー, P.F.（有賀裕子訳）『マネジメント 務め, 責任, 実践 Ⅰ』日経BP社（1973, 訳2008）
- 中根允文・岡崎祐士『ICD-10「精神・行動の障害」マニュアル』医学書院（1994）
- 西谷敏他編『転換期労働法の課題——変容する企業社会と労働法』旬報社（2003）
- 野村正實『MINWRVA 人文・社会科学叢書53 知的熟練論批判——小池和男における理論と実証』ミネルヴァ書房（2001）
- 久本憲夫『正社員ルネサンス——多様な雇用から多様な正社員へ』中公新書（2003）
- 宮本太郎『自由への問② 社会保障——セキュリティの構造転換へ』岩波書店（2010）
- 森ます美『日本の性差別賃金——同一価値労働同一賃金原則の可能性』有斐閣（2005）
- 森岡孝二『働きすぎの時代』岩波新書（2005）
- 守屋貴司『日本企業への成果主義導入——企業内「共同体」の変容』森山書店（2005）
- 山口一男・樋口美雄編『論争 日本のワーク・ライフ・バランス』日本経済新聞出版社（2008）
- ラザラス, R.S.（本明寛監訳・小川浩他訳）『ストレスと情動の心理学

──ナラティブ研究の視点から』実務教育出版（1999，訳 2004）
・若松満監修・松原敏浩他『経営組織心理学』ナカニシヤ出版（2008）
・『職場のうつ──復職のための実践ガイド』アエラムック AERA LIFE 新版，朝日新聞出版（2009）
・公益財団法人日本生産性本部メンタル・ヘルス研究所編『産業人メンタルヘルス白書（2010 年版）』公益財団法人日本生産性本部生産性労働情報センター（2010）
・厚生労働省（精神・神経疾患研究委託費）外傷ストレス関連障害の病態と治療ガイドラインに関する研究班編『心的トラウマの理解とケア』じほう（2001）
・社会政策学会編『社会政策学と賃金問題』社会政策学会誌第 12 号，法律文化社（2004）
・社会政策学会編『働きすぎ──労働・生活時間の社会政策』社会政策学会誌第 15 号，法律文化社（2006）
・日本経団連出版編『最新・成果主義型人事考課シート集』日本経団連出版（2005）
・日本経団連事業サービス人事賃金センター編著『役割・貢献度賃金──成果主義人事賃金制度の再設計』日本経団連出版（2010）
・日本比較経営学会編『会社と社会──比較経営学のすすめ』文理閣（2006）
・別冊 労働判例『労災・通災・メンタルヘルス ハンドブック』産労総合研究所（2005）
・American Psychiatric Association（高橋三郎・大野裕・染矢俊幸訳）『DSM-IV-TR 精神疾患の分類と診断の手引（新訂版）』医学書院（2000，訳 2002，新訂版訳 2003）
・OECD 編著（平井文三監訳）『世界の公務員の成果主義給与』明石書店（2005）

事項索引

あ行

- アカハラ　42
- アレント, H.　60, 271
- 医師　23, 38
- いじめ　48
- うつ病　47
- 演技労働　6

か行

- 介護・介護福祉士　68, 75, 156
- 介護保険法　72
- 過労死ライン　168
- 看護・看護師　122
- 感情管理スキル　81
- 感情管理労働　4, 8, 9, 17, 19, 66, 102, 114, 133, 149, 163〜165, 170, 205, 213, 264
- 感情スキル　120, 138
- 感情性　10, 55
- 感情知性　15, 34
- 管理監督者　190, 191
- 管理職　191
- 客室乗務員　13, 31
- キューブラー・ロス, E.　131
- 共感疲労　135
- 教師　26, 40
- クレーマー　8, 155
- グローバリゼーション　58, 168
- ケア　29, 138
- 言語的コミュニケーション　51
- 公正評価　232
- 公務員　27, 229

- 合理性　10
- 顧客　6
- コミュニケーション　6, 10, 16, 34, 50, 66, 70, 79, 84, 107, 118, 120, 144, 149, 156, 271, 272
- ゴールマン, D.　15
- コントロール　11, 16

さ行

- サービス残業　168, 181
- サービス労働　189
- 裁量労働制　177, 178, 207
- ジェンダー　13, 194
- 児童福祉法　108
- 使用者責任　259
- 職場環境　12, 153, 235, 268
- 職場環境配慮義務　236, 251
- 職場マネジメント　205, 210
- 職務給　216
- 人格・人格権　155, 255
- 新システム　117
- 真実の瞬間　6
- 人事評価・査定制度　227
- 深層演技　12, 129
- 人的管理　15
- ストレス　6, 17, 20, 23, 34, 48, 107, 133, 134, 164, 236〜240, 266
- ストレス―脆弱性理論　244
- 成果主義　214, 223, 234
- 聖職・聖職者　21, 35
- セクハラ　35, 39, 44, 166, 195
- 接客活動　149, 160, 163, 166
- 接遇　126

属人給 …………………………… 218

た行

対人サービス ………… 44, 47, 50, 67, 71, 78, 149, 269
ダイバーシティ・マネジメント … 202
長時間労働 ……………………… 169
賃金・賃金制度 …………… 212, 215
ディーセント・ワーク … 60, 101, 270
テレワーク ……………………… 173
統　制 ………………… 161, 162, 167
閉ざされた政治空間 …………… 58
トリアージ ……………………… 32

な行

名ばかり管理職 ………………… 192
年俸制 …………………………… 224

は行

ハーバマス, J. ………………… 53
パワハラ … 35, 41, 47, 59, 166, 195, 237
非言語的コミュニケーション …… 51
非接客活動 ……………………… 149
表層演技 ………………………… 12
不確実性 ………………………… 170
不確定性 ……………… 157, 182, 186, 188
ブルーカラー …………………… 5
変形労働時間制 ………………… 183
保育所 …………………… 110, 111
保育・保育士 ………… 106, 113, 115
保育事故 ………………………… 115
保育施設 ………………………… 110
ボウルビィ, J. ………………… 61, 171
ホームヘルパー ………………… 75, 95
ホワイトカラー ………… 5, 190, 206

ま行

マネジメント …………………… 66
みなし労働時間制 ……………… 171
無定量性 ……… 159, 170, 182, 186, 188
メイヤロフ, M. ………………… 106, 122
メンタルヘルス ………… 10, 28, 49, 170, 236, 260, 261
モンスター・カスタマー・ペアレント ………………… 43, 46, 155, 161

や行

幼稚園 …………………………… 112

ら行

労　災 …………………………… 243
労働過程 ………………………… 154
労働環境 ………………………… 166
労働契約 …………………… 152, 212
労働時間 …………………… 166, 206

わ行

ワーキングプア ………………… 120
ワーク・ライフ・バランス（WLB）
　……… 194, 196, 198, 207, 208, 211

〈著者紹介〉

水谷英夫（みずたに ひでお）
1973年東北大学法学部卒業
弁護士（仙台弁護士会所属）
主要著書：『夫婦法の世界』（共編，信山社，1995年），R.ドゥオーキン著『ライフズ・ドミニオン——中絶と尊厳死そして個人の自由』（共訳，信山社，1998年），『セクシュアル・ハラスメントの実態と法理』（信山社，2001年），『介護福祉職——働き方のルール』（旬報社，2001年），『労働の法』（信山社，2003年），『ジェンダーと法Ⅰ——DV・セクハラ・ストーカー』（共著，信山社，2004年），『職場のいじめ——「パワハラ」と法』（信山社，2006年），『ジェンダーと雇用の法』（信山社，2008年），『職場のいじめ・パワハラと法対策』（民事法研究会，2008年），『職場のいじめ・パワハラと法対策［第2版］』（民事法研究会，2009年），『職場のいじめとパワハラ・リストラQA150』（信山社，2009年），『職場のいじめ・パワハラと法対策［第3版］』（民事法研究会，2010年），『実践・労働相談入門』（民事法研究会，2011年）

感情労働と法

2012(平成24)年8月30日　第1版第1刷発行
88261-409-8 ¥2800E-012-130-020

著　者　Ⓒ水　谷　英　夫
発行者　袖山 貴・稲葉文子
発行所　株式会社　信山社

〒113-0033　東京都文京区本郷6-2-9-102
Tel 03-3818-1019　Fax 03-3818-0344
笠間来栖支店　〒309-1625　茨城県笠間市来栖2345-1
Tel 0296-71-0215　Fax 0296-72-5410
笠間才木支店　〒309-1600　茨城県笠間市才木515-3
Tel 0296-71-9081　Fax 0296-71-9082
出版契約 2012-88261-409-8-01010
Printed in Japan, 2012, Ⓒ水谷英夫,2012

印刷・ワイズ書籍(本文・付物)　製本・渋谷文泉閣 p.296
ISBN978-4-88261-409-8 C3332 ¥2800E 分類 50-328.619-c005

JCOPY 〈(社)出版者著作権管理機構　委託出版物〉
本書の無断複写は著作権法上での例外を除き禁じられています。複写される場合は、そのつど事前に、(社)出版者著作権管理機構(電話 03-3513-6969, FAX 03-3513-6979, e-mail: info@jcopy.or.jp)の許諾を得てください。

● **水谷英夫 著作** ●

信頼の著者による信頼の書

◇ セクシュアル・ハラスメントの実態と法理
　　―タブーから権利へ
◇ 労働の法
◇ ジェンダーと雇用の法
◇ 職場のいじめ―『パワハラ』と法
◇ 職場のいじめとパワハラ・リストラ QA150
◇ ジェンダーと法Ⅰ
　　―DV・セクハラ・ストーカー (共著：小島妙子)
◇ ライフズ・ドミニオン　翻訳：ロナルド・ドゥオーキン 著
　　―中絶と尊厳死そして個人の自由 (共訳：小島妙子)

――信山社――